LES

ORGANISMES VIVANTS

DE L'ATMOSPHÈRE.

PARIS. — IMPRIMERIE DE GAUTHIER-VILLARS,
8125   Quai des Augustins, 55.

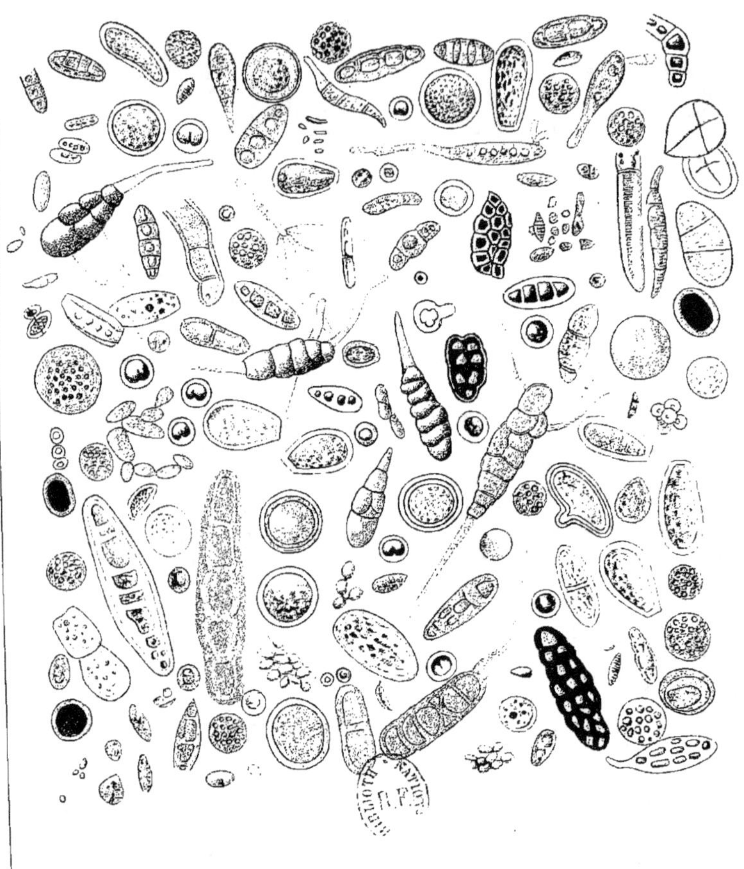
Calcutta 1872
Grossissement 400 Diamètres

LES
ORGANISMES VIVANTS
DE L'ATMOSPHÈRE,

Par M. P. MIQUEL,

Docteur ès Sciences, Docteur en Médecine,
Chef du service micrographique à l'Observatoire de Montsouris

PARIS,

GAUTHIER-VILLARS, IMPRIMEUR-LIBRAIRE

DU BUREAU DES LONGITUDES, DE L'ÉCOLE POLYTECHNIQUE,

SUCCESSEUR DE MALLET-BACHELIER,

Quai des Augustins, 55.

1883

PRÉFACE.

Plus occidit aer quam gladius.

PRINGLE.

A une époque où les accusations les plus graves sont portées contre les organismes microscopiques de l'air, j'ai pensé être utile aux étudiants micrographes et aux hygiénistes en résumant, dans une sorte de Traité, les procédés actuellement mis en œuvre pour récolter, compter, cultiver et étudier les microbes atmosphériques. J'aurais encore différé la publication de cet Ouvrage, si quelques Mémoires parus récemment sur cet important sujet ne m'avaient pas convaincu de la nécessité de donner sans retard aux études de Micrographie aérienne une direction en rapport avec les questions spéciales qu'elles sont appelées à résoudre.

On est peut-être trop porté aujourd'hui à délaisser l'étude des bactéries en général, pour s'adonner exclusivement à celle des microbes pathologiques : sans doute, il est du plus haut intérêt de chercher à découvrir les organismes meurtriers agents des typhus, des fièvres exanthémateuses, de la tuberculose et d'un grand nombre d'autres affections; mais, à côté de ces ferments figurés dont l'existence est encore hypothétique, il en est d'autres qui, à chaque heure du jour, s'introduisent à notre insu, soit dans nos voies respiratoires, soit sur les muqueuses de notre tube digestif, soit encore sur les plaies causées par le traumatisme chirurgical ou accidentel. Ce serait, il me semble, faire preuve d'une négligence impardonnable que de ne pas s'inquiéter de la présence, autour de nous, de ces bactéries jusqu'ici inconnues, dont l'existence est au moins aisée à mettre en évidence : il paraît donc de la plus grande utilité pour les praticiens de savoir si l'air des villes et des services hospitaliers possède le degré de pureté requis par la saine hygiène et si l'atmosphère des salles où le chirurgien met journellement à nu les chairs des opérés n'est pas peuplée de germes malfaisants, dont la présence peut rendre inutiles les soins les plus minutieux et les effets les mieux calculés des pansements antiseptiques. Quand bien même il serait prouvé que l'air ne joue qu'un rôle secondaire dans la transmission des maladies zymotiques, ce qui est contredit par l'observation la plus vulgaire, il n'en resterait pas moins évident que sa composition microscopique devrait préoccuper très sérieusement les hygiénistes. Cependant on ne compte qu'un trop petit nombre de savants adonnés à ces recherches laborieuses et délicates dont dépend la solution de problèmes d'une étendue et d'une importance capitales.

Il est probable que les difficultés nombreuses et très réelles qui arrêtent les élèves au début de ces travaux contribuent, pour une large part, à l'abandon dans lequel est laissée cette partie ardue de la science microscopique. Dès l'abord, en effet, on se trouve en face de vastes recherches à entreprendre dont le programme ne s'impose pas à l'esprit avec la précision des problèmes nettement définis, dont on peut facilement mesurer à l'avance l'étendue et prévoir les conséquences. En Micrographie atmosphérique, une induction de la veille est souvent détruite par les faits du lendemain ; il faut voyager pour ainsi dire dans l'obscurité, en sondant à tout instant un terrain parsemé d'obstacles, sur lequel bien des esprits distingués ont déjà fait fausse route. Je comprends que les courages puissent faiblir devant les fatigues imposées par cette tâche. Toutefois les recherches desquelles dépend la connaissance exacte de l'étiologie des maladies zymotiques, du contage et de l'épidémicité, ne sauraient être indéfiniment ajournées: j'ai donc cru devoir me mettre à l'œuvre, et aujourd'hui, après six années d'études quotidiennes, je suis parvenu à déblayer un peu les abords d'une voie encore inexplorée. Je serai heureux si cet Ouvrage, dans lequel j'ai réuni les renseignements que m'a acquis une longue expérience, peut éviter à plusieurs les tâtonnements et les pertes de temps que j'ai eu à subir.

La division de ce Livre est des plus simples : l'historique des premières recherches effectuées sur les organismes de l'air est suivi de la description des appareils et des procédés usités pour fixer les semences atmosphériques des moisissures ; l'étude, beaucoup plus difficile, des germes aériens des bactéries fait l'objet d'un Chapitre spécial ; puis, après un court exposé de mes travaux sur les spores des cryptogames bien visibles aux grossissements usuels, je suis naturellement conduit à parler des instruments et des procédés à l'aide desquels on récolte les germes qu'il est presque impossible de distinguer au microscope des détritus finement pulvérisés répandus en abondance dans les sédiments bruts de l'atmosphère. Ces procédés nécessitent l'emploi de liqueurs nutritives propres à faciliter l'éclosion et la culture de ces bactéries et à la description desquelles plusieurs paragraphes ont été consacrés. Je me suis étendu à dessein sur la partie technique du statisticien micrographe, convaincu que les détails qu'elle renferme pourront rendre aux débutants les plus grands services. Quant aux Chapitres suivants, ils traitent des résultats de l'analyse de l'air pratiquée au parc de Montsouris, dans les habitations, les rues de Paris, les hôpitaux, etc.; enfin, l'Ouvrage se termine par une étude sur le pouvoir antiseptique des substances chimiques les plus employées en Médecine.

En livrant au public ces recherches sur les organismes de l'atmosphère, je tiens à remercier le savant directeur de l'Observatoire de Montsouris, M. Marié-Davy, qui m'a accordé avec le plus grand empressement toutes les facilités nécessaires pendant la durée de mes travaux et qui n'a cessé de défendre avec énergie l'existence du service micrographique dû à son initiative et dont je suis actuellement le chef. M. Benoist, mon préparateur, vieux compagnon de mes fatigues, voudra bien recevoir l'expression de ma reconnaissance pour le concours dévoué qu'il m'a toujours prêté. Enfin, M. Gauthier-Villars voudra également accepter mes remerciements pour les soins apportés à la publication de ce travail.

ORGANISMES VIVANTS
DE L'ATMOSPHÈRE.

APERÇU HISTORIQUE.

SUR LES TRAVAUX DE MICROGRAPHIE EXÉCUTÉS EN VUE DE DÉMONTRER
L'EXISTENCE DANS L'AIR D'UNE FOULE D'ŒUFS ET DE GERMES VIVANTS.

I.

L'existence dans l'air d'une multitude de corpuscules errants n'avait pas échappé à l'attention des anciens. Lucrèce (¹) a décrit en vers élégants le spectacle curieux que produit un rayon de soleil en traversant une chambre obscure ; sur le trajet de cette vive lumière, on a dû voir, en effet, de tout temps, une myriade de grains de poussière voltiger en tous sens et disparaître instantanément à l'œil, quand ce rayon était brusquement intercepté. Il faut néanmoins arriver à Lœuwenhoeck, Ehrenberg et Gaultier de Claubry pour trouver la trace de recherches intéressantes sur les organismes de l'air.

(¹) Lucrèce, *De natura rerum.*

> Contemplator enim cum solis lumina cunque
> Insertim fundunt radios per opaca domorum ;
> Multa minuta modis multis per Inane videbis
> Corpora misceri radiorum lumine in ipso ;
> Et velut æterno certamine prælia, pugnasque
> Edere turmatim certantia ;.....

Lœuwenhoeck trouva des infusoires dans l'eau de pluie ; si Ehrenberg eut plus de peine à en découvrir dans ce même liquide, la neige et la rosée, il démontra en revanche, dans ses nombreux Mémoires publiés de 1830 à 1858, que les poussières atmosphériques déposées à l'intérieur des maisons, des hôpitaux, etc., sont toujours peuplées de semences cryptogamiques qu'il lui fut également aisé de rencontrer sur les cimes de l'Altaï, des Hautes-Alpes, de l'Himalaya et dans les diverses contrées du globe qu'il visita.

En France, vers la même époque, Gaultier de Claubry inaugura l'ère des recherches vraiment scientifiques sur les organismes de l'air. Il est à regretter que les efforts isolés de ce savant soient restés stériles jusqu'au jour où M. Pasteur, en perfectionnant les procédés d'expérimentation de Gaultier de Claubry, édifia solidement les bases de la panspermie.

« .... Si pour éviter la présence de toute *matière organique*, écrivait en 1855 (¹) Gaultier de Claubry, rappelant ses recherches communiquées en 1832 à la Société philomathique, on fait passer dans un tube de platine rougi, muni de tubes métalliques rodés, de l'eau que l'on condense dans un flacon rempli d'air de l'atmosphère, on voit après quelques jours se développer des végétaux et des animaux.

» Si l'air qui remplit le flacon a été d'abord soumis à une température rouge, l'eau elle-même que l'on y condense ne donne plus de végétaux ni d'animaux.

» L'atmosphère transporte donc des sporules et des germes susceptibles de se développer au contact de l'eau, ce qui n'exclut pas la possibilité du transport de ces substances par les sources et les cours d'eau.

» Pour vérifier si ces sporules ou ces germes sont de même nature dans toutes les parties de l'atmosphère, j'ai fait passer dans l'eau qui avait été soumise à l'action d'une température rouge de l'air puisé à la campagne, à l'intérieur des rues, des

---

(¹) GAULTIER DE CLAUBRY, *Comptes rendus des séances de l'Académie des Sciences,* t. XLI, p. 645.

habitations, des salles de malades, d'écuries, d'étables, de voiries, et vérifié que les animaux ou végétaux développés diffèrent dans ces divers cas. »

En 1836 M. Hufty de la Jonquière annonça à l'Académie des Sciences qu'une pluie de poussière tombée dans la vallée d'Aspe et prise par les habitants du pays pour une pluie de soufre était uniquement formée de pollens de conifères venus des forêts voisines. Plusieurs autres faits de ce genre vinrent encore vers cette époque exciter la curiosité des observateurs. Mais il appartenait surtout à la seconde épidémie de choléra qui ravagea l'Europe en 1847 et 1848 de réveiller le zèle des micrographes.

Ehrenberg à Berlin ; Swagne, Brittan et Budd en Angleterre ; Meyer et Wedl en Allemagne ; Robin et Pouchet en France se livrèrent à une foule de recherches, consistant pour la plupart à examiner les poussières répandues dans les salles des cholériques et à comparer ensuite les quelques cellules organisées que le microscope put y faire découvrir, avec les spores et les végétations diverses contenues dans les déjections des malades atteints de choléra. La micrographie atmosphérique, pas plus que la médecine, ne profita de ces expériences hâtives, entreprises pour les besoins du moment, sans méthodes bien arrêtées.

La troisième épidémie qui désola l'Europe en 1853 et 1854 donna lieu à des travaux plus suivis sur les organismes de l'atmosphère.

Le médecin anglais Dundas Thompson (¹) se livra à quelques recherches qui, bien qu'entachées d'erreurs nombreuses, présentent un certain intérêt historique et méritent, pour cela seul, d'être rapportées.

Dans une première expérience effectuée à l'hôpital Saint-Thomas, Thompson puisa dans une salle pleine de cholériques un volume d'air considérable qui fut dirigé dans une série de flacons de Woolf, renfermant de l'eau distillée ; l'aspiration dura

---

(¹) DUNDAS THOMPSON, *Appendix to Report of the Committee for scientific inquiries in relation to the cholera epidemic of* 1854.

quatre jours, au bout desquels le contenu des flacons, examiné au microscope, se montra peuplé de filaments de coton, de chanvre, de fragments de cheveux, de particules inorganiques, d'abondantes sporules et de vibrions très mobiles.

Une seconde expérience, pratiquée dans une salle dont la moitié des malades étaient seulement atteints du choléra, dura treize jours, au bout desquels l'eau infestée par les poussières de l'air présenta des cellules épithéliales, des champignons variés, mais pas un seul vibrion.

Un troisième essai, effectué dans une salle ne renfermant aucun cholérique, donna des résultats à peu près négatifs.

Une quatrième expérience exécutée à l'air libre fournit de nombreuses végétations cryptogamiques qui se développèrent lentement dans le liquide et où le microscope décela encore du charbon, des fibres de coton, des spores, mais pas de vibrions.

Enfin une cinquième et dernière expérience, effectuée dans l'intérieur d'un égout, donna une eau moins riche que précédemment en substances minérales, mais remplie de moisissures et de vibrions.

Durant la même épidémie, lord Godolphin Osborne put constater la présence de spores de champignons sur des plaques glycérinées exposées en guise de récepteurs dans les égouts et les maisons où le choléra avait fait son apparition.

A l'exemple de Gaultier de Claubry et de Dundas Thompson, A. Beaudrimont (¹) étudia avec soin les corpuscules atmosphériques obtenus en faisant barboter de l'air dans un peu d'eau, et en condensant, au moyen du froid, la vapeur de l'atmosphère, suivant le procédé déjà ancien de Moscati et de Robiquet.

Les recherches d'Angus Smith (²), de Jabez Hoog (³), de l'éminent microbotaniste Berkeley (⁴), exécutées vers la même époque, eurent toutes pour conclusions que l'air emportait à

(¹) A. Beaudrimont, *Comptes rendus des séances de l'Académie des Science* t. XLI, p. 542.

(²) Angus Smith, *Air and Rain*. London, 1872.

(³) Hoog, *The microscope*.

(⁴) Berkeley, *Cryptogamic Botanic*.

travers l'espace une quantité toujours notable de pollens, de semences microscopiques et une foule de détritus appartenant à
tous les règnes de la nature.

II.

Durant les quinze années qui s'étendirent de 1855 à 1870, les
études de Micrographie firent de rapides progrès. Le savant
physiologiste A. Pouchet analysa avec une patience infinie des
milliers d'échantillons de poussières prélevés aux endroits les
plus divers : dans les théâtres, les maisons particulières, les
hôpitaux, etc. Comme à bien d'autres savants, la pluie, mais
surtout la neige, lui parurent avec raison devoir renfermer les
corpuscules variés que le vent entraîne souvent bien haut dans
les régions atmosphériques. Plus tard ce savant inventa l'*aéroscope*, qui se montre encore aujourd'hui l'instrument le plus
apte à nous fournir rapidement des spécimens fidèles de poussières aériennes.

« Les débris provenant du règne animal que j'ai eu occasion
d'observer, dit Pouchet ([1]), sont principalement les suivants :
divers petits animaux desséchés et infiniment petits, tels que les
helminthes appartenant au genre oxyure et des vibrions de diverses espèces ; j'y ai souvent trouvé des squelettes d'infusoires
sinués, surtout des navicules des bacillaires et des diatomées ; des
fragments d'antennes de coléoptères ; des écailles d'ailes de
papillons diurnes et nocturnes, des poils de laine de diverses
couleurs provenant de nos vêtements souvent teintés en bleu, en
rouge vif et en vert, des poils de lapin, de chauve-souris, des
barbes de plume, des fragments de tarses d'insectes, des cellules épithéliales, des fragments de peau d'insectes divers ; deux
fois seulement, dans mille observations, j'y ai reconnu un de
ces gros œufs d'infusoires, du diamètre de 15 millièmes de millimètre, que les naturalistes désignent sous le nom de *kystes*.

» Les corpuscules qui appartiennent au règne végétal et que

([1]) Pouchet, *Traité de la génération spontanée,* 1859.

j'ai observés sont les suivants : des fragments de tissus de diverses plantes, des fibres ligneuses en petit nombre, plus souvent des fragments de cellules ; fréquemment des poils d'orties et de végétaux appartenant à des espèces variées ; des fragments d'aigrettes de synanthérées, beaucoup de filaments de coton ordinairement bleus et quelquefois teints de diverses couleurs provenant de nos vêtements ; quelques fragments d'antennes et des grains de pollen de malvacée, d'épilobium et de pin, des *spores* de *cryptogames*, mais en fort petit nombre. Enfin j'ai rencontré, presque partout où mes observations se sont étendues, une très notable quantité de *fécule de blé* mêlée à la poussière, soit récente, soit ancienne ; puis, dans des cas plus rares, on y découvre de la fécule d'orge, de seigle et de pomme de terre. »

Cet inventaire, dressé par Pouchet, des détritus animaux et végétaux noyés au sein des sédiments atmosphériques mérite de rester classique, car il est encore aujourd'hui l'expression de la vérité la plus exacte. Une seule des affirmations du savant professeur de Rouen n'est plus cependant en accord avec les progrès de la Science ; les spores de cryptogames, loin d'être dans l'air en fort petit nombre, y sont au contraire fort répandues.

M. Pasteur releva cette erreur d'observation, dans une discussion restée célèbre, qui passionna beaucoup de savants à l'époque où elle se produisit, souleva des contestations acrimonieuses, mais eut surtout pour résultat immédiatement utile de provoquer de nombreux travaux sur la question des germes atmosphériques.

« Il y a constamment dans l'air commun, dit M. Pasteur (¹), un nombre variable de corpuscules dont la forme et la structure annoncent qu'ils sont organisés. Leurs dimensions s'élèvent depuis les plus petits diamètres jusqu'à $\frac{1}{100}$ et davantage de millimètre. Les uns sont parfaitement sphériques, les autres ovoïdes ; leurs contours sont plus ou moins nettement accusés. Beaucoup sont tout à fait translucides, mais il y en a aussi d'opaques avec granulations à l'intérieur. Ceux qui sont translucides, à contours nets, ressemblent tellement aux spores des moisis-

____

(¹) PASTEUR, *Annales de Chimie et de Physique,* t. LXIV, p. 28 et 33 ; 1862.

sures les plus communes que le plus habile micrographe ne pourrait y voir de différence (*fig.* 1)....

Fig. 1.

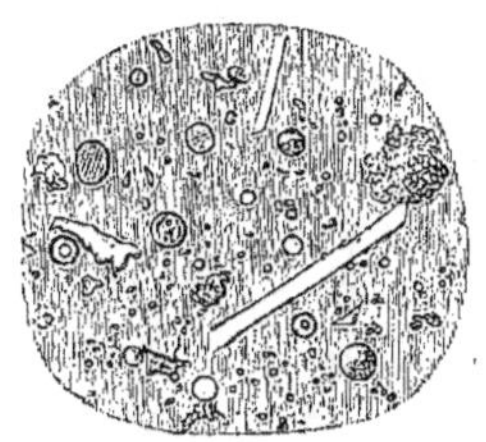

Spores atmosphériques d'après M. Pasteur.

» Je crois qu'il y aurait un grand intérêt à multiplier les études sur ce sujet et à comparer dans un même lieu avec les saisons, dans des lieux différents, à une même époque, les corpuscules organisés disséminés dans l'atmosphère. Il semble que les phénomènes de contagion morbide, surtout aux époques où sévissent les maladies épidémiques, gagneraient à des travaux poursuivis dans cette direction. »

L'élan une fois donné, beaucoup d'auteurs s'appliquèrent à déterminer la nature des germes atmosphériques ; de ce nombre nous citerons Duclaux, Réveil qui étudia plus spécialement les poussières répandues dans les salles de l'hôpital Saint-Louis, Chalvet, le Dr Pigot, Selmi, de Mantoue, et Balestra qui se livrèrent à l'étude des organismes flottant au-dessus des marais, le Dr Eiselt qui constata la présence de globules de pus dans l'air des salles de l'asile des orphelins de Prague en se servant de l'aéroscope Pouchet, et enfin Samuelson dont nous donnons ci-après textuellement les conclusions auxquelles ses nombreuses recherches le conduisirent.

« 1° L'atmosphère de toutes les parties du monde, dit Samuelson (^{1}) en terminant son Mémoire, est plus ou moins chargée

---

(^{1}) Samuelson, *Comptes rendus des séances de l'Académie des Sciences,* t. LVII, p. 88.

de corpuscules appartenant aux trois règnes de la nature : animal, végétal et minéral ; de particules de silex, de craie, etc., de substances végétales fraîches et en état de décomposition, de fibrilles animales et végétales, de kystes et de germes d'infusoires, et probablement, dans des cas plus rares, de vers nématoïdes.

» 2° Les infusoires consistent pour la plupart en germes de monades, de vibrions, de kolpodes, de trachélies, de kérones, de vorticelles, etc.

» 3° Les corps organisés se trouvent en quantités variables, selon les conditions de l'atmosphère, plus abondants quand l'atmosphère est sèche, et moins quand il y a eu beaucoup de pluie. Ils flottent dans toute l'atmosphère et pénètrent ordinairement partout avec elle. »

En exposant des vases d'eau distillée à la chute des impuretés tenues en suspension dans les salles des hôpitaux, le même auteur [1] vit éclore dans ce liquide des bactéries, des amibes et des zoospores ; de l'ensemble de ses expériences, il résulta que les œufs le plus répandus dans l'air appartenaient à la classe des rhizopodes et au genre des cercomonades. Dans l'eau de pluie, Samuelson put toujours également découvrir de petits infusoires et quelquefois de gros œufs d'infusoires ciliés.

Dans une longue suite de Mémoires présentés à l'Académie des Sciences, Lemaire [2] exposa ses travaux multipliés sur l'air des casernes, des salles des malades, des amphithéâtres de dissection, etc. Une faible quantité d'air puisé non loin de la tête d'un teigneux fut trouvée chargée des spores du champignon qui produit cette affection rebelle du cuir chevelu ; les eaux de condensation que ce même observateur obtint en divers lieux, au voisinage des marais de la Sologne, au Jardin des Plantes à Paris, au fort de Romainville, lui démontrèrent l'existence dans l'air d'une grande variété de microphytes et de microzoaires.

Si les observateurs de tout pays dont les noms viennent d'être

---

[1] SAMUELSON, *Paper read before the British Association*, 1862.
[2] LEMAIRE, *Comptes rendus des séances de l'Académie des Sciences,* t. LVII, p. 57-581-625 ; t. LIX, p. 317-380.

cités ont parfois varié dans leurs affirmations sur quelques points
peu importants du sujet qui nous occupe, il faut avouer qu'ils
ont tous été amenés à reconnaître l'existence dans l'air de spores
cryptogamiques nettement visibles au microscope. Ce fait ne
paraissait plus niable, quand MM. Joly et Musset vinrent jeter
une note discordante dans ce concert d'affirmations unanimes.
— « L'extrême rareté, ont dit ces auteurs (¹), *sinon l'absence
complète de germes atmosphériques*, nous est démontrée par
une expérience très simple qui consiste à observer jour par jour
une plaque de verre enduite sur l'une de ses faces d'une couche
légère d'huile d'olive. » Le simple bon sens, comme l'observation la plus grossière, démontre que la croyance à *l'absence complète de germes* de microphytes dans l'air doit être rangée dans
la catégorie des idées absurdes, quand on voit tous les jours des
graines de plantes phanérogames, mille fois plus volumineuses,
aller germer, emportées par les vents, à plusieurs centaines de
kilomètres de leur lieu d'origine; le résultat inattendu des travaux de ces deux savants, bien connus dans la Science pour des
recherches d'une valeur incontestable, surprit les panspermistes,
sans toutefois les émouvoir beaucoup.

En 1866, le Dʳ Salisbury (²) soumit à de nombreuses investigations microscopiques l'air circulant au-dessus des marais de
l'Ohio et du Mississipi; cet air lui montra une cellule fort petite, paraissant appartenir au genre *palmella*, à laquelle il attribua le pouvoir de créer les fièvres intermittentes. Cette cellule,
plus abondamment répandue dans l'atmosphère la nuit que le
jour, parvenait souvent à une hauteur de 100 pieds; on prévenait
sa diffusion en couvrant le sol de chaux vive. Un séjour de
quinze minutes dans les districts malsains où ces algues se mul-
tipliaient sans entraves donnait la fièvre. Enfin, loin de tout
marécage, les individus soumis à l'inhalation de ces mêmes
algues se sentaient pris d'accès fébriles. Il est malheureusement

----

(¹) Joly et Musset, *Comptes rendus des séances de l'Académie des Sciences*,
t. LV, p. 490.
(²) Salisbury, *American journal of Scienc. med.*, april, p. 51; 1866.

acquis depuis cette époque que la cause des fièvres intermittentes reste encore à découvrir.

Sous les auspices du Dr Angus Smith ([1]), Dancer se livra à
l'analyse microscopique de l'air de Manchester ; il y trouva, sous
le volume d'un litre, plus de 15 000 cellules cryptogamiques ,
chiffre évidemment fort exagéré qui montre combien on doit
être sévère dans le choix des procédés de numération des microbes aériens.

Avant d'exposer avec plus de détails les études persévérantes
de quelques auteurs sur le même sujet, il me reste à signaler
rapidement les recherches de Lund, du professeur Silvestri, de
Catane, qui s'occupa surtout des pluies de poussières météorologiques tombées en Sicile ; les travaux de Lionel Beale, Par-
fitt, Randsome, des Drs Burdon Sanderson, Sigerson, Parkes,
Hewlett, John Stanley, Baynes Reed , Franck , Chaumont
et Devergie, qui, tout bien examiné, apportèrent peu de chose
aux faits déjà acquis à la science micrographique.

III.

Le premier Mémoire publié, en 1870, par le Dr Maddox ([2]) fut
presque entièrement consacré à la description d'un appareil
nouveau destiné à collecter automatiquement les poussières
atmosphériques (*voir* la *fig.* 16, à la p. 35). Les résultats que
le Dr Maddox obtint d'abord avec le secours de son instrument,
nommé *aéroconiscope,* différèrent peu de ceux qui avaient déjà
été publiés ; il annonça cependant, dès cette époque, un fait
parfaitement exact, à savoir que le poids des particules minérales de l'air était sous la dépendance de la force du vent, du
degré de sécheresse et d'humidité du sol. Une année plus tard,
ses affirmations sur l'immense variété des germes atmosphériques furent beaucoup plus catégoriques et, dans sa nou-

---

([1]) Angus Smith, *Air and Rain,* p. 487.

([2]) Maddox, *On an apparatus for collecting atmospheric particles* (*Monthly microscopical Journal,* t. III, p. 286).

velle Communication à la Société Royale de Microscopie de Londres ([1]), il appuya ses dires d'une planche où l'on trouve fidèlement dessinées, d'après nature, les images des pollens les plus fréquents et des spores cryptogamiques les plus remarquables : la *fig*. 2 représente un échantillon des cellules organisées recueillies par le Dr Maddox.

Fig. 2.

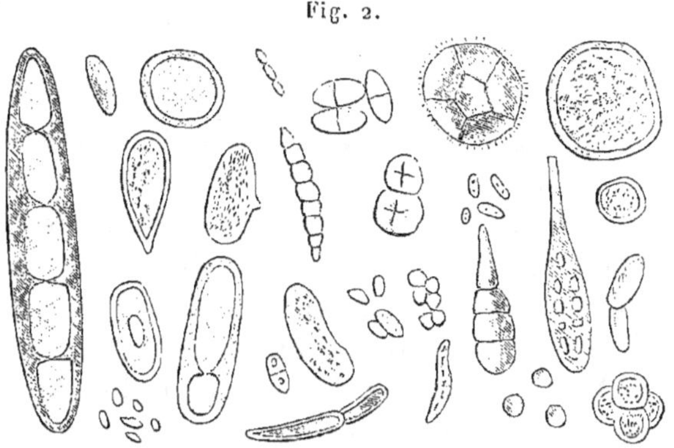

Spores et pollens atmosphériques d'après le Dr Maddox.
Grossissement : 400 diamètres.

Les expériences de ce savant s'élevèrent au nombre de 155; commencées en avril 1871, elles ne prirent fin qu'au mois de novembre de la même année ; l'aéroscope fonctionna en moyenne vingt fois par mois et resta exposé à l'action des courants atmosphériques pendant dix à onze heures durant les longs jours de l'été, et seulement pendant neuf à dix heures aux jours plus courts du printemps et de l'automne. Le chiffre total de cellules récoltées par le Dr Maddox dans l'une de ses 155 expériences atteignit une fois 250. Les atmosphères les plus riches en spores lui parurent être celles des mois de juillet et d'août; enfin il ne put saisir aucune relation entre la prédominance de ces spores, la force et la vitesse du vent.

Le Dr Douglas Cunningham ([2]) fit paraître, deux années plus

([1]) MADDOX, *Monthly microscopical Journal,* t. V, p. 46.
([2]) DOUGLAS CUNNINGHAM, *Microscopic examinations of air.* Calcutta, 1873.

tard, à Calcutta, un Mémoire beaucoup plus complet sur les poussières atmosphériques. Ce travail, précédé d'un historique auquel j'ai puisé de précieuses indications bibliographiques, doit être considéré comme le plus parfait qui ait jamais été publié jusqu'ici sur les germes de l'air. L'esprit méthodique et impartial qui règne dans cette œuvre, magnifiquement illustrée du dessin des semences aériennes trouvées à chaque expérience, témoigne, de la part de son auteur, d'un zèle ardent à découvrir la vérité et d'une patience peu commune. Pour être juste, il importe cependant de ne pas oublier que c'est au Dr Maddox que revient le mérite d'avoir inauguré les recherches statistiques des germes atmosphériques.

Le Dr Cunningham étudia principalement les poussières répandues dans l'air libre, dans l'air confiné des égouts et les germes entraînés par la pluie. Pour recueillir les poussières répandues à l'air libre, ce savant hygiéniste se servit de l'aéroscope du Dr Maddox simplifié. En récoltant alternativement les poussières de l'air au-dessus des toits des prisons de la Présidence et d'Alipore à Calcutta, il obtint 59 préparations microscopiques, qu'il analysa attentivement en notant rigoureusement les conditions météorologiques qui avaient présidé à ses expériences. Toutes durèrent vingt-quatre heures; commencées le 26 février 1872, elles ne furent interrompues qu'au mois d'octobre de la même année. La *Pl. I* représente avec l'exactitude la plus scrupuleuse la cinquième des 59 planches publiées par le Dr Cunningham. A quelques rares exceptions, l'atmosphère parisienne possède des spores de structure identique; elle en montre même beaucoup d'autres, que j'ai vainement cherché à découvrir parmi les germes récoltés aux Indes anglaises. Pour recueillir les microbes de l'air des égouts, le même aéroscope fut placé dans une galerie unissant les égouts de Calcutta à un foyer destiné à entretenir les bouilleurs d'une machine à vapeur. Quant à l'eau de pluie, une fois recueillie dans des vases propres et flambés, elle était soigneusement recouverte et examinée à des époques successives, en prélevant à chaque fois, au moyen d'une pipette, la quantité de liquide qu'on voulait soumettre au microscope

Voici en substance les conclusions des recherches du Dr Cunningham :

1° Les infusoires, leurs germes ou leurs œufs sont presque entièrement absents de l'air de Calcutta et de son voisinage.

2° Les spores et les autres cellules végétales s'y trouvent en quantité considérable ; leur nombre est indépendant de la vitesse et de la direction du vent.

3° L'humidité (*moisture*) ne diminue pas la quantité des poussières organisées de l'atmosphère.

4° Il ne saurait être établi de connexité (*connection*) entre le nombre, la nature de ces cellules et les décès causés par le choléra, la dyssenterie, la dengue, etc.

5° Les particules bactéroïdes, qu'il est difficile de voir dans les poussières de l'air extérieur, sont au contraire très fréquentes dans l'air humide des égouts, où on les trouve mélangées aux spores de *Penicillium*, d'*Aspergillus*, mais dépouillées des nombreuses productions que l'on rencontre à l'air libre.

6° L'eau de pluie abandonnée à elle-même montre des végétations cryptogamiques, des cercomonades, des amibes, qui semblent provenir des zoospores nés des filaments mycéliens émis par les spores vulgaires.

7° L'addition à des liquides altérables de poussières sèches, même exposées aux chaleurs tropicales, donne rapidement des bactéries et des champignons, quoique les germes de ces productions soient très rarement trouvés dans les poussières sèches. Il paraît dès lors très probable que les monades et les bactéries ont une même origine ; mais il reste incertain si leur développement est dû à l'hétérogénèse, à la présence de germes renfermés dans des cellules mères, ou enfin si ces êtres ne sont pas le dernier terme de développement des cryptogames vulgaires.

Dans la dernière partie de ses conclusions, le Dr Cunningham touche à la fois à des questions parfaitement résolues qu'il révoque en doute, et à des questions obscures qui partagent encore les esprits les plus distingués. Dans le courant de cet Ouvrage nous aurons à revenir sur ce sujet.

Bien avant le Dr Cunningham, M. Ch. Robin s'était élevé contre les auteurs qui voyaient partout des œufs d'infusoires; comme bien d'autres observateurs, ce savant professeur découvrit dans l'air des spores de cryptogames, mais il insista bien à tort, suivant moi, sur le peu de fréquence de ces cellules.

« Quant aux microphytes, avance M. Ch. Robin (¹), dont souvent en effet le microscope montre quelques spores *diverses de volume et de structure,* rien n'est plus facile que de les distinguer, soit des ovaires et des ovules des infusoires, soit de ces derniers enkystés ou non; rien n'est plus facile de voir que les espèces de cryptogames auxquelles elles appartiennent ne dépassent pas une dizaine environ dans chaque expérience, et qu'on n'en compte pas une centaine d'espèces en comparant toutes les expériences faites. »

Cette excessive facilité qui présiderait à la découverte d'un œuf de monade ou de rhizopode, isolé et perdu, comme c'est l'habitude, au sein de 100 000 spores de champignon de toutes formes, paraîtra à tous les micrographes beaucoup plus théorique que réelle. Sans doute il est aisé de distinguer, par exemple, un œuf de *Rotifer* d'une semence d'*alternaria,* un œuf de Tardigrade d'un pollen ou d'un cadavre de cyclope encore muni de son œil rouge et de sa carapace, mais la difficulté devient autre, je le répète, quand il s'agit de différencier *de visu* un œuf d'amibien maltraité par la sécheresse d'une spore déformée par le temps. Quant à faire agir sur ces germes douteux d'infusoire les réactifs chimiques propres à les caractériser en les dissolvant, ce tour de main dépasse les limites de l'habileté du micrographe : 99 fois sur 100, le prétendu ovule échappe aux yeux, se perd, et le spécimen de poussière est irrémédiablement compromis.

J'arrive aux recherches exécutées à l'Observatoire de Montsouris par M. Schœnauer (¹). Le premier acte de mon habile

---

(¹) Ch. Robin, *Traité du microscope,* p. 822 (1871), et *Traité du microscope,* 2e édition, p. 872; 1877.
(²) Schoenauer, *Annuaire de Montsouris* pour l'an 1877.

prédécesseur fut d'abandonner les méthodes aéroscopiques des
Drs Maddox et Cunningham pour revenir aux aéroscopes à aspiration, dont l'emploi mérite certainement d'être appliqué partout
où cela est possible. En projetant sur une goutte de glycérine
une centaine de litres d'air puisés à l'extérieur aux différentes

Fig. 3.

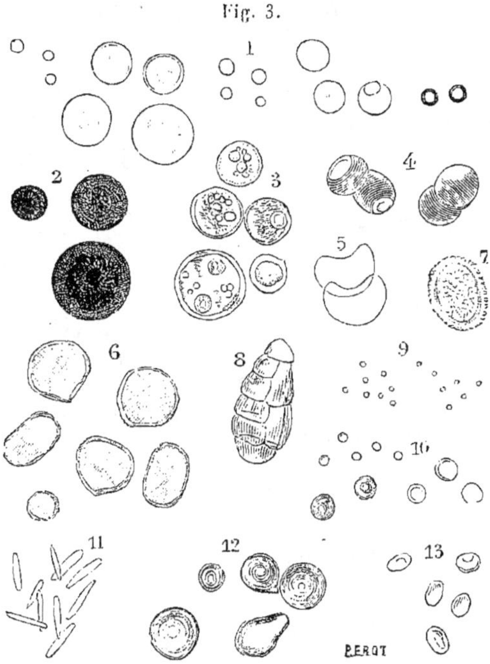

Corpuscules résineux (2); amidon (12); spores hypothétiques de bactéries (9);
   spores cryptogamiques, recueillis en 1875 par M. Schœnauer. Grossissement : 1000 diamètres.

époques de l'année, M. Schœnauer récolta toujours une faible
quantité de poussières au sein desquelles il distingua des pollens
des grains d'amidon et d'autres corpuscules organisés dont je
suis heureux de reproduire les dessins consciencieusement exécutés sous le fort grossissement de 1000 diamètres, amplification qui leur enlève peut-être un peu de leur élégance, mais les
montre certainement avec une plus grande vérité de détails.

M. Schœnauer n'aborda pas l'étude statistique des germes

Fig. 4.

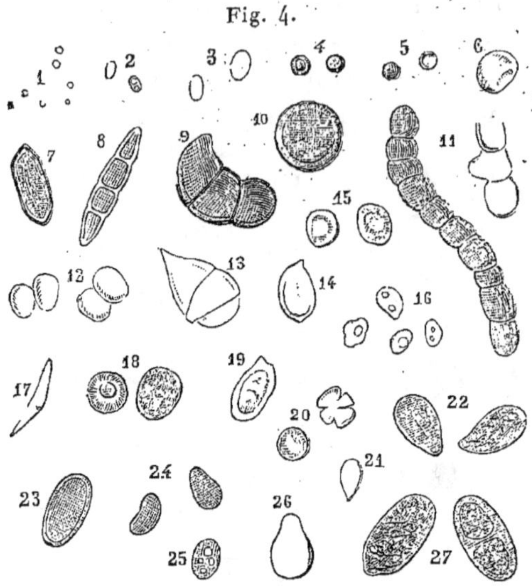

Spores hypothétiques de bactéries (1); spores de cryptogames, recueillies
en 1875 par M. Schœnauer. Grossissement : 1000 diamètres.

Fig. 5.

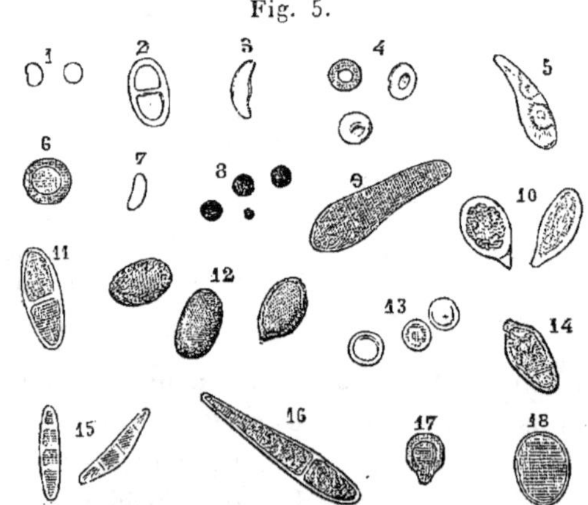

Spores cryptogamiques recueillies en 1875 par M. Schœnauer.
Grossissement : 1000 diamètres.

de l'air : il préféra s'attacher à l'étude des bactéries atmosphériques avec le secours d'une méthode fort pénible à appliquer,

Fig. 6.

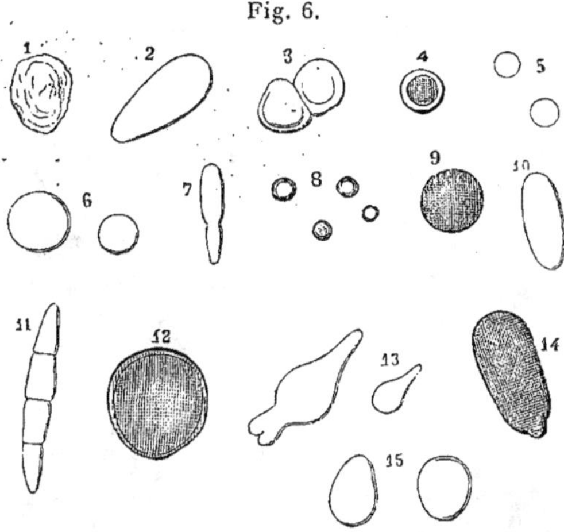

Amidon (1, 2, 13, 15); pollen (12); spores cryptogamiques, recueillis
en 1875 par M. Schœnauer. Grossissement : 1000 diamètres.

Fig. 7.

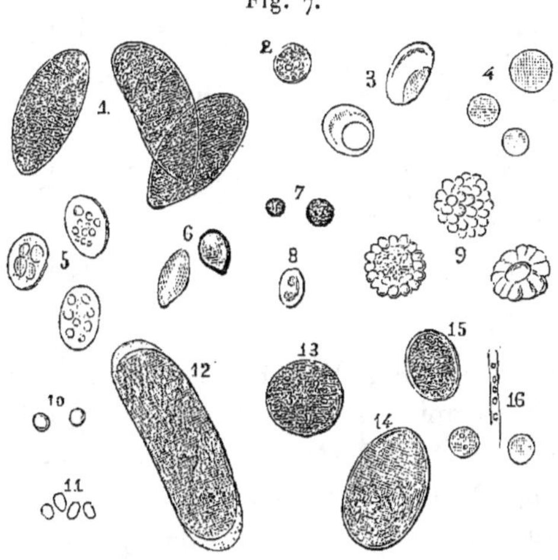

Spores cryptogamiques recueillies en 1875 par M. Schœnauer.
Grossissement : 1000 diamètres.

désignée sous le nom de *Procédé des rosées artificielles,* qu'il poussa, je dois le dire, à un haut degré de perfection et lui fit rendre tous les services qu'on en devait attendre, c'est-à-dire des données malheureusement incertaines et souvent contestables.

Fig. 8.

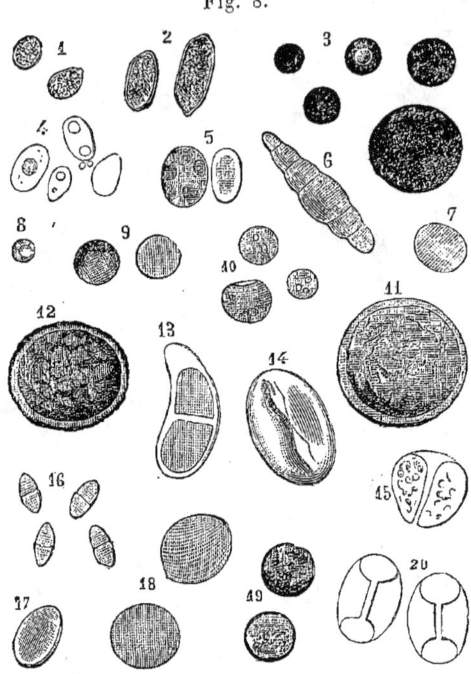

Granules résineux (3); pollens (11, 12); spores cryptogamiques, récoltés en 1875 par M. Schœnauer. Grossissement : 1000 diamètres.

Vers la même époque, M. G. Tissandier ([1]) entreprit des recherches microscopiques de même nature , qu'il a consignées dans son ouvrage sur les *Poussières de l'air*. De son côté, M. Émile Yung ([2]) analysa l'atmosphère de la Suisse, les poussières répandues dans la neige des Alpes; ces travaux, exécutés

---

([1]) G. Tissandier, *Les poussières de l'air*, 1877.

([2]) Émile Yung, *Archives des Sciences physiques et naturelles*, 3ᵉ période, t. IV, p. 574.

avec talent, seront toujours consultés avec profit par les micrographes désireux de se faire une idée exacte des progrès rapides accomplis dans l'art de saisir avec habileté les microbes aériens.

Je n'ai plus qu'à signaler mes propres recherches sur les spores aériennes des cryptogames. Je serai bref, persuadé qu'il s'attache plus de curiosité que d'importance à cette étude, limitée à une classe de végétaux microscopiques dont le rôle le plus apparent est de nous débarrasser avec promptitude d'une foule de substances mortes qui ne tarderaient pas à encombrer la surface du sol, si ces végétaux parasites venaient à en disparaître.

CHAPITRE I.

I. Poussières minérales atmosphériques. Cristaux microscopiques. Globules de
fer météorique.— II. Poussières organiques. Amidon. Poils des plantes. Fibres
végétales. Dépouilles du règne animal. — III. Cadavres et œufs d'infusoires.

L'observateur qui se livre à l'étude systématique des corpuscules charriés par les courants atmosphériques ne tarde pas à
reconnaître la nécessité de grouper en grandes familles naturelles les cellules, spores et débris de toute sorte que les procédés d'expérimentation lui permettent d'amener sous le microscope.

L'air en mouvement offre à considérer une foule de particules
inertes de nature terreuse, charbonneuse et ferrugineuse parmi
lesquelles les réactifs chimiques décèlent aisément des phosphates, des carbonates, du silex, etc., se présentant le plus
souvent sous la forme de blocs irréguliers à arêtes vives et tran-
chantes dont la grosseur varie depuis le grain de sable visible à
l'œil nu jusqu'à la granulation la plus fine. A en croire les données de l'examen microscopique, il n'existerait pas de limites à
la division des corps solides ; aussi voit-on le silex, le calcaire,
le charbon, se présenter en particules ténues, défiant en petitesse
la bactérie la plus infime ; dans ce cas, les angles des corpuscules
ne sont plus perçus, leurs contours polygonaux semblent devenir circulaires : bref, les éléments minéraux recueillis dans cet
état d'extrême division sont difficiles à différencier des germes
des schizophytes (¹).

(¹) Sous les noms de *schizomycètes, schizophytes, microphytes, microbes,
microcoques, bactériens, vibrioniens, saprophytes,* etc... beaucoup d'auteurs

L'analyse microscopique des sédiments atmosphériques se heurte donc dès l'abord contre une barrière malaisée à franchir, au delà de laquelle les données de l'observation directe doivent être considérées comme illusoires. La pratique démontre en effet qu'il est imprudent de se prononcer sur l'origine et la nature d'un corpuscule isolé dont les dimensions ne dépassent pas $\frac{1}{1000}$ de millimètre. En dehors d'une infusion peuplée de microbes, le groupement de globules agencés en sabliers, en carrés, en cubes, en chapelets, peut, il est vrai, nous porter à identifier ces globules avec ces végétations alguaires nommées *micrococcus*; mais cette simple donnée est fort peu rigoureuse et peut être comparée à ce mirage trompeur qui nous porterait à voir un bacille, un bactérium ou un vibrion dans un cristal prismatique ou une fibrille fort petite. Il faut donc confesser, et je ne crains pas sur ce point d'être en désaccord avec les micrographes de profession, qu'un germe de schizophytes est, dans la majorité des cas, fort difficile à distinguer des poussières minérales et organiques qui l'accompagnent dans l'atmosphère. Cet aveu restreindrait singulièrement le champ d'investigation des panspermistes s'il n'existait pas aujourd'hui un mode d'expérimentation permettant de pallier l'insuffisance de nos instruments d'optique et de compter, sans le secours du microscope, les germes aériens des bactéries ; je veux parler d'un procédé fécond en magnifiques résultats : de la culture des microbes vulgarisée par M. Pasteur. Pour rester fidèle au plan général adopté dans cet Ouvrage, j'insisterai d'abord sur l'analyse des poussières aériennes, commode à pratiquer avec le secours de faibles grossissements : c'est là sans contredit une étude aisément abordable pour l'observateur qui n'a pas à sa disposition un laboratoire spécialement outillé pour les recherches délicates sur les infiniment petits.

---

désignent par une seule expression la totalité des espèces végétales inférieures appelées plus vulgairement *bactéries*.

I. — Poussières minérales. — Cristaux microscopiques. — Globules de fer météoriques.

Avant de parler des microbes organisés répandus dans les poussières de l'air, il n'est pas sans intérêt de préciser brièvement la nature des sédiments inertes qui en constituent habituellement les éléments les plus abondants. Il n'échappa pas à l'observation de Pouchet que ces éléments bruts donnaient aux poussières recueillies avec le secours des aéroscopes une physionomie, s'il est permis de s'exprimer ainsi, capable d'en faire très souvent connaître le lieu d'origine. En effet, l'air des appartements habités tient en suspension une foule de fibres textiles diversement colorées, qu'il est exceptionnel de rencontrer dans l'air de la campagne. En dehors des habitations, l'air des rues présente encore des débris de nos vêtements, mais les brins de soie, de chanvre, de coton, de laine, etc., deviennent plus rares et sont noyés au sein de détritus terreux, de substances amorphes, d'origine végétale et animale ; à la campagne, les fibres arrachées à l'écorce des arbres ou aux végétaux en voie de décomposition forment la partie la plus riche des matières organiques qu'on y recueille en temps normal. D'autre part, le poids des sédiments aériens récoltés aux champs est, sous un même volume d'air toujours plus faible que le poids des poussières récoltées en ville. On doit sur ce sujet à M. G. Tissandier (¹)

(¹) G. Tissandier, *Les poussières de l'air,* p. 2 :

Poids des corpuscules de poussières contenues dans 1^{mc} d'air à Paris.

Après une pluie abondante de la veille.	Après 8 jours de sécheresse en été.	Dans des conditions atmosphériques normales.
"	"	0^{gr},0060
"	"	0^{gr},0075
0^{gr},006	0^{gr},023	0^{gr},0080

« En prenant, ajoute M. Tissandier, le chiffre minimum 0^{gr},006 et considérant une masse d'air de 5^{m} d'épaisseur sur l'étendue du Champ de Mars, qui a $500\,000^{mq}$ de surface, cette masse d'air ne renferme pas moins de 15^{kg} de corpuscules. »

un ensemble d'expériences fort bien faites que l'examen microscopique confirme pleinement; j'ajouterai cependant, d'après mes propres observations, qu'en temps humide, de pluies fréquentes ou de giboulées, la quantité des poussières atmosphériques diminue à un tel degré, qu'il n'est pas de balance assez sensible pour apprécier le poids des détritus de toute sorte contenus dans plusieurs mètres cubes d'air puisé au parc de Montsouris. Cette diminution porte surtout, comme l'avaient déjà vu les Drs Maddox et Cunningham, sur les poussières inorganiques ; dans ce cas, il n'est pas rare de compter dans l'air plus de spores cryptogamiques que de grains de silex.

Contrairement à l'opinion de M. Ch. Robin ([1]), on observe, parmi les corpuscules charriés par les courants atmosphériques, des cristaux divers, hyalins ou opaques, de forme cubique, prismatique, rhomboédrique, etc.; souvent l'œil saisit un fragment de minéral dont le clivage est visible à travers sa masse transparente, comme à travers un bloc de gypse ou de spath d'Islande fendillé par le choc. A Paris, les éléments cristallisés les plus répandus dans l'air appartiennent à une roche de couleur gris bleuâtre donnant des cristaux clinorhombiques, isolés ou groupés par assises, qu'on voit souvent se détacher du minéral en voie de désagrégation.

Le silex à cassure conchoïde, les sulfates, phosphates et carbonates terreux ou alcalino-terreux, à texture cristalline ou à l'état amorphe, méritent moins de nous arrêter ; mais je dirai un mot des globules de fer météoriques étudiés avec soin par M. G. Tissandier ([2]), qui les a obtenus par un procédé de triage ingénieux, consistant à promener, à une faible distance d'une couche de poussières atmosphériques déposées sur une surface plane horizontale, un aimant destiné à saisir uniquement les parcelles ferrugineuses (*fig*. 9, 10 et 11). Au microscope, j'ai vu et reconnu ces globules magnétiques ; cependant ils sont généralement en si faible quantité dans les poussières aériennes,

---

([1]) Robin, *Traite du microscope,* p. 996; 1871.
([2]) G. Tissandier, *Les poussières de l'air,* p. 49 et suivantes.

qu'il est difficile de constater leur existence dans les récoltes aéroscopiques obtenues avec 1^{mc} d'air, alors que ces mêmes

Fig. 9.

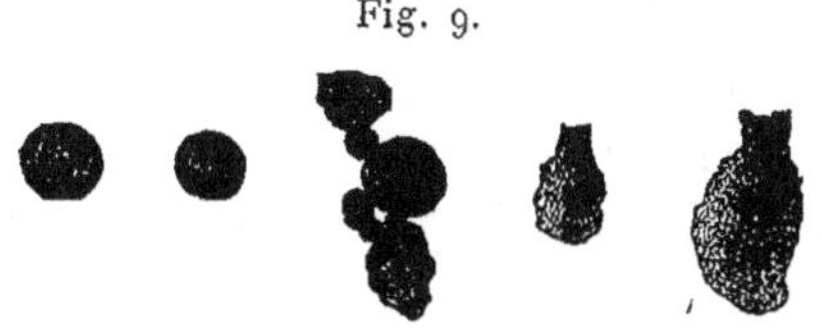

Corpuscules ferrugineux d'après G. Tissandier.

récoltes présentent, surtout pendant les vents violents, une foule de granules noirs et rougeâtres, d'une sphéricité irrépro-

Fig. 10.

Corpuscules ferrugineux d'après G. Tissandier.

chable et d'un diamètre variant de $\frac{1}{1000}$ à $\frac{25}{1000}$ de millimètre; ces sphérules, inattaquables par les acides concentrés, paraissent

Fig. 11.

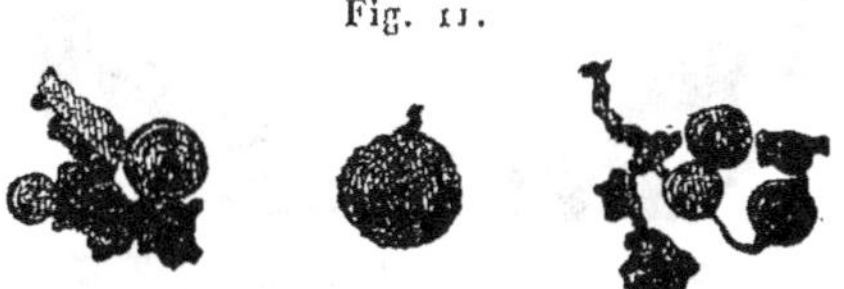

Corpuscules ferrugineux d'après G. Tissandier.

appartenir à une classe de corps volatils résinoïdes, que la fumée des usines entraîne au loin avec elle.

II. — Poussières organiques. — Poils des végétaux. — Fibres végétales. — Dépouilles du règne animal.

A côté des corpuscules minéraux ou non organisés dont je viens d'énumérer les représentants les plus fréquents parmi les

poussières de l'air, il est aisé d'apercevoir des cellules ou débris
de cellules ayant appartenu au règne végétal et animal. Tantôt
la matière organique apparaît sous forme de plaques, de lamelles,
de masses informes, de granulations agglutinées par un ciment
incolore, jaunâtre ou brun, de fibres déchiquetées sur la nature
desquelles on ne saurait se prononcer sûrement ; tantôt, au contraire, l'œil reconnaît très bien des couches épidermiques, des

Fig. 12.

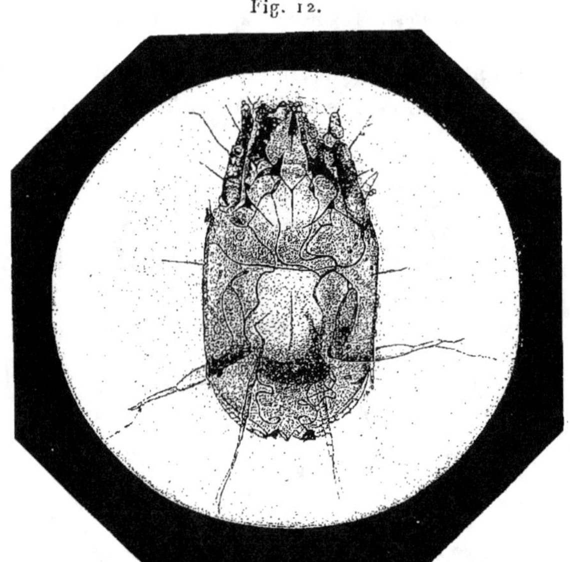

Dépouille d'acarien. Grossissement : 250 diamètres.

fragments de vaisseaux, des trachées déroulées, des tubes mycéliens septés ou non septés, des poils simples ou rameux
enlevés par le vent aux tiges et aux feuilles des plantes. Dans
l'intérieur des hôpitaux et des habitations, à ces dépouilles du
règne végétal viennent se joindre ou plutôt se substituer des
fibres déjà utilisées par l'industrie, des cellules épithéliales cor-
nées, que les réactifs colorés permettent d'étudier avec soin ;
l'amidon, fréquemment observé en pleine campagne, se montre
surtout en abondance dans l'air des villes et l'air confiné des

maisons. Il serait long de dresser la liste des éléments hétérogènes constamment entraînés par l'atmosphère en mouvement.
Pour abréger et arriver plus rapidement à un sujet plus digne
d'intérêt, je me contenterai de signaler, parmi les sédiments
aériens, du duvet échappé aux corps des oiseaux, des écailles
de papillon, en forme d'écussons plus ou moins allongés, pi-
quetées de poils ou parcourues par de fines raies longitudinales,
d'antennes et de pattes d'insectes, des dépouilles entières d'aca-
riens, telles que la *fig.* 12, gravée d'après une de mes photomi-
crographies, en montre un bel exemple.

III. — Cadavres et œufs d'infusoires.

Si, comme on vient de le voir, les dépouilles de nature végétale
et animale se rencontrent très fréquemment dans les atmosphères
libres et confinées, il est infiniment plus rare d'y constater la présence des œufs et des cadavres des animalcules appelés *infusoires,*
qu'on ne confond plus aujourd'hui avec les bactériens rangés
avec raison parmi les cryptogames microscopiques de l'ordre le
plus inférieur.

A. Pouchet, Cunningham, Charles Robin et bien d'autres
observateurs n'ont pu saisir qu'exceptionnellement dans l'atmosphère ces petits êtres élégants répandus à profusion dans la
moindre flaque d'eau, les fossés, les bassins, les rivières, où
abondent le limon, les plantes aquatiques, les brins d'herbe, les
feuilles mortes détachées des arbres. Pour ma part, j'ai rarement
aperçu, dans les milliers d'échantillons de poussières aériennes
qui ont passé sous mes yeux, des œufs et des cadavres d'infusoires
nettement reconnaissables. Cependant, à plusieurs reprises, ces
sédiments m'ont montré des rotateurs enkystés, des carapaces
de cyclopes, mais cela à intervalles fort éloignés, de six mois en
six mois, d'année en année.

Il existe pourtant un procédé détourné permettant de démontrer la présence dans l'air des œufs de quelques classes d'in-

fusoires, appartenant, le plus habituellement, aux monades, aux amibiens, c'est-à-dire aux animalcules les plus petits, dont les germes, par suite fort légers, sont aisément transportés par les courants atmosphériques. Ce procédé repose sur l'ensemencement dans de l'eau bouillie de bourres d'amiante stérilisées au préalable, ayant servi à retenir les poussières de 30^{mc} à 40^{mc} d'air. Ces sortes de tampons noircis par le charbon, les débris terreux et autres qui constituent la partie la plus abondante des poussières de l'air, immergés dans cette eau, donnent toujours naissance à de nombreuses algues vertes, à de luxuriantes végétations cryptogamiques et fort souvent à quelques infusoires ciliés, plus rarement à des rotateurs, à des stentors, autrement dit à cette classe d'animalcules visibles à la loupe, sinon à l'œil nu.

Sous le volume de 15^{cc} à 20^{cc}, l'eau de pluie, amenée dans des vases stérilisés et conservée plusieurs semaines à l'abri de toute impureté, montre, dans la moitié des cas, des infusoires proprement dits, nageant en grand nombre au milieu des mucédinées développées. Ordinairement l'espèce animale éclose dans ces aquariums minuscules est pure, c'est-à-dire exempte d'infusoires d'une autre forme : aussi le spectacle de voir réunis en grand nombre une foule d'êtres de la même famille est-il fort curieux pour l'observateur habitué à voir ces espèces mélangées vivre ordinairement dans la même infusion et s'y mouvoir de la façon la plus variée. Ici, au contraire, un échantillon d'eau de pluie montrera des protées presque circulaires rampant lentement en émettant des expansions courtes et pointues ; là un second sera peuplé de monades ou de cercomonades munies de longs flagellums, douées d'un tremblotement rapide et d'une locomotion vraiment surprenante. En fractionnant les eaux météoriques en groupes d'infusions de faible volume, il deviendrait, je crois, facile de faire avec précision la monographie de plusieurs de ces animaux microscopiques, qu'un bon nombre d'auteurs font dériver bien à tort des zoospores, des algues et des champignons. Il suffit de s'adonner quelque temps à ces cultures pour reconnaître le peu d'exactitude de ces affirmations et s'assurer que les infusoires les plus petits conservent leurs mœurs et leur individualité pendant des mois et des années, de plus que les algues et les champignons cultivés dans l'eau à l'état de pureté ne donnent jamais d'infusoires et ne se transforment pas en cryptogames. La théorie de l'évolution des espèces me semble devoir tirer peu de profit de ce genre d'expériences conduites avec toute la rigueur nécessaire.

Voici comment l'on arrive sans difficulté à construire les aquariums d'eau de pluie dont je viens de parler. Un tube à boule soufflée *b*, disposé comme le représente la *fig.* 13, reçoit d'abord quelques fragments de tiges de plantes, encore vertes;

Fig. 13.

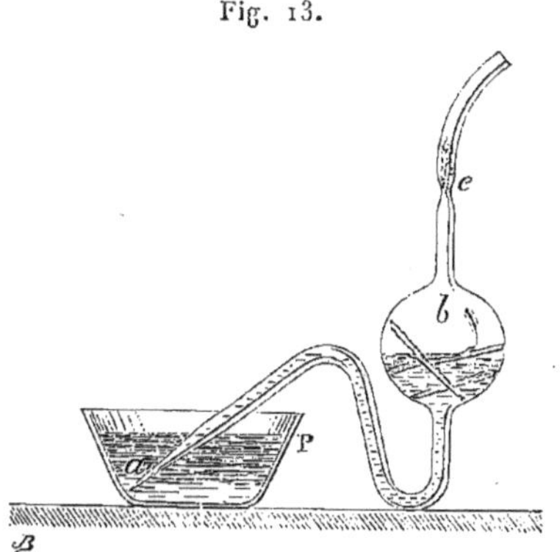

Aquarium d'eau de pluie.

puis, au-dessus de l'étranglement *e*, on place une bourre de coton de verre. La pointe *a* scellée, l'appareil est porté deux heures à la température de 160° ; l'eau de pluie récoltée dans la capsule de platine P, rougie au préalable, on aspire par la branche libre du tube l'eau de pluie qui se rend alors dans la boule *b* en pénétrant par la pointe *a* flambée, avant d'avoir été brisée avec une pince également flambée. Cela fait, cette pointe est fondue, et l'on obtient ainsi un échantillon d'eau météorique qu'on peut conserver, autant qu'on le juge convenable, à l'abri de toute poussière. Les tiges de plantes introduites dans

la boule avant la stérilisation de l'appareil fournissent, bien
qu'à demi calcinées, une infusion où les végétations cryptogamiques et les infusoires se plaisent et où les bactéries ne se développent jamais en assez grand nombre pour étouffer les animalcules qu'on se propose de cultiver et d'étudier.

CHAPITRE II.

I. Des procédés employés pour récolter les poussières atmosphériques. Aéroscopes
de Pouchet, de Maddox, de Cunningham, de Schœnauer et Yung. Nouveaux
aéroscopes de Montsouris. — II. De la nature des corpuscules organisés de
l'atmosphère. Amidon et pollens atmosphériques. Spores des moisissures et
algues vertes. — III. Du nombre des spores aériennes. — IV. Spores cryptogamiques de l'air des égouts. De l'atmosphère des habitations, des hôpitaux.
Des semences mêlées aux sédiments aériens déposés à la surface des objets.

I. — Des procédés employés pour récolter les poussières de l'air.

La méthode la plus simple, mais aussi la plus défectueuse, de
recueillir les poussières atmosphériques consiste à exposer à
l'air extérieur une plaque de verre enduite d'un liquide gluant
peu siccatif. Habituellement les grains de sable, les substances
terreuses, soulevées par les coups de vent, les feuilles mortes,
les débris d'herbe, les insectes, viennent bientôt se fixer sur la
lamelle et ajouter aux véritables poussières atmosphériques des
éléments grossiers que l'air n'emporte jamais très loin dans sa
course. D'autre part, un calcul élémentaire permet de démontrer qu'une plaque de verre enduite de glycérine sur une
surface de 4^{cq} doit, par un vent de vitesse moyenne, rester
exposée en plein vent pendant trois mois pour se charger de la
majeure partie des corpuscules répandus dans 1^{mc} d'air. Si une
semblable expérience dure seulement quelques jours, le chiffre
des organismes recueillis est très faible et, sans que j'y insiste
davantage, on comprend également que les semences volumineuses sont récoltées relativement en plus grand nombre que
les spores de petit diamètre.

Une autre méthode moins directe d'amener les poussières de l'air sous le microscope consiste à recueillir, dans des vases purifiés de tout germe, les eaux météoriques, la neige et la vapeur d'eau atmosphérique condensée par des mélanges réfrigérants ou des appareils à glace à la surface extérieure d'un ballon de verre parfaitement flambé avant l'expérience, puis à examiner attentivement à de forts grossissements les corpuscules divers que le liquide ainsi obtenu tient en suspension ou laisse déposer par décantation au fond du vase. On peut objecter à ce mode d'investigation la fatigue excessive qu'il entraîne et la difficulté que l'on éprouve à saisir dans un volume de véhicule toujours considérable les espèces incapables de s'y développer.

Plusieurs auteurs ont pensé qu'en dirigeant à travers l'atmosphère un jet de vapeur ou d'eau pulvérisée fortement chauffée au préalable, on parvenait à ramasser les germes de l'air. Sans doute cela est exact, mais l'eau de ce brouillard artificiel, condensée sur des soucoupes purgées de toute impureté, est en si grande quantité, eu égard au nombre des germes saisis, que leur recherche au microscope reste encore fort longue et fort laborieuse.

A ces divers modes d'expérimentation, Gaultier de Claubry, Angus Smith, Dundas Thompson, Beaudrimont et Dancer substituèrent le barbotement de l'air dans de l'eau bouillie placée, comme pour les analyses chimiques, dans des fioles, des flacons de Woolf, des tubes en U, des tubes à boules, etc... Cette manière d'opérer est également loin d'être irréprochable, car, dans les expériences dont la durée dépasse une demi-journée (certains observateurs les ont prolongées pendant un mois), les spores amenées au contact de l'eau pullulent, et il arrive alors que ce ne sont plus les véritables semences de l'air qu'on a sous les yeux, mais les végétations et les fructifications variées auxquelles ces germes ont donné naissance. Dans une expérience célèbre, effectuée à Manchester et rapportée avec détail dans l'ouvrage d'Angus Smith (¹), M. Dancer trouva 37 millions et

---

(¹) Angus Smith, *Air and Rain*, p. 487 et suivantes.

demi de fructifications cryptogamiques dans 2495^{lit}, soit
15 000 semences par litre, non compris évidemment celles que
l'eau n'avait pu fixer au passage : jamais l'atmosphère ne présente une telle abondance de graines de mucédinées, et les affirmations erronées du micrographe de Manchester ont eu pour
origine la cause d'illusion que je viens de signaler.

Pour étudier les germes tels que l'air les transporte, il est indispensable de les fixer sur des substances où ils ne puissent
croître et s'altérer. Pour ma part, je les recueille sur une goutte
d'un mélange fait à chaud de deux parties de glycérine pour
une partie de glucose solide ; le liquide ainsi obtenu est très
sirupeux, très lent à filtrer au papier ; mais il constitue une liqueur conservatrice fort précieuse, n'altérant pas sensiblement,
même au bout de plusieurs années, la couleur, la forme des
pollens et des semences atmosphériques les plus délicates ; d'un
autre côté, sa viscosité, en soustrayant au mouvement brownien
les corpuscules les plus ténus, permet d'obtenir des préparations
faciles à photographier.

La glycérine ordinaire est d'un plus mauvais usage, elle s'hydrate considérablement pendant les temps de pluie et de
brouillards et peut devenir, dans ce cas, un milieu favorable à
la multiplication de quelques moisissures.

Lors de ses expériences sur les générations spontanées,
M. Pasteur se servit, pour recueillir les poussières de l'air, de
bourres de coton nitrique qui, une fois dissoutes dans un mélange d'alcool et d'éther, donnaient un collodion laissant déposer,
par décantation, les sédiments atmosphériques arrêtés au passage ;
après plusieurs lavages successifs effectués à l'eau pure, le dépôt était finalement amené sous le microscope. Pour produire
une aspiration lente et continue, M. Pasteur a utilisé la trompe
représentée par la *fig.* 14. L'eau d'un réservoir, déversée lentement dans un tube de laiton à trois branches R, s'échappe
sous la forme d'index par un tube de caoutchouc K *l*, en entraînant dans sa chute de nombreuses colonnes d'air. Le vide produit se transmet par le tube *mn* au tube de verre T *b* placé
au travers du châssis d'une fenêtre et muni en *ab* d'une bourre

de coton soluble destinée à intercepter tous les corpuscules
aériens. Ce procédé, que Angus Smith a tenté d'employer, est
fort difficile à appliquer aux recherches statistiques des germes.
M. Pasteur le sentait si bien, qu'à l'époque même où il publia

Fig. 14.

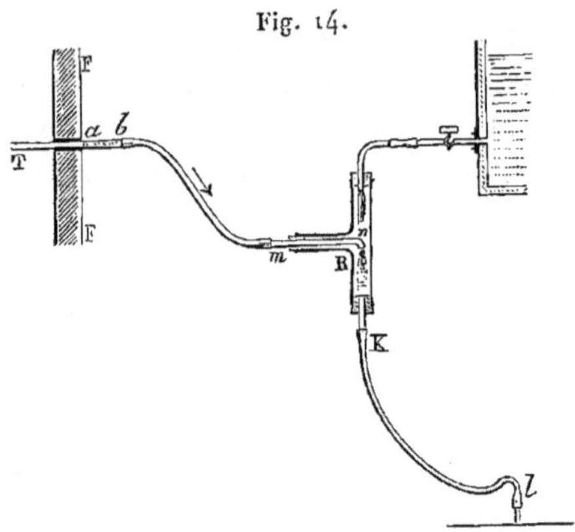

Trompe de M. Pasteur.

ce procédé il cherchait par des essais multipliés à lui en substituer de plus pratiques ; il lui paraissait de tout point préférable de fixer les germes sur des liquides gluants contenus dans
des tubes de verre ou sur des bourres faites de silicates alcalins,
de sucre, à la manière du coton de verre des souffleurs, et
qu'une goutte d'eau eût suffi pour fondre et laisser ensuite
tous les germes nettement visibles.

Pouchet rendit plus rapide et plus simple l'analyse qualitative des poussières atmosphériques en inventant l'aéroscope
dessiné dans la *fig.* 15, formé, comme on le voit, d'un cylindre
de verre dans l'axe duquel plonge un tube destiné à projeter un
jet d'air sur une plaque de verre recouverte d'une substance vis-
queuse, et muni à son armature inférieure d'une tubulure en communication avec un aspirateur. Plusieurs savants français et étrangers se sont servis avec succès de cet instrument ; d'autres l'ont
modifié plus ou moins heureusement ; d'autres l'ont transformé
en aéroscope à girouette, au grand détriment de leurs travaux.

C'est au Dr Maddox qu'est dû le premier aéroscope suscep-

Fig. 15.

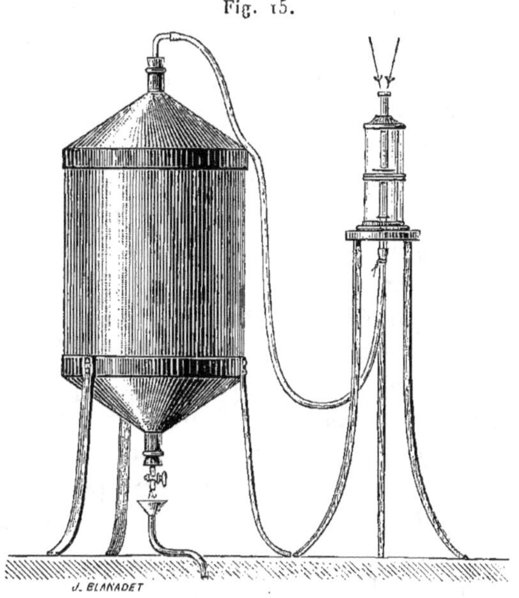

Aéroscope de A. Pouchet.

tible de fonctionner sans l'action du vent. La *fig.* 16 le montre tel qu'il fut présenté à la Société Royale de Microscopie, de

Fig. 16.

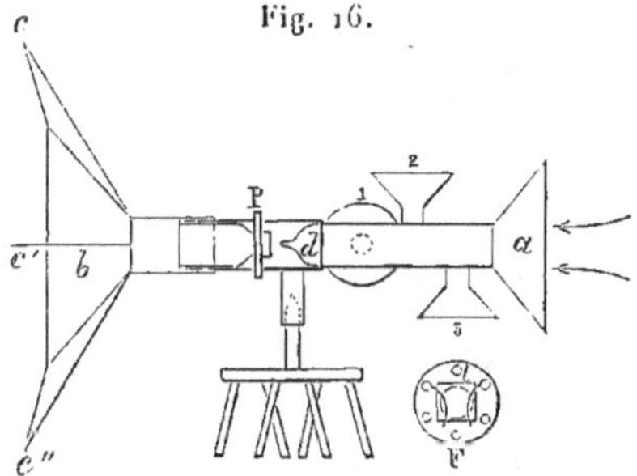

Aéroconiscope du Dr Maddox.

Londres ; il se compose essentiellement d'un long tube cylin-

drique *da*, pourvu à l'une de ses extrémités d'un cône évasé et
à l'autre d'un second cône renflé en hémisphère, en continuité
avec le tube et terminé par une ouverture très fine destinée
à ramasser les poussières sur une lamelle glycérinée, maintenue
appliquée par deux petits ressorts sur un diaphragme. (*Voir*,
en F, le détail de ce diaphragme.)

Le tube *da* porte latéralement trois autres entonnoirs plus
petits : 1, 2, 3, placés dans trois directions différentes, de
façon à recevoir les poussières venues d'en haut, d'en bas et
de côté. A son extrémité opposée au vent, l'*aéroconiscope*
du Dr Maddox se termine par un cinquième cône muni d'ail-
lettes *c*, *c'*, *c"*, placées perpendiculairement en croix dans
le sens des génératrices de ce cône pourvu d'un prolonge-
ment cylindrique s'adaptant à frottement à la partie de l'appareil déjà décrite. L'instrument équilibré sur un pivot fixé verti-
calement à un trépied de géomètre, il est facile de comprendre
que, sous l'influence du vent, l'instrument peut s'orienter de
façon à présenter la base du cône *a* aux courants atmosphériques qui le traversent, aidés surtout par l'aspiration dont
l'entonnoir opposé *b* devient le siège.

Ainsi que le montre la *fig.* 17, l'aéroscope du Dr Cunningham

Fig. 17.

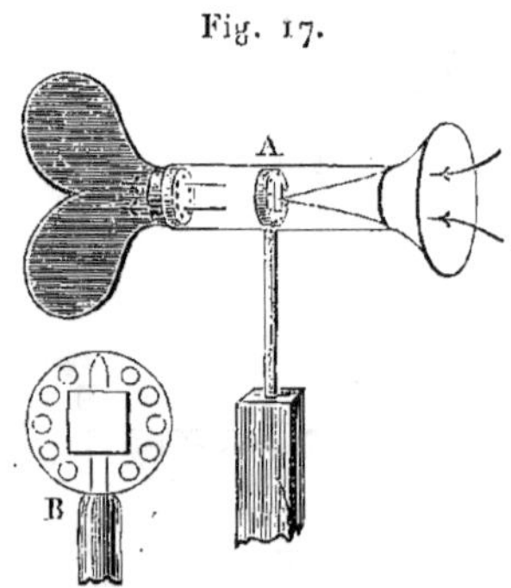

Aéroscope du Dr Cunningham.

est beaucoup plus simple. Un cône antérieur se termine par
une pointe forée au voisinage d'un diaphragme percé d'ouver-

tures sur son pourtour et au centre duquel est une équerre à gorge maintenant une lamelle de verre glycérinée (*voir* en B). A l'extrémité du tube opposé au vent, on voit une girouette en forme de cœur de carte à jouer, chargée de diriger le système.

Enfin j'ai aussi fait construire un aéroscope fonctionnant sous l'action du vent; il se compose (*fig.* 18) de deux parties, l'une B rattachée à une girouette en drapeau, et l'autre A se vissant à la partie B. Cet instrument, très mobile sur un axe vertical, est parcouru suivant le sens des flèches indiquées dans le dessin, par les courants d'air, qui abandonnent sur une lamelle soutenue par un étrier une partie de leurs poussières brutes.

Fig. 18.

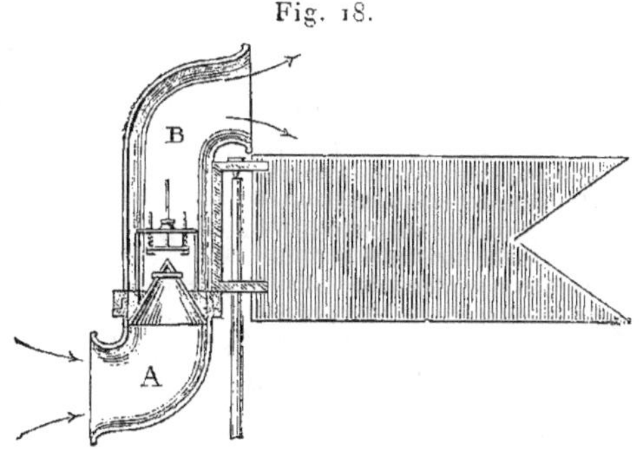

Aéroscope à girouette de Montsouris, au ¼ de grandeur.

Les aéroscopes à girouette ont l'avantage de fonctionner automatiquement, toutes les fois que le vent a la force de les diriger; dans le cas contraire, ils deviennent tout à fait inutiles; mais l'objection la plus grave qui puisse leur être faite est de rester muets sur le volume d'air qui les traverse. Je sais bien qu'on peut placer à côté de ces instruments un anémomètre enregistrant à tout instant la vitesse du vent, ce qui permet d'apprécier grossièrement les volumes proportionnels d'air introduits dans ces aéroscopes. Mais ces calculs, d'ailleurs fort compliqués en raison des variations incessantes de la vitesse du vent, sont impuissants à donner en unités de volume la quantité d'air dont ces sortes de récoltes aéroscopiques sont tirées. Aussi les

statistiques des Drs Maddox et Cunningham se sont-elles res-
senties de ce mode d'expérimentation.

En voici une preuve évidente :

Le Dr Cunningham a trouvé en moyenne 165 cellules organisées par expérience de vingt-quatre heures. D'après mes calculs,
1^{mc} d'air renferme en moyenne à Paris 14 000 spores. En admettant que l'air de Calcutta soit aussi riche en germes que celui
de Paris, il s'ensuit naturellement que le volume d'air analysé
par le Dr Cunningham n'a pas dépassé 10^{lit} par vingt-quatre
heures, soit 600^{lit} après huit mois de recherches, volume d'air
évidemment trop faible pour permettre à un observateur d'établir avec rigueur la composition qualitative d'une atmosphère
déterminée.

Les procédés imaginés par MM. Pouchet et Pasteur se prêtent
seuls à la numération des germes des cryptogames. Celui de
M. Pasteur permet de recueillir toutes les spores, mais il ne
saurait garantir la perte de beaucoup de ces graines dans le
cours des manipulations qu'il exige ; celui de Pouchet est im-
puissant à saisir tous les germes, mais on n'en perd aucun
dans les manœuvres fort expéditives destinées à amener ces
germes sur le porte-objet du microscope. Le procédé de Pouchet, recommandable par sa simplicité, a été universellement
adopté, avec quelques variantes de dispositifs qu'il me reste à
faire connaître.

La *fig.* 19 reproduit le schéma de l'installation adoptée, depuis
l'année 1875, à l'Observatoire de Montsouris, pour récolter les
germes de l'air. La cloche tubulée M, rodée et posée sur une
plaque dressée et suifée, recouvre un support de bois placé intérieurement, sur lequel repose une plaque de verre k où une
goutte de glycérine a été mise pour fixer les poussières, qu'amène
sous l'influence du vide le tube recourbé h à pointe effilée.
Cette gouttelette frappée par le jet d'air s'ombilique à son centre
et forme une sorte de cratère visqueux où l'air tourbillonne
pendant toute la durée de l'expérience. Ce système d'aéroscope
imaginé par M. Schœnauer, expérimenté également à Genève
par M. Yung, donne de fort bons résultats ; il a cependant le

tort d'être peu portatif, d'être sujet aux fuites et de posséder un tube de prise d'air beaucoup trop long, dans l'intérieur duquel les poussières finissent par se déposer, comme le prouve la couleur grisâtre qu'il acquiert après un long usage.

Fig. 19.

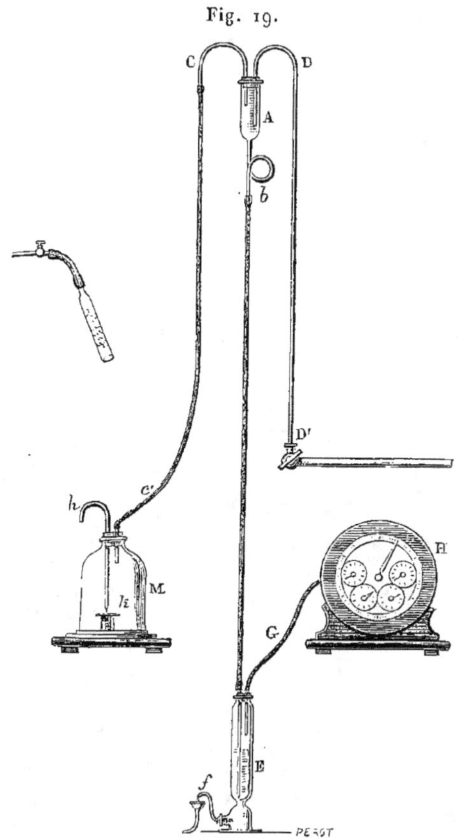

Aéroscope de M. Schœnauer et trompe de Montsouris.

La petite trompe qui détermine le courant d'air est beaucoup mieux comprise. L'eau fournie par le robinet D' pénètre par le tube D dans le petit réservoir A, terminé à son extrémité infé- rieure par un long tube dont l'extrémité supérieure forme une

boucle *b*. L'eau, s'écoulant plus rapidement par le tube vertical qu'elle n'arrive en A par le robinet D', se divise en gouttes

Fig. 20.

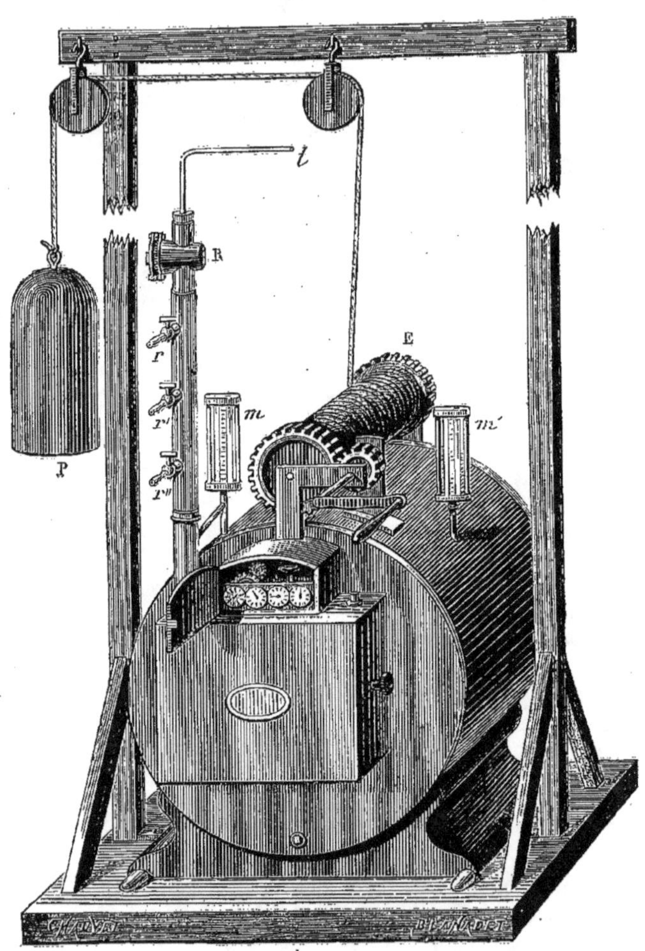

Aspirateur compteur

formant piston et séparées par des bulles d'air qu'elles entraînent dans leur chute : cet air est emprunté à l'atmosphère extérieure par le tube CC' ; finalement l'air et l'eau se rendent dans

l'éprouvette à pied E, l'eau s'écoule par le tube recourbé f ; l'air traverse sous une faible pression le compteur H qui mesure exactement son volume. Cette petite trompe, facile à construire avec quelques tubes de verre et de caoutchouc, exige à peine un débit de 40^{lit} d'eau pour aspirer un mètre cube d'air ; mais parfois ce faible volume d'eau peut faire défaut ; on peut alors utiliser l'aspirateur compteur (*fig.* 20) qui a servi à M. G. Tissandier lors de ses expériences à l'observatoire de Sainte-Marie du Mont (Manche). Sous l'effort de traction du poids P, un mouvement d'horlogerie actionne la roue à auget d'un compteur solidement fixé au parquet ; l'air chassé à l'extérieur par la roue en mouvement détermine un vide que tend à combler l'atmosphère venue du dehors par le tube t, ou les tubulures à robinet r, r', r'', auxquelles peuvent être adaptés, suivant les besoins, un ou plusieurs appareils d'analyse. Le compteur aspirateur essayé à l'observatoire de Montsouris a paru inférieur à la petite trompe mentionnée plus haut, qui ne se dérange jamais et exige uniquement, pour fonctionner sans interruption, le réglage d'un simple robinet placé sur une conduite d'eau.

Fig. 21.

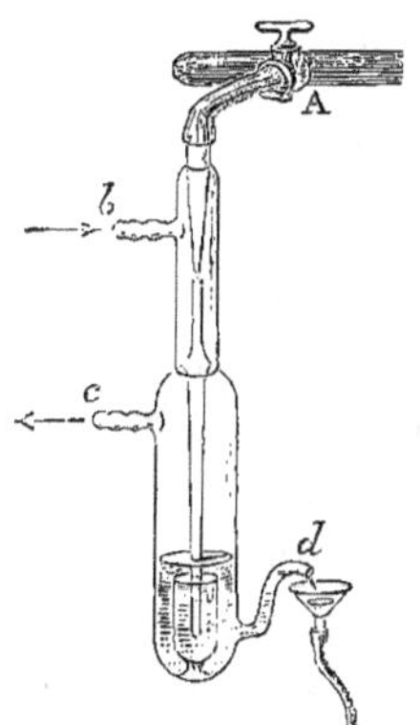

Trompe d'Alvergniat, au ¼ de grandeur.

La *fig.* 21 représente le croquis d'une trompe en verre très portative, construite par Alvergniat, fondée sur le principe de l'injecteur Giffard, mais qui demande, pour fonctionner avec rapidité, une pression de plusieurs mètres d'eau ; bref, quel que soit le système d'aspiration employé, il suffit, pour ne pas opérer en aveugle, de déterminer rigoureusement le volume d'air dirigé à travers les aéroscopes : on y parvient très simplement en amenant cet air dans des compteurs construits avec précision et soigneusement vérifiés.

Aux divers appareils collecteurs de poussières mentionnés dans ce Chapitre, j'ai ajouté le petit instrument dessiné au $\frac{1}{4}$ de grandeur naturelle dans la *fig.* 22. Il se compose d'une cloche

Fig. 22.

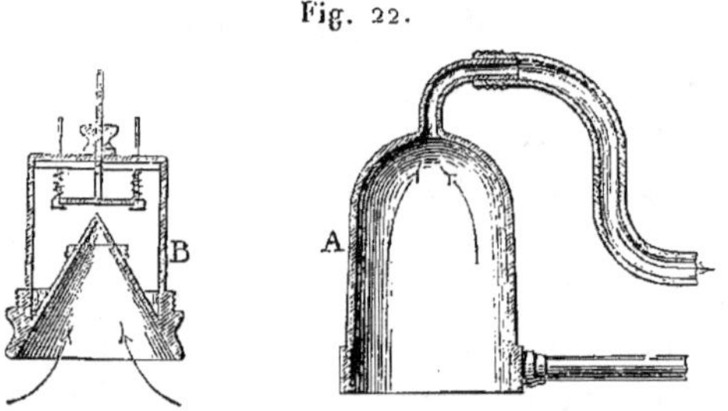

Aéroscope à aspiration de Montsouris, au $\frac{1}{4}$ de grandeur.

de cuivre nickelé A, munie, à sa partie supérieure, d'un tube coudé à angle droit relié aux appareils aspirateurs par l'intermédiaire de tubes de caoutchouc ou de plomb quand l'aéroscope est placé loin des maisons, d'un pas de vis à sa partie inféro-interne, et d'une tige rigide horizontale destinée, une fois solidement fixée à un poteau, à soutenir la cloche au-dessus de la surface du sol ; la seconde partie B de l'aéroscope, qui se visse exactement à la première, est formée d'un cône métallique percé d'une fine ouverture, dominé par une potence soutenant un étrier suspendu à une vis micrométrique, permettant de rapprocher ou d'éloigner à volonté de l'ouverture supérieure du cône une lamelle de verre retenue dans deux rainures profondes.

Ainsi construit, ce petit instrument peut fonctionner par tous les temps ; la neige, la pluie n'atteignent jamais la lamelle et, si les araignées se plaisent quelquefois à venir élire domicile

dans l'intérieur du cône, on leur en interdit l'accès en répandant
sur la tige de sustentation et le tube d'aspiration une forte couche
de goudron de houille chargé d'acide phénique.

II. — De la nature des corpuscules organisés de l'atmosphère.

En laissant de côté les œufs des animalcules infusoires dont
l'existence est très rarement constatée parmi les poussières de
l'air examinées au microscope, et les germes des bactéries fort
difficiles à saisir parmi les mêmes sédiments, l'on reste en présence de plusieurs classes de cellules parfaitement visibles avec
le secours de grossissements variant de 100 à 500 diamètres et
qu'on peut artificiellement ranger en quatre groupes :

1° En grains d'amidon, formés, comme on sait, d'une substance purement chimique incapable de proliférer et d'accomplir une mission fécondante quelconque ;

2° En pollens incapables de germer et de donner naissance à
un végétal complet, mais gorgés d'un suc et de granulations propres à féconder les ovules des plantes phanérogames ; dans cette
catégorie de cellules on peut ranger les zoospores des algues et
des cryptogames dont la présence dans l'air reste encore à établir ;

3° En spores de cryptogames, zygospores capables au contraire
de germer et de former une moisissure, une algue, un lichen
parfaitement déterminé ;

4° En végétaux complets, le plus souvent unicellulaires, parmi
lesquels on doit citer les algues vertes, les conidies, les levures,
les débris de confervoïdes, les diatomées, etc....

Je le répète, cette classification a pour but unique de diviser
en un faible nombre de classes la multitude innombrable des
cellules organisées, charriées journellement par les courants
atmosphériques.

Amidon.

L'amidon des poussières a plusieurs origines : ou il vient des
farines et des fécules manipulées par l'industrie humaine, ou il

provient des végétaux morts en voie de désagrégation. Je ne
crois pas qu'il soit aisé de différencier ces deux variétés d'amidon ; la seconde cependant paraît formée de grains de grosseur
plus homogène. Tout cela a d'ailleurs une faible importance ;
que l'amidon soit en grains sphériques, ovoïdes, ellipsoïdes ou en
globules moins réguliers, il est toujours aisé de le distinguer,
en cas de doute, des petites spores incolores des cryptogames
avec l'iode ou le secours de la lumière polarisée. Je donne, d'a-
près une photographie (*fig*. 23), l'image d'un essaim de grains

Fig. 23.

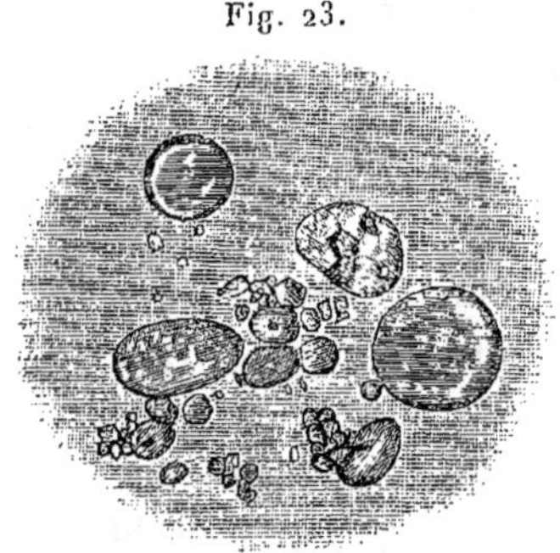

Amidon atmosphérique. Grossissement : 400 diamètres.

d'amidon atmosphériques, provenant vraisemblablement de la
même cellule végétale.

Pollens.

Les pollens de l'atmosphère ont généralement la forme de
gros utricules circulaires, enveloppés d'une ou plusieurs membranes distinctes présentant ou non des bouches, par où le boyau
chargé de *fovilla* viendra faire hernie quand l'utricule sera déposé sur les stigmates de la fleur. Je n'ai jamais vu dans mes
préparations, quelque élevé que fût le degré hygrométrique de
l'air, un pollen en voie d'émettre des boyaux. A côté des pollens
circulaires, ou plus exactement sphériques, les poussières atmosphériques montrent des pollens ovoïdes, ellipsoïdes, pyrami-
daux, cubiques, réniformes, très souvent pourvus de granula-

tions intérieures bien visibles; tantôt au contraire paraissant n'en pas contenir. Les pollens à formes irrégulières ne sont pas rares; on en rencontre de comparables à des sacs de baudruche partiellement vides de leur contenu; d'autres, au contraire (*fig.* 24), sont remarquables par la régularité de leurs formes et la finesse des dessins qui les recouvrent : tantôt la membrane

Fig. 24.

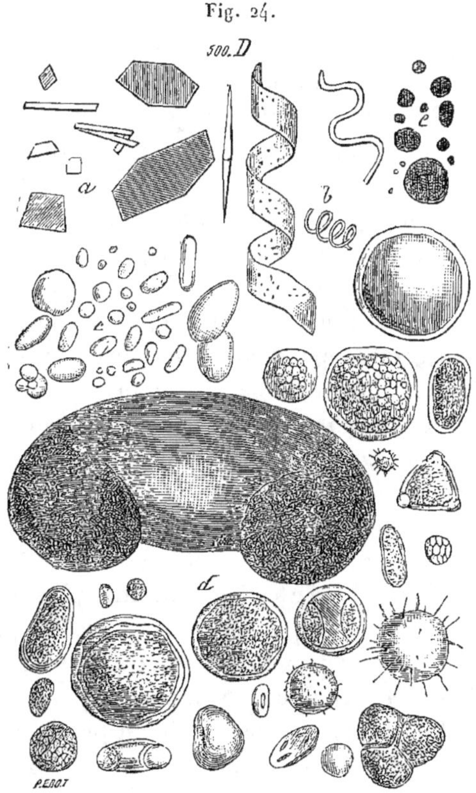

a, cristaux atmosphériques; *b*, trachées végétales; *c*, amidon; *d*, pollens; *e*, corpuscules résinoïdes et de fer météorique. Grossissement : 5oo diam.

extérieure du pollen paraît sculptée et comme percée au trépan d'opercules placés avec la plus grande régularité; tantôt elle semble retenue dans un filet élégamment tissé, tantôt elle est

hérissée de poils. Rarement les pollens sont absolument incolores : les moins teintés sont légèrement jaunâtres ; mais il en est
de jaunes, de verdâtres, de bruns, de bleu verdâtre, et enfin
beaucoup de couleur orange, qui peuplent presque constamment l'atmosphère parisienne.

La connaissance des formes diverses que peuvent présenter les
pollens aériens n'est pas sans utilité pour les micrographes ;
on en rencontre partout où l'air a accès, dans l'intérieur des
appartements, sur les meubles, parmi les poussières accumulées,
dans les fentes qui séparent les portes et les fenêtres de leurs
cadres, etc... Ceci me rappelle que je fus consulté officieuse-
ment, il y a plusieurs années, par un expert auprès de la Cour
d'assises sur la nature de cellules jaunâtres trouvées sur une
des taches de sperme dont était souillée la chemise d'une petite
fille victime d'un attentat odieux. Si je n'eus aucune peine
à reconnaître des pollens dans ces quelques globules sphériques
légèrement desséchés, il me fut plus difficile de faire tomber les
doutes de l'expert, qui cependant s'évanouirent quand je lui eus
montré, séance tenante, dans la même préparation microscopique, des graines de champignons dont la forme bizarre l'in-
téressèrent beaucoup. Grâce donc à la faiblesse de leur poids
spécifique, les pollens pénètrent partout, même dans les lieux
où l'air a un accès difficile : j'en ai trouvé dans une cave, dans
les armoires fermées où les élèves du lycée Saint-Louis placent
leurs livres, tels que la *fig.* 25 en montre plusieurs pourvus
non seulement de l'aspect physique qui leur est propre, mais
présentant les détails de structure et de couleur qui font reconnaître à quelle espèce de fleurs ils appartiennent.

Les pollens, fort répandus dans l'air au printemps et en été,
tendent à disparaître en automne et surtout en hiver ; leur disparition n'est pas cependant absolue : il est rare de n'en pas trouver plusieurs dans un mètre cube d'air, même quand la neige
couvre le sol depuis près d'un mois. Dans nos climats, le nombre
des plantes qui fleurissent en hiver est trop restreint pour qu'on
puisse leur attribuer tous les utricules polliniques observés dans
les poussières atmosphériques durant les saisons où sévit un

froid rigoureux. L'observateur exercé n'a d'ailleurs aucune peine à reconnaître que la majorité de ces pollens appartiennent aux végétaux et aux arbres qui entrent en floraison pendant les saisons chaudes de l'année ; beaucoup d'entre eux, maltraités par l'âge et la sécheresse, présentent des signes manifestes de décrépitude : beaucoup sont fendillés, ridés et quelquefois ramenés à l'état de lamelles fragiles, comme ces fleurs vieillies dans les herbiers des botanistes ; d'autres, restant vraisemblablement plus à l'abri des intempéries, traversent l'hiver sans présenter de dommages bien apparents.

Fig. 25.

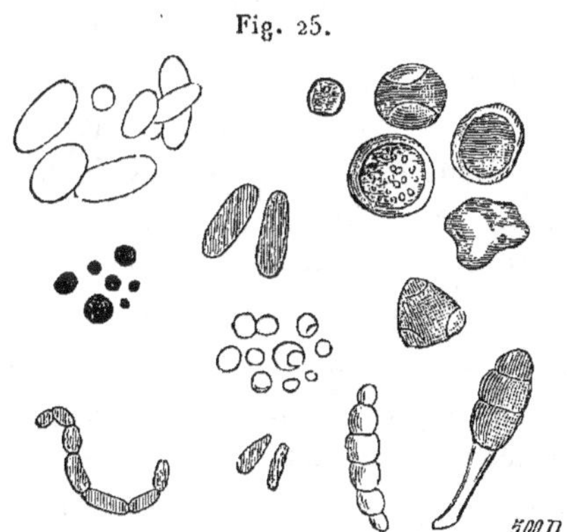

Corpuscules organisés trouvés dans les poussières déposées spontanément à la surface des objets. Grossissement : 500 diamètres.

A Paris le chiffre des pollens atmosphériques peut devenir très élevé : en été il est commun de le voir atteindre 5000 à 10000 par mètre cube d'air, par conséquent être aux spores cryptogamiques comme 1 est à 15. Cette simple remarque va nous fournir un premier moyen de reconnaître le lieu d'origine d'une poussière et l'époque à laquelle elle a été recueillie.

Voici, par exemple, un spécimen de sédiments atmosphériques fort riche en spores cryptogamiques, mais dans lequel il est très difficile de découvrir un seul pollen ; on peut dès lors affirmer, sans se tromper, que cette poussière n'a pas été récoltée à l'air libre. C'est là, en effet, le caractère des récoltes aérosco-

piques effectuées soit dans les égouts, soit dans les grottes naturelles, où l'air relativement chaud et humide se renouvelle péniblement. La rareté des pollens, jointe à la rareté des spores,
caractérise les poussières récoltées en hiver ou dans l'intérieur
des maisons; mais, dans ce dernier cas, les fibres textiles abondent et suffisent seules à éclairer l'observateur sur l'origine des
poussières. Au contraire, beaucoup de pollens et beaucoup de
graines des moisissures caractérisent avec certitude les poussières aériennes récoltées à la fin du printemps et au commencement de l'été.

Spores cryptogamiques.

Les cellules le plus abondamment répandues dans les sédiments aériens sont sans contredit fournies par les plantes cryptogames; plusieurs d'entre elles sont fort voisines de formes, de
couleur et de dimensions micrométriques, d'où la difficulté de
différencier souvent ces graines les unes des autres. La majeure
partie de ces fructifications sont sphériques, ovoïdes, discoïdes,
en fuseaux; puis viennent, par ordre de fréquence, les spores
septées ellipsoïdes, en forme de croissants courts, ou d'une longueur démesurée, les fructifications spiroïdes; après suivent les
fructifications composées, boursouflées, lagéniformes, etc...,
dont les détails de structure varient à l'infini.

La couleur des spores atmosphériques est aussi très variable :
les unes sont parfaitement incolores; les autres, rouges, jaunes,
olive, brunes, et quelquefois noires; plusieurs sont garnies de
piquants, d'élevures qui les font ressembler aux pollens; il en
est beaucoup dont la membrane enveloppante est rugueuse et
chagrinée.

La *fig.* 26 représente quelques types fort communs de spores
aériennes : en *c* sont dessinées quelques fructifications volumineuses, en *a* quelques algues vertes à contours beaucoup plus irréguliers, et enfin en *b* une foule de semences jeunes et tendres fort
abondantes après les pluies. Dans la *fig.* 27, j'ai de même représenté le croquis de plusieurs spores aériennes trouvées dans
l'atmosphère au parc de Montsouris.

La *Pl. II*, gravée avec soin d'après deux photographies, représente plus fidèlement quelques groupes de corpuscules organisés grossis 250 fois, à côté desquels on distingue en

Fig. 26.

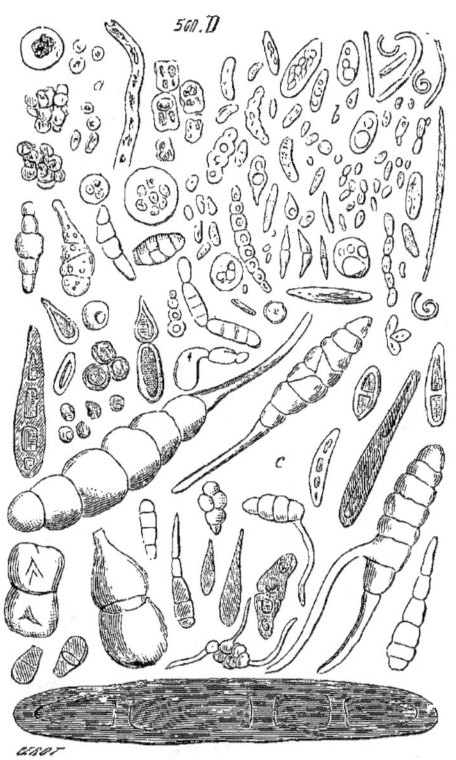

a, algues vertes aériennes; *b*, cellules jeunes de Cryptogames et *c* spores cryptogamiques de l'air libre. Grossissement : 500 diamètres.

outre les particules amorphes reproduites avec la même exactitude. Sous une amplification de 400 diamètres et toujours d'après des épreuves photographiques, la *fig.* 28 montre deux semences d'*alternaria* voisines d'une masse noirâtre qui n'est autre qu'une spore de lichen échappée à la mise au point.

Il est tout à fait exceptionnel de rencontrer dans l'air de nos régions ces algues élégantes et rigides connues sous les noms de *diatomées*, de *desmidiées*, et en général les représentants des végétaux vivant en eau profonde ; par contre, les *proto-*

Fig. 27.

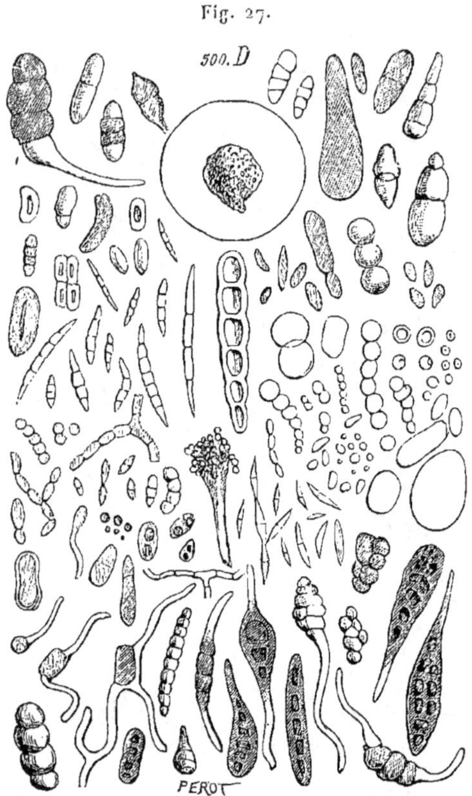

Spores cryptogamiques de l'atmosphère libre. Grossissement : 5oo diamètres.

coccus et les *chlorococcus*, que l'on voit envahir les toits des maisons, les murs et la terre humide, sont remarquablement plus fréquents en toute saison ; les poussières de 1ooo[lit] d'air en présentent plusieurs espèces ; souvent même ces algues voyagent agglutinées par tas de cinquante et même cent individus : leur couleur vert foncé ou jaune rougeâtre les fait nettement distinguer des autres germes et productions déjà signalés.

Il est inutile à mon sens d'insister plus longuement sur la nature et la forme des spores errantes des moisissures : l'examen d'un seul spécimen de poussières en apprendra à tous beaucoup plus que les descriptions les plus détaillées ; mais je dois, avant d'aborder un

Fig. 28.

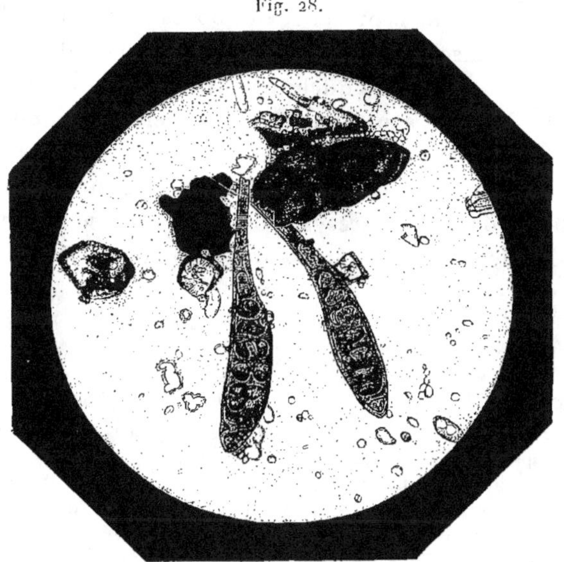

Spores d'*alternaria*. Grossissement : 400 diamètres.

autre sujet, attirer l'attention sur les caractères spéciaux que présentent les spores récoltées aux diverses saisons de l'année.

Pendant l'hiver, les semences aériennes des cryptogames sont habituellement vieilles et rares ; leur forme est le plus ordinairement sphérique ou ellipsoïdale, leur contour est marqué par un cercle noir très apparent, leur couleur est foncée et leur contenu est souvent granuleux. La température douce, qui règne presque toujours à Paris en avril et en mai, donne un premier essor à la végétation cryptogamique, et l'atmosphère se charge vers cette époque de jeunes spores diversement colorées, qu'accompagnent de nombreuses semences conidiformes incolores. Plus tard, en juin, apparaissent les grosses fructifications qui persistent durant tout l'été et une grande partie de l'automne, pour se faire en hiver aussi rares que les pollens.

Ainsi les poussières atmosphériques où abondent les semences de toute forme ont sûrement été récoltées en été; celles qui offrent des spores de formes plus monotones ont été recueillies en hiver. Dans ces cas la présence de spores jeunes conidiformes doit donner à penser que ces mêmes spécimens ont été obtenus en été, après une pluie de quelque durée, ou en hiver pendant une période humide accompagnée d'une élévation notable de la température.

Voici d'ailleurs un Tableau où l'on trouve résumés les caractères saillants des poussières atmosphériques recueillies à l'air libre, à l'intérieur des maisons et des égouts :

Principaux caractères des poussières atmosphériques.

Récoltées :	Spores cryptogamiques		Pollens.	Corpuscules minéraux.
	jeunes.	vieilles.		
1° En été... Temps humide.	Nombreuses.	Rares.	Fréquents.	Rares.
1° En été... Temps sec.	Rares.	Fréquentes.	Fréquents.	Abondants.
2° En hiver. Temps humide.	Rares.	Rares.	Nuls.	Rares.
2° En hiver. Temps sec.	Nulles.	Fréquentes.	Très rares.	Abondants.
3° Dans l'intérieur des habitations et des hôpitaux.	Très rares.	Fréquentes.	Très rares.	Excessivement abondants.
4° Dans les égouts..........	Nombreuses.	Rares.	Nuls.	Rares et homogènes.

Quant à distinguer les vraies poussières atmosphériques des sédiments déposés lentement à la surface des meubles et des parquets des appartements, on y parvient aisément en remarquant d'abord que les spores de ces sortes de poussières sont fort rares, c'est-à-dire très espacées dans la préparation microscopique et ensuite en constatant dans cette même préparation la présence d'énormes blocs de substances minérales, de volumineux fragments de matière organique qu'il n'est pas en la puissance de l'air en mouvement de maintenir longtemps au-dessus du sol et d'entraîner à une grande distance.

III. — Du nombre des spores aériennes des végétaux cryptogames et des lois qui régissent l'apparition et la disparition de ces mêmes spores.

Les recherches qui ont eu pour objet la numération des spores aériennes des moisissures datent de mes propres travaux. Les Drs Maddox et Cunningham comptèrent, il est vrai, les cellules organisées trouvées dans les échantillons de poussières obtenues à chacune de leurs expériences, mais nous avons vu que ce calcul restait sans signification précise, ces deux observateurs n'ayant jamais connu le volume d'air introduit dans leurs appareils collecteurs. MM. Schœnauer et Yung laissèrent de même cette question à l'étude.

Par l'ensemencement des poussières de l'air dans des ballons de moût et d'eau de levure stérilisés, M. Pasteur démontra que l'air des plaines était plus chargé de spores que l'atmosphère des hautes montagnes ; mais, pour obtenir avec exactitude le chiffre des graines de mucédinées contenues en divers lieux dans un volume d'air parfaitement déterminé, il aurait fallu multiplier beaucoup ces sortes d'ensemencements, ce que M. Pasteur ne fit pas, son but unique étant de prouver l'abondance des germes dans l'air d'une localité et leur rareté dans l'air d'une autre.

La méthode des ensemencements fractionnés des poussières de l'air, employée exclusivement à l'Observatoire de Montsouris pour compter les bactéries, a le défaut de ne donner aucune indication sur le chiffre des microbes incapables de se multiplier dans les liquides adoptés pour ces expériences. Mais ce mode de numération, appliqué aux germes des schizophytes, s'impose aujourd'hui comme étant le plus simple et le plus exact. Les spores des cryptogames moisissures se montrant presque toujours assez volumineuses pour être vues au microscope, il m'a paru rationnel de les compter directement dans les préparations, à la façon des globules figurés répandus dans certains liquides animaux ; on s'expose alors sans doute à comprendre dans les statistiques des

germes les spores infécondes tuées par la vieillesse et la sécheresse ; mais qu'on veuille bien aussi ne pas oublier qu'un grand
nombre de semences de lichens, d'algues et de champignons,
tout en étant parfaitement vivantes, ne croissent jamais dans les
moûts, les sucs de fruits, les bouillons où se plaisent et se multiplient quelques moisissures de la classe des mucédinées et des
mucorinées.

En comparant entre eux le nombre des spores germées dans
les milieux précités et le chiffre des spores aperçues au microscope, on arrive aisément à se convaincre que le premier chiffre
est au second comme 1 est à 20 ; c'est-à-dire que, sur vingt
semences introduites dans un ballon scellé d'après le procédé
de M. Pasteur, dix-neuf y restent inactives et passent par suite
inaperçues.

Recueillir exactement toutes les spores d'un volume d'air
parfaitement connu, les porter ensuite sans en perdre une seule
sur le porte-objet du microscope, tel est le but qu'on doit se pro-
poser dans toute recherche statistique des semences de l'air.
Malheureusement tel est aussi l'énoncé d'un problème entouré
de grandes difficultés pratiques ; tout en cherchant sa solution,
j'ai cru qu'il n'était pas sans intérêt, sinon de connaître rigoureusement le nombre réel des semences atmosphériques, du
moins de chercher à rendre apparentes les variations auxquelles
leur chiffre pouvait être soumis. Ce point m'a paru présenter
de bien moindres difficultés.

Pour se rendre un compte exact des variations du chiffre des
spores répandues dans l'atmosphère, il est indispensable d'opérer
constamment dans le même lieu et dans des conditions identiques, de conserver toujours le même aéroscope muni d'une
lamelle de même superficie et de diriger sur cette lamelle
enduite d'un liquide visqueux un jet d'air de même force et de
même section provenant d'un diaphragme conique tenu à une distance invariable, choses qu'il est facile de réaliser. Si l'on admet
alors que le nombre des germes fixés dans des temps égaux
sur la lamelle collectrice est proportionnel à la quantité des
germes répandus dans l'air, on ne saurait refuser quelque

valeur aux statistiques basées sur un semblable mode opératoire.

Pour des causes indépendantes de la volonté de l'expérimentateur, l'aspiration s'arrête parfois brusquement pour reprendre plus tard, et le volume d'air projeté dans la même période de temps sur la lamelle se trouve diminué ; est-il encore excessif de supposer que le nombre des germes amassés sur le liquide gluant est proportionnel au volume d'air aspiré et dirigé dans l'aéroscope ? Je ne le crois pas. S'il en est ainsi, l'étude des variations des germes de l'air avec le secours de l'appareil inventé par Pouchet repose sur des principes dont la solidité est indiscutable.

Cela dit, voici comment je récolte sans interruption, depuis cinq ans, les fructifications atmosphériques des champignons.

Une lamelle carrée, de verre mince, de 18^{mm} de côté, est enduite à son centre du mélange visqueux déjà mentionné, sur une surface de 2^{cmq} environ ; puis cette lamelle est placée, la face mouillée regardant en bas, sur l'étrier de l'aéroscope représenté en B (*fig.* 29). Au moyen de la vis micrométrique la

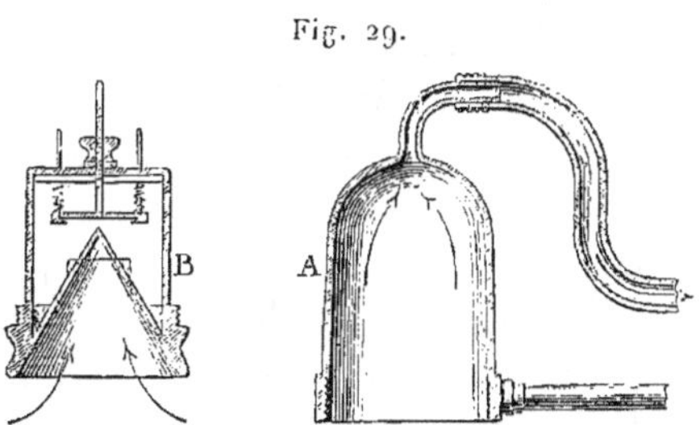

Aéroscope à aspiration de Montsouris.

plaque de verre est ramenée à 3^{mm} de l'ouverture circulaire percée au sommet du cône. Cette ouverture possède un diamètre voisin d'un demi-millimètre ; la pratique démontre qu'avec des ouvertures plus étroites les résultats ne sont pas plus satisfaisants, et qu'avec des ouvertures plus grandes les petites spores échappent plus aisément. Cela fait, la lamelle fixée dans sa position par un cavalier qui s'oppose à son glissement des coulisses de l'étrier, on visse la partie A de l'appareil à la cloche B, en ayant soin, pour éviter toute fuite, d'interposer une rondelle annulaire de cuir suifé entre les deux parties de l'instrument que la vis est destinée à joindre intimement.

La durée de mes expériences a toujours été de quarante-huit heures et la vitesse moyenne d'écoulement de l'air égale à 28^m par seconde, ce qui équivaut à un débit de 20^{lit} d'air à l'heure. En forçant ce courant, on s'expose à chasser le liquide gluant au point où le jet va frapper la lamelle ; rien n'est d'ailleurs à négliger dans ces manipulations délicates, où tout doit être exactement calculé de façon à prévenir les accidents et les causes d'erreur.

La récolte opérée, on évalue sa richesse par le dénombrement des germes qu'elle renferme. A cet effet, on mélange avec la pointe d'une aiguille d'acier flambée les poussières et le liquide gluant ; puis on lave cette pointe dans une gouttelette du même liquide pur, qu'on ajoute finalement à la récolte. La lamelle mince est alors appliquée sur une plaque de verre très propre, de façon qu'elle soit mouillée dans toute ses parties et que les germes se trouvent uniformément disséminés dans la préparation. Enfin on transporte les diverses parties de la préparation sous le microscope en comptant à chaque fois le nombre de spores contenues dans le champ. Il suffit alors de calculer le rapport entre la surface du champ du microscope et la surface de la lamelle, et de le multiplier par le nombre moyen de germes vus dans chaque champ, pour obtenir avec un certain degré d'approximation le nombre total de microbes renfermés dans les poussières. En désignant par R le rapport entre les surfaces, par M le chiffre moyen des spores aperçues par champ, enfin par V le volume de l'air qu'on a projeté sur la lamelle, la formule

$$N = \frac{R \times M}{V}$$

donne le nombre de germes recueillis sous l'unité de volume. Le rapport R est constant quand on emploie toujours une lamelle mince de surface invariable, le même microscope muni du même objectif et du même oculaire ; la moyenne M est suffisamment approchée quand elle découle d'un nombre d'observations au moins égal à 100 ; enfin, le volume d'air V est donné exactement par un compteur à gaz. Le nombre de litres aspirés dans chacune de mes expériences s'est élevé à peu près à 1000 ; dans les cas d'ailleurs assez rares où ce chiffre n'a pas été atteint, la formule précédente a reçu son application.

Si, après une longue suite d'expériences effectuées avec les précautions minutieuses qui viennent d'être prescrites, on compare entre eux les résultats obtenus aux différents jours de l'année, on voit avec la plus grande netteté le chiffre des spores aériennes s'élever et s'abaisser tantôt rapidement, tantôt avec lenteur, parfois se maintenir stationnaire. A certaines saisons l'air peut se montrer peuplé de 1000 à 2000 spores par mètre cube ; à d'autres il peut en accuser 100 000 à 200 000 pour le même volume d'air. En rapprochant ces nombres du degré de la température régnante, des tranches de pluie tombée dans les régions où l'on expérimente, de l'état d'humidité ou de sécheresse du sol, on ne tarde pas à s'apercevoir qu'un lien étroit unit ces crues et décrues de spores cryptogamiques à un ensemble de conditions météorologiques parfaitement déterminées.

Les causes de variation des germes qui nous occupent peuvent être divisées en causes générales et particulières : les premières revenant périodiquement avec les saisons comme la chaleur et le froid, les secondes au contraire, beaucoup plus accidentelles, se montrant sous la dépendance immédiate d'états météorologiques spéciaux inconstants et transitoires, comme la vitesse et la direction du vent, les chutes de neige, de pluie et les sécheresses prolongées.

Je dirai peu de chose des variations qu'éprouvent les spores atmosphériques sous l'influence de la température ; les chiffres réunis dans le Tableau suivant sont par eux-mêmes suffisamment explicites.

*Moyennes générales mensuelles des spores récoltées par mètre cube d'air
à l'Observatoire de Montsouris pendant les années 1878-79-80-81-82.*

Mois.	Année normale.	
	Spores.	Températures.
Janvier...................	7150	2,4°
Février................	7090	4,5
Mars............... ..	5480	6,4
Avril................ .	7510	10,1
Mai	12230	14,2
Juin...................	35030	17,2
Juillet......	27760	18,9
Août.........	23910	18,5
Septembre........	15930	15,7
Octobre.....	14330	11,3
Novembre..	8910	6,5
Décembre.....	7030	3,7

Il saute aux yeux que ces nombres moyens mensuels, presque
stationnaires pendant l'hiver, s'élèvent graduellement à partir
d'avril, passent par un maximum au mois de juin, puis vont en
diminuant jusqu'à la fin de l'année.

En considérant individuellement chaque période annuelle, il
s'en faut de beaucoup que ce chiffre des spores augmente et
diminue avec cette harmonie dont témoignent les données
numériques précédentes. Il est en effet fort fréquent d'observer
plus de germes dans une période tempérée que dans une période
plus chaude. Une cause plus puissante que la température vient
donc à ces instants produire un trouble dans ces variations, qui
se montrent alors brusques et saccadées.

Les colonnes de chiffres insérées ci-après en témoignent hau-
tement. A côté des nombres moyens mensuels des spores cryptogamiques recueillies au parc de Montsouris en 1879, 1880,
1881, j'ai mis en regard les températures moyennes observées
aux mêmes époques, ce qui permet de remarquer fréquemment
des baisses de spores coïncidant avec des hausses de température, et réciproquement.

*Moyennes mensuelles des spores récoltées par mètre cube d'air
à l'Observatoire de Montsouris en 1879-80-81.*

Mois.	1879.		1880.		1881.	
	Spores.	Tempér.	Spores.	Tempér.	Spores.	Tempér.
Janvier. ...	6560	— 0,1	6170	— 0,5	8100	1,4
Février.....	5560	4,5	7070	5,4	8210	4,9
Mars........	4260	7,1	2960	10,2	4470	8,2
Avril	8020	8,4	7570	10,0	7170	9,5
Mai.........	11340	10,6	4660	13,8	8710	13,4
Juin........	34000	16,2	54460	15,9	32620	16,3
Juillet.	43290	16,2	30930	19,1	18300	20,6
Août........	24710	18,7	31320	19,4	13680	17,2
Septembre..	12150	15,7	15600	16,7	24110	14,5
Octobre.....	11800	10,3	14440	10,0	12500	7,8
Novembre...	9620	3,6	5630	5,8	9450	8,6
Décembre...	8520	— 7,4	6160	7,0	9550	7,5

La pluie et la sécheresse sont, comme je l'ai démontré depuis longtemps, les causes de recrudescence et d'affaiblissement du chiffre des spores aériennes; mais leur action est fort différente si on l'étudie à deux saisons opposées.

En hiver, par les temps froids et humides, le chiffre des semences cryptogamiques passe par un minimum; au contraire, en temps de sécheresse, l'atmosphère s'enrichit très sensiblement en vieilles semences, ce que j'attribue à la facilité plus grande que possèdent les courants de soulever de la surface de la terre et des objets les particules de toute sorte et les vieilles spores qui s'y trouvent répandues.

En été, pendant les temps humides, les poussières minérales sont également très rares, mais les spores des cryptogames se répandent partout en abondance. A l'appui de cette dernière assertion, je joins le diagramme de la *fig.* 30, où la richesse de l'air en fructifications cryptogamiques se trouve indiquée par une ligne brisée, et les tranches d'eau de pluie tombée journellement à Montsouris par des espaces teintés en noir.

Ce fait n'a rien de surprenant et reçoit une interprétation naturelle, quand on songe combien sont avides d'humidité les

moisissures de toute classe et combien vite dépérissent les
mycéliums privés d'eau. Toute pluie survenant à une époque
où la température est assez élevée pour permettre le développement rapide des végétaux inférieurs provoque un rajeunissement
des vieux mycéliums, des graines des cryptogames, qui ne tardent
pas à entrer en activité, à fructifier et à livrer à l'atmosphère
les millions de semences qu'elles présentent à l'action du vent

Fig. 3o.

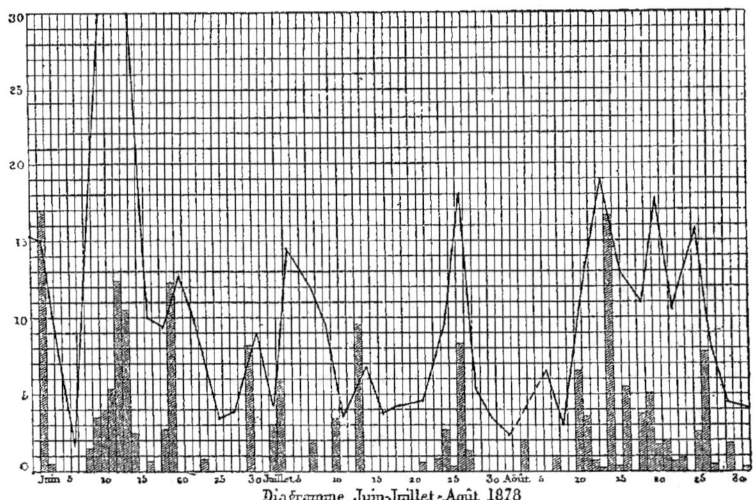

Pluies et spores cryptogamiques.

au sommet de filaments dressés sur les substances qu'elles ont
envahies. Tant que le degré d'humidité reste suffisant, ces végétations parasites se multiplient sans entraves, et l'air reste en
conséquence fort riche en graines de moisissures; mais, si les
pluies qui entretiennent cette humidité fécondante viennent à
manquer, les cryptogames privés d'un de leurs aliments indis-
pensables s'étiolent, meurent, cessent de fructifier et tout foyer
producteur de spores tend à disparaître de la surface du sol :
l'air alors s'appauvrit en germes. Tel est, à mon sens, l'explica-

tion la plus rationnelle de ces crues de semences cryptogamiques observées en été après les pluies.

Le Dr Cunningham, en observateur habile, constata que
l'humidité ne diminuait pas le chiffre des spores aériennes;
plusieurs autres auteurs, guidés en cette matière par des vues *a
priori*, avaient au contraire avancé qu'après les pluies l'atmosphère devenait d'une extrême pureté. Samuelson, le plus affir-
matif de tous, a énuméré avec complaisance la nature des œufs
et des cellules qu'on voit apparaître en grand nombre pendant
la sécheresse, et disparaître pendant les périodes humides; au
détriment de la vérité, ce savant y a compris les semences des
mucédinées.

Est-ce à dire que la pluie, la neige, n'entraînent pas vers le
sol la majeure partie des germes de l'air? Non sans doute : une
expérience aéroscopique pratiquée au moment d'une chute de
pluie fournit à peine quelques spores et quelques pollens; mais
j'y insiste à dessein, pendant les saisons chaudes, quinze à dix-
huit heures après cette épuration mécanique de l'air, les semences réapparaissent de 5 à 10 fois plus nombreuses. Au contraire, les poussières minérales et plusieurs autres classes de
microbes restent rares jusqu'à la disparition de l'humidité qui
fait adhérer la majeure partie des corpuscules aux brins d'herbe
et au sol mouillé dans ses couches superficielles.

Ces explications préliminaires bien comprises, je passe à
l'étude des variations des spores qu'offre à l'attention l'atmosphère parisienne au parc de Montsouris, c'est-à-dire au voisinage du point où le méridien du grand Observatoire coupe les
fortifications sud de Paris. Le diagramme de la page 62 est
donné à l'effet de guider le lecteur dans cette discussion. Les
espaces teintés qu'on y remarque, limités par une ligne brisée,
répondent à la distribution des spores aériennes basée sur le
calcul des moyennes mensuelles; la ligne ponctuée, située au-
dessus de ces espaces, exprime les oscillations de la température
moyenne pour les mêmes mois et années.

En janvier et février, le chiffre des spores récoltées par mètre
cube d'air à l'Observatoire de Montsouris se maintient généra-

Fig. 31.

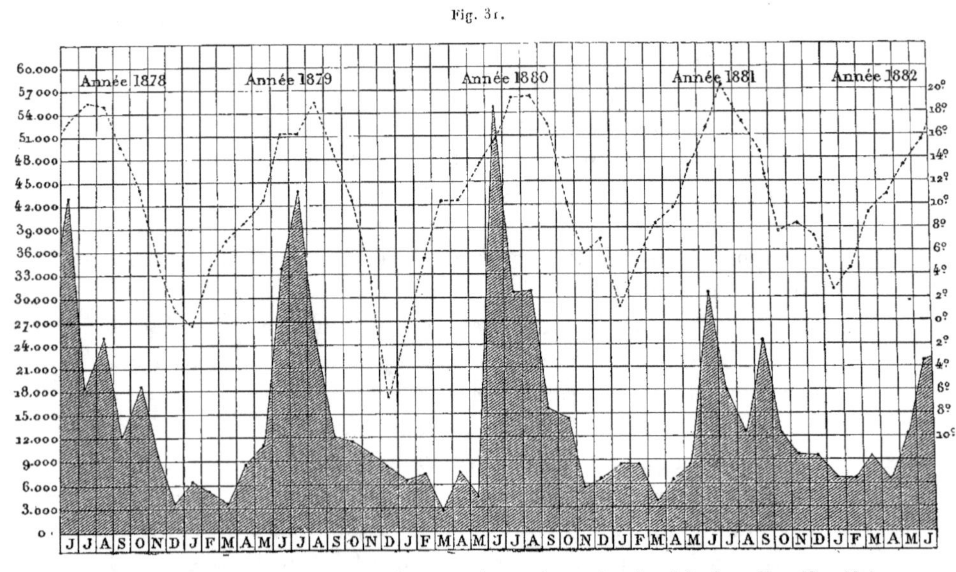

Relation du chiffre des spores cryptogamiques avec la température (années 1878, 1879, 1880, 1881, 1882).

lement vers 7000. Il peut s'élever cependant, quand le vent est violent et souffle du nord au sud, à 10000 et 14000 ; dans les cas plus rares de chaleurs humides observées pendant l'hiver, j'ai vu une seule fois ce chiffre atteindre environ 28000 ; en revanche, dans le mois de février 1880, après une forte ondée de pluie suivie d'une chute de neige, ce nombre descendit à 1000, minimum remarquable et exceptionnel.

A plusieurs reprises, j'ai eu l'occasion d'effectuer de nombreuses recherches aéroscopiques aux époques où la neige, répandue uniformément partout, enfouit profondément les végétations cryptogamiques éparses à la surface du sol. Durant ces périodes sèches et froides de quinze à vingt jours, je n'ai pas été peu surpris de trouver dans l'air plus de germes et de poussières qu'on n'a l'habitude d'en rencontrer aux époques correspondantes, quand nul obstacle ne s'oppose à la diffusion des sédiments telluriques. D'où pouvait venir cette multitude de germes? La réflexion guidée par l'observation n'a pas tardé à me le faire découvrir.

Pendant les périodes de froid intense le vent souffle du nord avec persistance, l'air parvient à l'Observatoire de Montsouris après avoir traversé Paris suivant l'un de ses grands diamètres, en se chargeant dans sa course des poussières accumulées sous les abris, ou livrées journellement à l'atmosphère, soit par les balayages, le battage des tapis, soit par l'aérage des appartements. Tant que la température se maintient rigoureuse, le chiffre des spores reste élevé et subit des fluctuations en rapport avec la vitesse du vent ; mais si le dégel survient, si les vents septentrionaux tournent brusquement au sud, au sud-est ou au sud-ouest, le chiffre des fructifications baisse subitement et devient de 5 à 6 fois plus faible. Le poids des poussières brutes se réduit également dans les mêmes proportions. Ce phénomène de recrudescence des germes de l'air, se renouvelant ainsi en hiver à Montsouris toutes les fois que le vent se maintient au nord, est un bel exemple de l'influence de la direction des courants sur la richesse en spores d'une localité déterminée, et en même temps une preuve certaine du rôle fâcheux qu'exercent les vastes agglomérations d'habitants sur la pureté de l'air ambiant et sur la pureté de l'air des régions qui les avoisinent. Je suis persuadé qu'en pleine campagne les fortes gelées et les couches de neige étalées uniformément sur la terre sont des causes puissantes d'affaiblissement du chiffre des microbes aériens, alors que, dans les villes très peuplées, les germes introduits pendant la belle saison dans l'intérieur des maisons sont en hiver manifestement restitués aux atmosphères urbaines, qui ont ainsi le triste privilège de posséder en toute saison un degré d'infection bien supérieur à l'atmosphère des champs.

Le mois de mars, possesseur d'une température moyenne de 7°, plus sec depuis plusieurs années que les mois de février et d'avril, se montre très peu riche en semences cryptogamiques ; la cause en est, suivant moi, d'abord au défaut de constance des vents du nord, ensuite à l'épuisement du stock des germes accumulés dans Paris, et enfin au peu d'essor dont jouissent à cette époque les végétations inférieures.

En avril, les spores nouvelles reparaissent, et une crue notable de semences se remarque aisément dans les régions atmosphériques.

En mai, on peut observer, suivant les années, ou peu ou beaucoup de fructifications, selon que le temps est sec ou pluvieux ; dans ce dernier cas, il est superflu de faire observer que la température moyenne de mai (15°) favorise puissamment le développement des moisissures, et dans le premier qu'une privation prolongée d'eau s'oppose à la multiplication de ces mêmes plantes ; d'autre part, les vieilles semences des habitations parisiennes se font très rares, ce qui contribue à purifier l'air des périodes sèches du mois de mai. Je citerai, à l'appui du fait que j'avance, la moyenne mensuelle de spores, 4500, obtenue en mai 1880, c'est-à-dire durant un mois où la tranche de pluie observée à Montsouris atteignit à peine 0^m,004, autrement dit une hauteur 10 fois inférieure à la hauteur de la tranche normale.

Les mois de juin et de juillet se font habituellement remarquer par l'extrême abondance et l'extrême variété des graines aériennes des moisissures. Notamment en juin, les pluies douces, se succédant à courts intervalles, sont la cause de recrudescences vraiment surprenantes ; il est alors fréquent de voir les spores envahir presque subitement l'atmosphère, s'élever au chiffre de 100 000 et même 200 000 par mètre cube d'air, pour redescendre ensuite à 10 000 après une semaine de jours chauds et secs.

Le mois d'août est également possesseur d'états météorologiques favorables à la pullulation des organismes microscopiques ; cependant les maxima de germes qu'on y observe dépassent rarement plus de 60 000 à 80 000. La moyenne des spores récoltées en septembre est plus faible ; elle baisse généralement en octobre ; cette baisse s'accentue encore davantage en novembre ; en décembre enfin, le chiffre des spores se rapproche beaucoup de celui de janvier.

En résumé, à côté de la température, cause des variations saisonnières des spores de moisissures dans l'atmosphère, apparaissent deux agents : l'humidité et la sécheresse, à l'influence desquels les phénomènes des crues et des décrues de ces spores se trouvent intimement liés. En dehors des variations dues à la vitesse du vent, à sa direction, aux influences locales, l'action de ces deux agents est inverse, selon qu'elle s'exerce en été ou en hiver, c'est-à-dire durant une période chaude ou glaciale.

Voici, en terminant ces recherches statistiques, le chiffre des spores récoltées par saison à l'Observatoire de Montsouris, pendant une période triennale complète :

| | | Spores par mètre cube d'air. | | | |
	Hiver.	Printemps.	Été.	Automne.	Moyennes annuelles.
Année 1879..............	5500	15700	28900	10100	15000
» 1880...	6200	10700	36100	8700	15400
» 1881..............	6900	12800	18600	10500	12300
Moyennes générales....	6200	13000	28000	9800	14200

Comme on le voit, les semences des plantes cryptogames sont deux fois plus abondantes dans l'air au printemps qu'en hiver, deux fois plus répandues en été qu'au printemps et trois fois plus rares en automne qu'en été. La moyenne des spores recueillies avec les aéroscopes est voisine de 14000 par mètre cube, ce qui équivaut à 14 fructifications par litre. Ces données numériques n'ont rien d'excessif; elles trancheront, je l'espère, une fois pour toutes, les opinions si contradictoires émises depuis vingt années sur le chiffre des spores aériennes. Elles affermiront dans leurs idées les partisans de la théorie des germes et démontreront aux rares défenseurs de la génération spontanée des moisissures combien il est inutile d'invoquer les dogmes de l'hétérogénèse pour expliquer l'apparition des mucédinées dans les liqueurs et sur les substances propres à entretenir leur vie.

Les aéroscopes inventés jusqu'à ce jour ayant le grave défaut de laisser échapper au moins la moitié des germes et des poussières atmosphériques, la moyenne de 14 spores par litre précédemment donnée doit, pour devenir voisine de la réalité, être doublée, c'est-à-dire portée vers 30. Tel est d'ailleurs le résultat vers lequel ont paru converger mes essais, institués depuis longtemps dans le but de déterminer exactement le chiffre moyen des semences vivantes ou mortes contenues dans un mètre cube d'air de Paris ([1]).

Au point de vue botanique, tout n'a pas été dit sur les spores des végétations cryptogamiques qui sillonnent l'air en toute saison : le micrographe qui voudra s'occuper sérieusement de

---

([1]) Voici à ce sujet les expériences que j'ai tentées :

1° En faisant passer lentement une faible quantité d'air (500ᶜᶜ à 1000ᶜᶜ) dans l'intérieur d'un tube capillaire roulé en limaçon et enduit de glycérine, on constate, si le tube est d'un diamètre suffisamment petit ($\frac{1}{15}$ de millimètre environ), que toutes les poussières restent adhérentes aux parois du tube dans l'étendue d'un arc de cercle à peu près égal à 200° ou 300°. Après le passage de l'air, déterminé par l'écoulement d'une colonne de mercure, la petite spire, plongée dans le baume de Canada, disparaît et ne montre plus de visible que la veine d'air qui la traverse; malheureusement cette veine se compose de deux bandes latérales obscures qui nuisent beaucoup au dénombrement exact des germes retenus par la glycérine, d'où quelque incertitude inhérente à ce procédé.

2° On obtient des résultats d'une analyse microscopique plus aisée en proje-

leur étude trouvera, j'en suis persuadé, de nombreux faits intéressants à publier; il verra, par exemple, plusieurs espèces
d'algues et de champignons se faire rares à certaines époques
de l'année et abonder dans d'autres; il verra plusieurs espèces
de microphytes envahir presque soudainement l'atmosphère,
s'y maintenir très fréquentes pendant deux ou trois ans, puis
disparaître ou devenir d'une extrême rareté. Avec le secours
des aéroscopes, il lui sera aisé de découvrir dans l'air de certaines régions les graines de quelques moisissures redoutées
des agriculteurs. Enfin, entre les mains des mycologues érudits,
les spécimens des poussières atmosphériques seront peut-être
d'un concours précieux, soit pour déterminer les flores cryptogamiques des pays lointains dont l'abord et le séjour sont difficiles, soit pour établir immédiatement et sans de longues et
patientes recherches des différences tranchées entre les flores
cryptogamiques de contrées voisines.

Au point de vue de l'hygiène et de l'étiologie de quelques
affections contagieuses, il ne paraît pas établi que les spores si
diverses introduites dans notre économie, au nombre de 300 000
par jour ou de 100 millions par an, soient de l'innocuité la plus
parfaite. L'apparition du muguet dans la bouche des jeunes
enfants et dans les voies respiratoires des mourants semble bien
démontrer que les moisissures font aussi partie de la classe des
parasites prêts à envahir notre organisme dès qu'il présente un
point vulnérable ou de faible résistance. J'ignore s'il existe dans
la Science des faits bien avérés de teigne spontanée; quoi qu'il
en soit, toute maladie liée au développement d'une végétation

---

tant successivement plusieurs mètres cubes d'air sur deux ou trois lamelles
glycérinées, disposées dans un aéroscope construit à cet effet; l'air se débarrasse
ainsi à deux et trois reprises de ses poussières et devient de plus en plus pur.
Alors, en comptant les spores déposées sur les lamelles, il est facile de voir que
le nombre des cellules organisées va en diminuant de la première à la dernière
suivant une progression géométrique dont la raison est comprise entre $\frac{1}{3}$ et $\frac{1}{4}$;
en un mot, si la première lamelle présente 100000 microbes, la seconde en
montre un peu moins de 30000, la troisième 7000 à 8000. Mais, si parfaitement
construits que soient les doubles et les triples aéroscopes, les causes d'erreur en
moins sont nombreuses, et la question reste incomplètement résolue.

à spores légères doit être tenue pour contagieuse à distance, par le seul fait du transport possible et aisé à travers l'espace des graines du végétal parasite qui l'engendre.

IV. — Spores cryptogamiques de l'air des égouts. — De l'atmosphère des habitations, des hôpitaux. — Des semences mêlées aux sédiments aériens déposés à la surface des objets.

Les particules inorganiques tenues en suspension dans l'air des égouts de Paris sont généralement fines et homogènes : leur diamètre moyen est rarement supérieur à $\frac{10}{1000}$ de millimètre. Les acides énergiques, l'eau régale ne les dissolvent qu'en faible quantité ; on y trouve peu de phosphates et de carbonates terreux, ce qui permet de les distinguer aisément des poussières extérieures, toujours formées d'éléments hétérogènes de dimensions plus variables. Dans l'égout de la rue de Rivoli, les poussières minérales recueillies ont constamment présenté beaucoup de silex et de silicates mélangés à de fréquentes particules bleues de *lapis-lazuli*, peu ou point de poussières charbonneuses. Il est facile de s'expliquer, dans ces sortes de récoltes, la présence de matières inorganiques par les trépidations incessantes du terrain des rues qui amènent une perte de la substance des voûtes. Les plus gros fragments gagnent le sol par suite de leur gravité, tandis que les particules très ténues restent en suspension et font partie de la poussière que l'air entraîne avec lui.

Si les substances minérales sont assez abondantes dans l'air des égouts, les détritus organisés y sont par contre infiniment plus rares. On n'y rencontre ni fibres végétales, ni fibres textiles ; les débris de matières organisées plus ou moins colorés s'y présentent sous l'état amorphe de grosseur et de formes très irrégulières. A ce point de vue, l'atmosphère des égouts l'emporte 40 à 50 fois en pureté sur l'atmosphère des salles des hôpitaux, et quelquefois même sur l'air extérieur. Parmi les corpuscules revêtus d'une tunique organisée flottant dans l'air qui nous occupe, l'iode n'y décèle que très rarement des grains d'amidon; les utricules polliniques y font complètement défaut; mais il n'en est pas de même des spores de cryptogames.

La *fig*. 32 représente fidèlement les semences qui s'y récoltent le plus fréquemment. Autour du n° 1 sont disséminées les

Fig. 32.

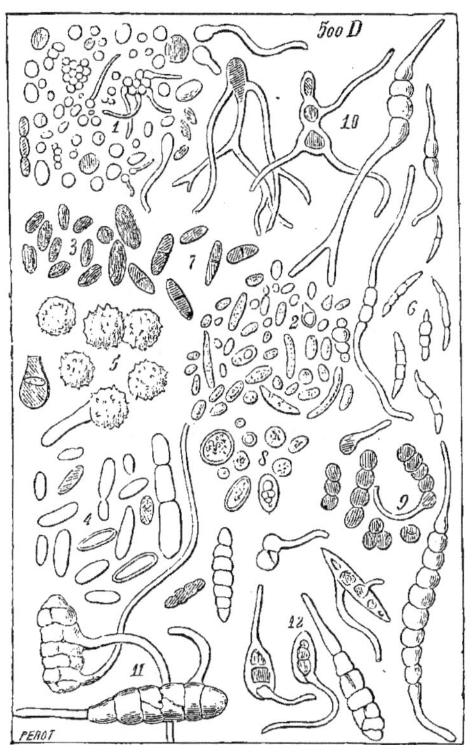

Spores cryptogamiques de l'air des égouts. Grossissement : 500 diamètres.

spores de couleur et de grosseur si variées qui font partie de la vaste famille des mucédinées; le n° 2 représente une foule de cellules jeunes, remplies d'un protoplasma granuleux, adoptant le plus souvent la forme des saccharomycètes, des torules, etc. Ces cellules, que l'on peut cultiver dans des liquides sucrés,

acides, le bouillon, y croissent en donnant des pellicules myco-
dermiques, des dépôts pulvérulents, des amas de globules
bourgeonnants et quelquefois de magnifiques moisissures. Mais
il n'est pas toujours aisé de réaliser le passage de ces plantes cellulaires toruliformes en moisissures à fructifications aériennes.
Souvent la cellule végétant au sein ou à la surface du liquide
sucré se refuse à fournir un mycélium et des filaments fructi-
fères. Pendant dix-huit mois, j'ai transporté dans les milieux
les plus divers (moût, urine, solutions minérales) une de ces
torules, remarquable par la belle couleur rose que présentent
les traînées grasses, les îlots qu'elle forme à la surface des solutions nutritives, sans parvenir à provoquer sa transformation en
moisissure à racines mycéliennes. Les cellules de ce microphyte,
le plus souvent sphériques, ont une analogie parfaite avec certains
ferments du vin, mais en diffèrent cependant par leur inapti-
tude à transformer le sucre en alcool, quoiqu'elles soient douées
au plus haut degré de la propriété de transformer le saccharose
en glucose. Ce fait montre combien doivent être réservées les
affirmations des auteurs qui considèrent comme des espèces
transitoires tous ces organismes cellulaires, dont l'étude botanique, à peine entreprise, mériterait pourtant d'être complétée,
avec celle des levures alcooliques. Le n° 3 de la *fig.* 32 représente des spores rougeâtres, sur la nature desquelles je suis
incertain, mais qui se récoltent souvent dans l'atmosphère. Le
n° 4 désigne les fructifications jaunâtres et glauques, également
très répandues à l'air extérieur; le n° 5 est entouré de spores
incolores, hérissées de piquants, appartenant à la famille des
mucorinées; les semences septées indiquées par les n°s 6 et 7
appartiennent vraisemblablement aux *sélénosporium,* aux *lep-
totrichum;* les spores brunes du n° 8 à des mucors; le n° 9 représente des cellules vieilles, à contours et granulations intérieures bien visibles; enfin les chiffres 10, 11 et 12 montrent
des cellules boursouflées en voie de germer, des *alternaria,*
des *fumago,* etc. L'air des égouts est incomparablement plus
pauvre que l'air extérieur en ces dernières fructifications, tandis
que les spores des n°s 1 et 2 y sont toujours sans contredit les

plus abondantes. A Montsouris, je l'ai déjà dit, les corpuscules jeunes et tendres du n° 2 abondent en temps de pluie et disparaissent pendant les chaleurs et l'hiver; ces mêmes cellules sont excessivement rares dans l'intérieur des habitations et des hôpitaux.

Contrairement à ce qui s'observe journellement à l'air extérieur, le nombre des fructifications cryptogamiques inférieures tenues en suspension dans l'atmosphère des égouts ne subit pas de variations brusques, ce qu'il faut attribuer aux conditions uniformes d'humidité et de température qui y règnent. Durant le mois de juillet de l'année 1879, le chiffre des spores recueillies par mètre cube d'air d'égout s'éleva en moyenne à 17,250. En novembre, ce chiffre diminua et se montra égal à 12600. Dans toutes ces expériences, les écarts au-dessus et au-dessous de ces moyennes ne dépassèrent jamais 1500 ([1]).

Pour arriver à la moyenne générale annuelle du nombre des spores répandues dans 1^{mc} d'air des égouts, les expériences de la rue de Rivoli auraient dû être continuées pendant l'hiver et le printemps, ce qui n'a pas été fait; cependant je crois pouvoir affirmer que cette moyenne doit se rapprocher beaucoup de celle qui a été donnée pour l'air du parc de Montsouris, soit de 30 semences par litre.

Au point de vue de l'hygiène, les spores qui peuvent s'échapper des bouches d'égout disséminées dans Paris ne sauraient augmenter le nombre des cellules qu'on trouve répandues dans l'atmosphère extérieure; souvent, au contraire, cet air, confiné et humide, en renferme une quantité trois ou quatre fois moindre.

En l'absence de recherches spéciales ayant pour but de déterminer exactement la nature des moisissures végétant dans les égouts, il est imprudent de se prononcer sur l'innocuité parfaite des germes qui en émanent. L'observation aéroscopique

---

([1]) Le calcul du nombre des germes récoltés sur la lamelle glycérinée des aéroscopes à aspiration n'est qu'approximatif; quelles que soient les précautions dont on use, il est difficile de se soustraire à une erreur d'évaluation inférieure à $\frac{1}{10}$ du nombre des fructifications recueillies.

semble cependant démontrer que la plupart d'entre eux appartiennent aux classes des cryptogames dont les poussières de l'air extérieur nous ont déjà montré des types infiniment plus variés.

Je parlerai plus brièvement des spores aériennes des hôpitaux et des habitations. Dans des travaux d'analyse microscopique effectués en 1878-1879-1880, dans le service de M. le professeur G. Sée, à l'Hôtel-Dieu, il m'a été facile de découvrir au sein des poussières tenues en suspension, toujours en grande quantité, dans les salles des malades, une foule de spores présentant, hors la jeunesse et la variété des formes, les caractères des fructifications de l'air extérieur. Le plus habituellement ces cellules sont sphériques, ovoïdes et accompagnées d'un chiffre de grains d'amidon presque égal à leur nombre. Les grains de fécule déduits, on compte en moyenne, à l'Hôtel-Dieu, près de 4800 semences de moisissures par mètre cube d'air. Aux laboratoires de Montsouris, en l'absence de toute agitation capable de soulever les poussières répandues à la surface des parquets, le chiffre moyen des spores ne dépasse pas 2700. Les fructifications cryptogamiques sont donc toujours plus rares dans les atmosphères confinées qu'à l'air libre. A ceux qui voudraient entreprendre des recherches aéroscopiques dans l'intérieur des hôpitaux, et en général dans les lieux habités fréquemment soumis à des balayages, je donnerai le conseil pratique d'abaisser à 100^{lit} ou 50^{lit} le volume d'air destiné à fournir une préparation de poussières. A défaut de cette précaution, les détritus de toute sorte amenés sur la plaque de verre par 1000^{lit} d'air sont si nombreux, que tout examen devient pénible et toute numération de germes impossible.

Des semences mêlées aux sédiments aériens répandus à la surface des objets.

Pour étudier les poussières déposées à la surface des meubles d'un appartement ou accumulées en couche plus ou moins épaisse dans les jointures imparfaites des portes et des fenêtres, il suffit d'imiter Ehrenberg, Pouchet, Robin dans leurs recherches, c'est-à-dire de délayer sur une plaque bien propre une quantité infinitésimale de poussières dans une goutte de liquide parfaitement pur, de recouvrir le tout d'une lamelle très mince et d'amener la préparation ainsi confectionnée sous le microscope. Cette méthode fort simple, qui pourra peut-être paraître naïve à plusieurs, est cependant susceptible d'acquérir une grande précision entre les mains du micrographe soigneux et instruit ; dans beaucoup d'occasions, il est utile de la substituer aux expériences aéroscopiques, dont le seul avantage est de fournir, sous un poids moindre de sédiments, une quantité plus considérable d'organismes, par la raison que les spores, en général fort petites et très légères, restent encore en suspension dans l'air longtemps après la chute des gros fragments d'origine minérale et organique. Les aéroscopes fonctionnant dans l'intérieur des maisons sont surtout destinés à saisir les particules entraînées par les courants faibles qui prennent naissance dans les salles plus ou moins closes, plus ou moins ventilées.

L'analyse des poussières déposées lentement, couche par couche, souvent pendant des années, au-dessus des meubles, des cadres des portes, des ciels de lit, enfin sur tout ce qui s'oppose à leur chute sur les planchers, n'est pas banale, je ne saurais trop le répéter. Ces poussières séjournent longtemps dans les lieux que nous habitons, sillonnent nos chambres en tous sens et sont aspirées par nous à tous les instants du jour. Si la médecine parvient à démontrer l'existence de microbes spécifiques dans l'organisme des patients atteints du cortège des maladies dites zymotiques, c'est assurément ces poussières qui seront le plus à redouter. C'est en effet dans l'intérieur des maisons que séjournent les malades, que leurs vomissements, leurs déjections alvines vont souiller les tapis, le parquet, la literie, les linges divers, et se réduire après dessiccation en poudre impalpable si on néglige de les faire disparaître complètement, ce qui n'est pas toujours pratique. C'est dans l'intérieur des habitations, dis-je, que la sérosité des pustules des varioleux, les crachats des diphtéritiques et des phtisiques, les desquamations des scarlatineux, des morbilleux, les pus des plaies des opérés, etc., vont, après s'être desséchés, se réduire en molécules invisibles, s'élever dans l'air des appartements et prendre asile dans les couches de poussières déjà répandues à la surface des objets.

Si les malades meurent, on se livre habituellement à un semblant de désinfection, consistant à laver les matelas, à secouer les paillasses et les sommiers, à répandre quelques parfums, à jeter une substance plus ou moins antiseptique dans les appartements des défunts. Si l'issue de ces diverses affections n'a pas été fatale, on se garde bien d'aérer trop rapidement la chambre des convalescents, de rien désinfecter : les malades n'ont-ils pas guéri?

C'est ainsi que le vulgaire raisonne, c'est ainsi que l'on voit éclater de petites épidémies de fièvre typhoïde, de rougeole, de variole, de scarlatine, d'érysipèle dans les mêmes locaux, sans se douter que la cause du mal peut résider pendant des mois et des années sur le haut d'une console ou d'une corniche inaccessible aux nettoyages journaliers.

Dans l'hypothèse probable de la transmission des maladies zymotiques par un élément microscopique de nature organisée, les chambres des malades deviennent de véritables foyers d'infection peuplés de poussières virulentes au premier chef : leur étude n'est donc pas sans importance.

Autrefois, il y a de cela trente ans, l'analyste chargé de l'examen d'une poussière météorologique ou autre consacrait à peine quelques minutes à l'observation microscopique de l'échantillon livré à ses recherches; le point qui lui paraissait le plus important à élucider était sa composition chimique : alors il établissait la richesse du sédiment en carbone, hydrogène, azote, oxygène, en principes minéraux, parmi lesquels la silice, la chaux, la magnésie, le fer, le phosphore, le soufre, revenaient le plus souvent. Dufrenoy a laissé sur ce sujet des travaux qui méritent d'être donnés pour modèle, mais assurément ces sortes de dosages n'étaient pas complets. Que signifie même aujourd'hui cette expression d'*azote organique?* Quels sont les éléments qui le fournissent? Sont-ce les débris des cellules animales ou végétales, sont-ce des œufs, des spores, des pollens ou des bactéries? A cette époque, tout cela semblait fort peu préoccuper le chimiste, et en effet, il faut être juste, les travaux mémorables de M. Pasteur n'avaient pas encore attiré l'attention des savants sur l'importance d'une analyse approfondie dirigée dans le but de déterminer avec exactitude le nombre et la nature des œufs microscopiques disséminés autour de nous en si grande abondance, et sur le rôle qu'ils sont appelés à jouer dans les phénomènes complexes de la fermentation et de la putréfaction des substances végétales et animales.

Il faudrait être peu familiarisé avec le maniement du microscope pour s'effrayer à l'avance des difficultés que semblent présenter ces sortes de dosages quantitatifs, plus longs il est vrai que les dosages chimiques, mais tout aussi simples, plus intéressants et au moins aussi exacts. Voici comment ils me paraissent devoir être conduits.

Dans un poids connu de glucose sirupeux ou de sirop de sucre filtré, au besoin stérilisé au préalable, on verse un poids également bien déterminé de poussières; puis on opère le mélange des poussières et du sirop, de façon à obtenir un liquide uniformément trouble, sensiblement chargé, dans un égal volume de sa masse, d'un égal poids de corpuscules. Cette émulsion s'opère rapidement en agitant le liquide contenu dans une capsule de platine avec une boule de verre ou de métal soudée à l'extrémité d'une tige rigide. Cela fait, avec une baguette de verre effilée à son extrémité, on puise une gouttelette de l'émulsion qu'on dépose sur une lame de verre tarée, et dont l'augmentation de poids fait exactement connaître le poids de l'émulsion placée sur la lame de verre porte-objet; il ne reste plus qu'à compléter la préparation par les manipulations d'usage et à compter par la méthode déjà indiquée dans ce Chapitre le chiffre des cellules nettement discernables au microscope. D'habitude, il est indispensable de faire ainsi trois ou quatre préparations semblables et de les soumettre à autant de dénombrements de germes qui se contrôlent entre eux. Pour ma part, j'examine toujours trois préparations, sur lesquelles je répartis 1200 lectures de spores vues par champ du microscope. Pendant ce temps, un aide note soigneusement sur des feuilles spéciales le chiffre des pollens trouvés, des grains d'amidon aperçus et des spores de cryptogames mélangées aux poussières ; le petit nombre de semences vues par champ rend dans ce cas la numération des germes fort aisée ; en quatre heures d'observations, on peut posséder tous les éléments nécessaires au calcul projeté ([1]). La formule

$$\frac{P+p}{n}\left(\frac{M'}{\pi'}+\frac{M''}{\pi''}+\ldots+\frac{M^n}{\pi^n}\right)=N,$$

([1]) Voici, d'après mes cahiers de laboratoire, un exemple de dosage des germes des poussières brutes.

$0^{gr},138$ de sédiments atmosphériques déposés sur le lambris du dôme sans ouverture qui surmonte l'escalier intérieur de l'Observatoire de Montsouris furent incorporés à $24^{gr},615$ de sirop de glucose, puis trois préparations microscopiques furent faites avec $16^{mgr},5$, $12^{mgr},2$, $28^{mgr},4$ de ce mélange.

Le chiffre des corpuscules organisés répandus dans ces trois préparations, calculé d'après une moyenne basée sur 300 pointages, soit au total 900 observations, fut trouvé égal :

Pour la première préparation, à..............	2470
Pour la deuxième » à.................	1970
Pour la troisième » à......	3530

chiffres qui décèlent séparément dans les $0^{gr},138$ de sédiment :

1°....................	3 700 000	corpuscules organisés.
2°..........	3 900 000	»
3°....................	3 100 000	»
Moyenne...... . ..	3 560 000	»

soit par gramme de poussières récoltées sur le lambris du dôme, 25 800 000.

Le pointage simultané des pollens et des grains d'amidon permit en outre de répartir ainsi la nature des corpuscules noyés dans cette poussière.

Spores de cryptogames.........	21 500 000
Amidon...................................	2 900 000
Pollens...................................	1 400 000

Si l'on joint au chiffre des spores cryptogamiques un nombre de germes de bactéries au moins égal à 10 000 000, l'on est à même de juger de l'effroyable quantité de semences invisibles qui nous entourent. Il est ici question d'organismes accumulés depuis dix ans sur un lambris inaccessible ; beaucoup d'entre eux étaient morts, déformés, méconnaissables ; dans l'intérieur de Paris et dans les appartements où l'atmosphère se renouvelle plus aisément, c'est par 100 000 000 que se chiffrent les microphytes répandus dans *un gramme* de poussière.

dans laquelle P désigne le poids total de l'émulsion, p le poids initial des poussières, π', π'', ..., π^n le poids de l'émulsion introduite dans chaque préparation, n le chiffre de ces dernières et M', M'', ..., M^n le nombre de fructifications vues par champ, donne avec une grande approximation le chiffre total des spores contenues dans le poids p de sédiments ou dans un gramme de ces mêmes sédiments, si l'on opère la réduction à l'unité. Tout cela est fort simple et ne demande pas de plus amples explications.

Les semences d'origine végétale trouvées dans les poussières des maisons (voir *fig.* 33) sont de tout point semblables aux

Fig. 33.

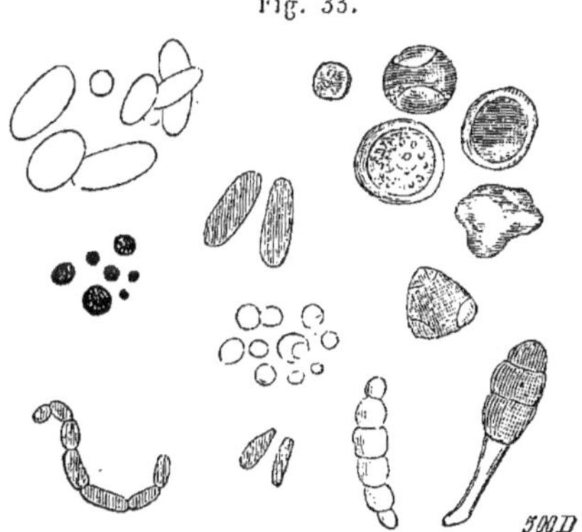

Corpuscules des poussières déposées spontanément à la surface des objets.
Grossissement : 5oo diamètres.

semences aériennes ; elles sont parfois cependant plus vieilles, ridées, déformées, cassées, fendues, fêlées, ébréchées, mais là se borne toute la dissemblance. Les poussières les moins riches en spores proviennent surtout des appartements voisins des maisons en construction, où les particules calcaires, le plâtre, viennent les diluer en s'ajoutant aux sédiments normaux. Enfin, dans les locaux où l'air se renouvelle difficilement, dans les sous-sols, les chambres closes et inhabitées depuis plusieurs années, les productions cryptogamiques se font très rares ; on conçoit qu'il n'en puisse être autrement, car d'un côté l'air n'apporte plus qu'un faible contingent de microbes, et d'un autre les poussières minérales détachées des murs et des plafonds se stratifient en couches à la surface des objets en noyant les fructifications que le temps n'a pas desséchées et rendues méconnaissables.

Je passe sous silence les recherches d'une autre nature ayant pour but la détermination exacte de ces spores : elles sont surtout du ressort des microbotanistes de profession et demandent plusieurs séries de culture et d'ensemencements, un temps très long, peu compatible avec le désir d'être rapidement fixé sur les classes des cryptogames exosporées et endosporées qui fournissent un si large tribut de fructifications aux courants atmosphériques.

CHAPITRE III.

I. De l'existence dans l'air des germes des bactéries. Expériences de Dundas
Thompson, de Pasteur, de Burdon Sanderson, de Tyndall et de plusieurs
autres auteurs. — II. Générations spontanées.

I. — De l'existence dans l'air des germes des bactéries.

Avant les travaux de M. Pasteur, on chercherait vainement
dans les annales de la Science l'exposé d'une méthode expérimentale permettant de démontrer rigoureusement la présence
dans l'air des germes des schizophytes, autrement appelés
spores des bactériens. Comme il a été dit plus haut, Dundas
Thompson trouva, il est vrai, des vibrions dans une faible quantité d'eau bouillie parcourue pendant plusieurs jours par un
courant d'air puisé dans des salles de cholériques et dans un
égout; mais nous savons aujourd'hui qu'une ébullition de plusieurs heures ne tue pas les germes des bacilles répandus toujours en grand nombre dans les eaux les plus pures; de plus les
flacons de Woolf, mis en usage par Thompson, n'ayant pas été
flambés ou soumis à une désinfection efficace, contenaient certainement des semences de vibrions, avant la mise en marche de
chaque expérience. Quant à la plus grande quantité de bactériens
observés dans les hôpitaux et les égouts qu'à l'air extérieur,
cela s'explique par l'introduction non douteuse des nombreux
germes qui séjournent dans les salles des malades, et surtout,
comme j'ai eu mainte fois l'occasion de l'observer dans les hôpitaux de Paris, par l'apport dans l'eau bouillie d'un poids considérable de substances organiques qui transforment le liquide
en une véritable infusion où les microbes trouvent un milieu fort

propre à leur développement; la plus ou moins grande quantité
d'organismes trouvés en pareil cas ne dépend pas du chiffre
des germes recueillis, mais du poids des détritus d'origine animale et végétale fixés par le liquide. Ce fait, facile à vérifier, ôte
aux recherches de Dundas Thompson le degré de précision
qu'elles semblent présenter au premier abord; j'en dirai de même
des travaux de Samuelson, qui a toujours usé, pour récolter
les germes, de l'eau distillée, non chauffée, exposée à la chute
des poussières dans des vases, macroscopiquement propres, ce qui
n'est pas une garantie suffisante. Les expériences plus anciennes
de Gaultier de Claubry paraissent, au contraire, avoir été conduites avec plus de rigueur, mais il est fort difficile d'en trouver
une description exacte, ce qui ne permet pas de les juger en
parfaite connaissance de cause. Il en est autrement des recherches de M. Pasteur, exposées avec détails en 1862 dans les
Annales de Chimie et de Physiques, t. LXIV; l'intérêt historique qui s'attache à ce point important de la micrographie
atmosphérique me commande de reproduire ici avec quelques
développements les expériences célèbres de ce savant.

Pour constater l'existence des germes des bactéries parmi les
poussières de l'air, il fallait avant tout avoir à sa disposition des
infusions absolument vierges de microbes : les expériences de
Schwann sur l'infécondité de l'air rougi ayant donné des résultats variables, M. Pasteur commença par préparer des infusions
stériles de la manière suivante :

« Dans un ballon de 260^{cc} à 300^{cc}, j'introduis, dit M. Pasteur, 100^{cc} à 150^{cc} d'une eau sucrée albumineuse, formée dans
les proportions suivantes:

Eau..	100
Sucre	10
Matières albuminoïdes et minérales provenant de la levure de bière...	0,2 à 0,7

» Le col effilé du ballon communique avec un tube de platine
chauffé au rouge. On fait bouillir le liquide pendant deux ou
trois minutes, puis on le laisse refroidir complètement. Il se rem-

plit d'air ordinaire à la pression atmosphérique, mais dont toutes les parties ont été portées au rouge; puis on ferme à la lampe le col du ballon.

» Le ballon ainsi préparé est placé dans une étuve à une température constante voisine de 30°; il peut s'y conserver indéfiniment, sans que le liquide qu'il renferme éprouve la moindre altération. Sa limpidité, son odeur, son caractère d'acidité très faible, à peine appréciable au papier de tournesol bleu, persistent sans changement appréciable. Sa couleur se fonce légèrement avec le temps, sans doute sous l'influence d'une oxydation directe de la matière albuminoïde du sucre.

» J'affirme avec la plus parfaite sincérité que jamais il ne m'est arrivé d'avoir une seule expérience, disposée comme je viens de le dire, qui m'ait donné un résultat douteux. L'eau de levure sucrée mise en présence de l'air qui a été rougi ne s'altère donc pas du tout, même après dix-huit mois de séjour à une température de 25° à 30°, tandis que, si on l'abandonne à l'air ordinaire, après un jour ou deux, elle est en voie d'altération manifeste et se trouve remplie de bactériums, de vibrions ou couverte de mucors. »

Telle est, à mon sens, l'expérience fondamentale qui sert et servira de base inébranlable à tous les travaux de micrographie atmosphérique présents et futurs. Pour pousser plus avant la conviction dans l'esprit de ses contradicteurs (il convient de ne pas oublier que ses expériences furent instituées pour combattre les vues des hétérogénistes, qui proclamaient l'extrême rareté dans l'air de germes vivants), M. Pasteur résolut d'ensemencer directement les poussières de l'air dans des liquides stérilisés propres au développement des microbes, ce qu'il fit en construisant l'appareil représenté par la *fig.* 34 (page 82).

« Voici, poursuit ce savant, les dispositions que j'ai adoptées pour déposer les poussières de l'air dans les liqueurs putrescibles et fermentescibles, en présence de l'air chauffé.

» Reprenons notre ballon renfermant de l'eau de levure sucrée et de l'air calciné. Je supposerai que le ballon soit à l'étuve à 25° à 30°, depuis un ou deux mois, sans y éprouver d'altération sensible, preuve manifeste de l'inactivité de l'air chauffé dont il a été rempli sous la pression atmosphérique ordinaire.

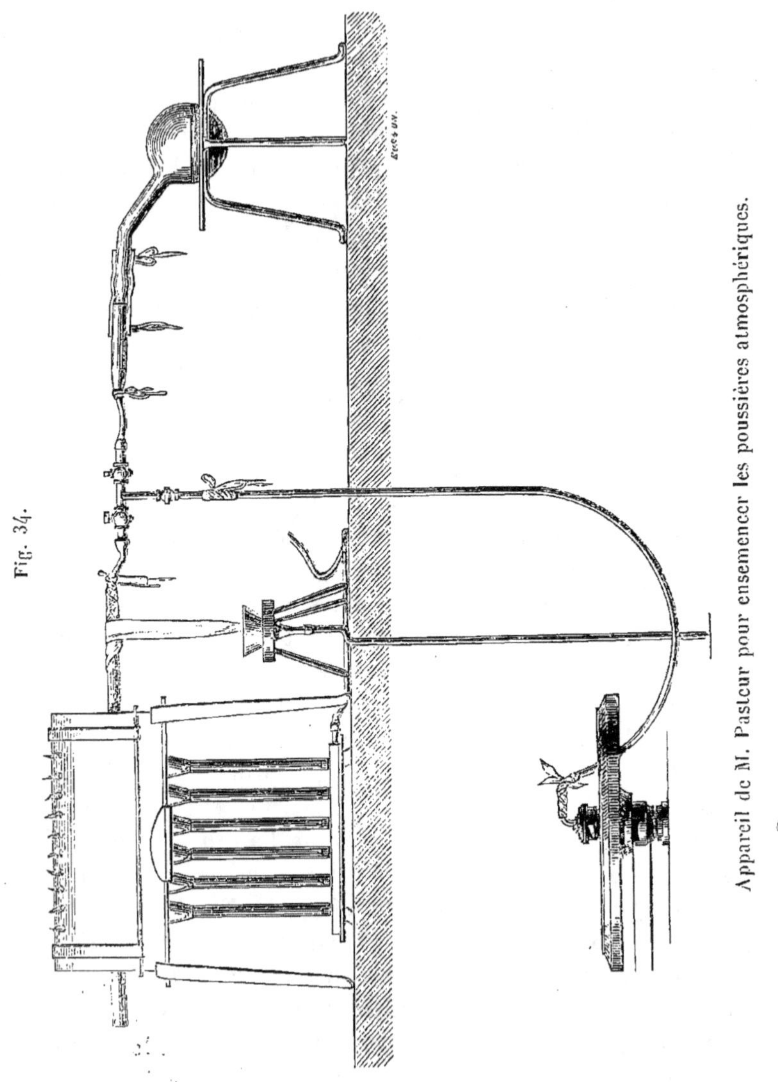

» La pointe du ballon étant toujours fermée, je l'adapte, au moyen d'un tube de caoutchouc, à un appareil disposé comme il suit : un tube de verre fort de 10^{mm} à 12^{mm} de diamètre intérieur, dans lequel j'ai placé un bout de tube de petit diamètre ouvert à ses extrémités, libre de glisser dans le gros tube et renfermant une portion d'une de ces petites bourres de coton chargées de poussières ; un tube de laiton en forme de T, muni de robinets ; l'un de ces robinets communique avec la machine pneumatique, un autre avec un tube de platine chauffé au rouge, le troisième avec le gros tube de verre en communication par le caoutchouc avec le ballon scellé d'eau de levure.

» Lorsque toutes les parties de l'appareil sont disposées et que le tube de platine est porté au rouge par le calorifère à gaz représenté dans la *fig.*34, on fait le vide, après avoir fermé le robinet qui conduit au tube de platine ; ce robinet est ensuite ouvert de façon à laisser rentrer peu à peu dans l'appareil de l'air calciné. Le vide et la rentrée de l'air sont répétés alternativement dix à douze fois : le petit tube à coton se trouve ainsi rempli d'air brûlé jusque dans ses moindres interstices, mais il a gardé ses poussières. Cela fait, je brise la pointe du ballon à travers le caoutchouc sans dénouer les cordonnets, puis je fais couler le petit tube aux poussières dans le ballon ; enfin je referme à la lampe le col du ballon, qui est de nouveau porté à l'étuve. Or il arrive constamment que des productions commencent à apparaître dans le ballon après vingt-quatre, trente-six ou quarante-huit heures au plus.

» C'est précisément le temps nécessaire pour que ces mêmes productions apparaissent dans l'eau de levure sucrée, lorsqu'elle est exposée au contact de l'air commun. »

En répétant cette expérience avec de petits tubes remplis d'amiante calcinée, le résultat fut toujours négatif, ce qui démontre que les précautions prises pour introduire les bourres dans le gros tube précédant le ballon de liquide stérilisé étaient de nature à écarter les causes d'erreur dues au contact des tubes avec les objets extérieurs. La *fig.* 35 reproduit, d'après les dessins de M. Pasteur, quelques microbes grossis, nés des germes mélangés aux poussières de l'air.

Le dispositif imaginé par M. Pasteur pour ensemencer les poussières atmosphériques est susceptible de recevoir aujourd'hui quelques modifications heureuses, grâce auxquelles la démonstration des germes parmi les poussières aériennes peut devenir une expérience de cours de la plus grande simplicité. Je recommanderai aux professeurs d'hygiène désireux de frapper à la fois les yeux et l'esprit de leurs auditeurs une marche à suivre pour reproduire en peu de temps et sans beaucoup de

Fig. 35.

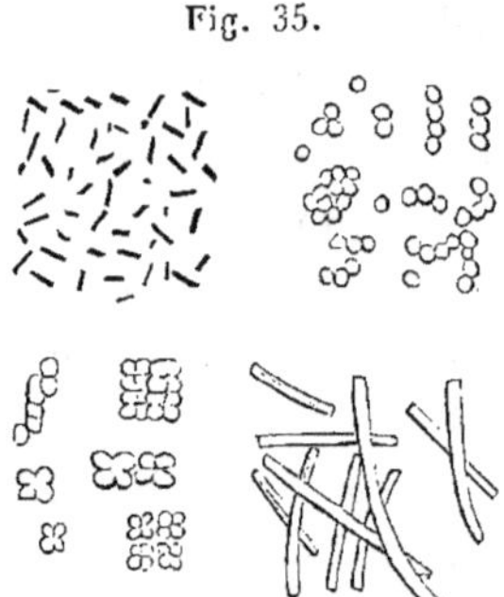

Bactériens atmosphériques d'après M. Pasteur.

frais les expériences sur lesquelles M. Pasteur a édifié si solidement la théorie des germes.

Des tubes à boules, recourbés comme l'indique la *fig.* 37 (page 85), sont, après avoir été portés à une haute température, à moitié remplis d'un liquide végétal ou animal privé de germes avec ou sans le concours de la chaleur. Si, après un mois de séjour à l'étuve, ces petits ballons renferment encore un liquide parfaitement limpide, on introduit dans les branches effilées en pointe de ces instruments une bourre d'amiante stérilisée. Pour y arriver, la branche de verre effilée (*voir* en A, *fig.* 36) est coupée au trait de lime suivant la section *tt'*, puis chauffée dans la plus grande partie de sa longueur par la flamme d'une lampe à alcool. On pousse alors avec lenteur dans cette partie chauffée une bourre d'amiante très soyeuse; cela exécuté, on étire le tube (*voir* en C) et l'on garnit d'une seconde bourre d'amiante

l'extrémité b' du tube encore soutenue par l'effilure; puis on
porte à 300° toute la branche bb' placée sur une gouttière de
clinquant, on laisse refroidir et enfin l'on détache de l'instrument, par un trait de chalumeau portant sur le tube capillaire,

Fig. 36.

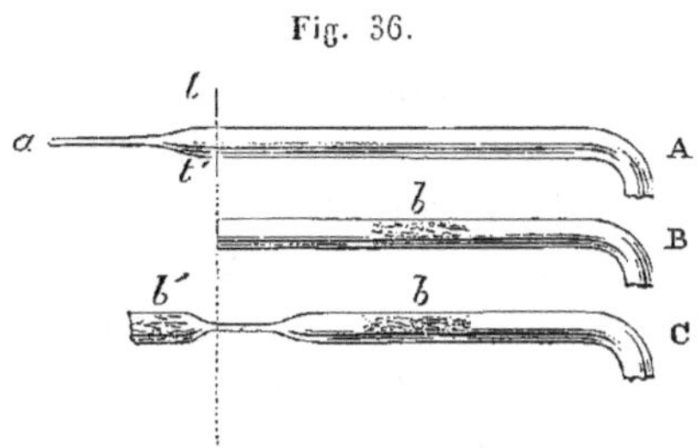

la portion terminale du tube contenant la bourre b'. Cette manœuvre préliminaire est donc uniquement destinée à munir la
branche effilée en pointe du tube à boule d'une bourre filtrante
absolument privée de germes : elle peut être accomplie à l'avance
par le préparateur

Fig. 37.

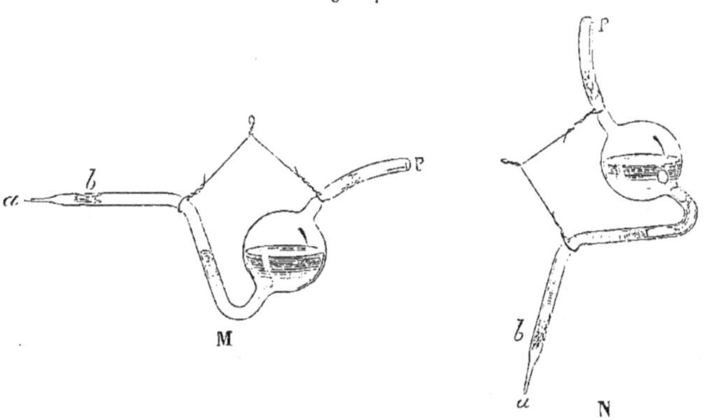

Deux de ces tubes à boule sont alors placés dans la position
indiquée en N (*fig.* 37) ; puis, au moyen de petites secousses, on
chasse l'air de la branche et l'on amène le liquide au contact de

la bourre d'amiante, qui s'imbibe rapidement; ce sont là des tubes témoins qui ne s'altèrent jamais. A travers quatre autres tubes l'on dirige quelques litres d'air puisé dans l'amphithéâtre, en adaptant un tube d'aspiration à la branche P et en cassant la pointe *a* flambée, avec une pince à mors carrés passée à travers la flamme d'un bec Bunsen. Après le passage de l'air, la pointe *a* est de nouveau fondue. De ces quatre tubes, pourvus d'une quantité impondérable de poussières atmosphériques arrêtées par la bourre *b*, deux d'entre eux sont inclinés et traités comme les tubes témoins, c'est-à-dire de façon que le liquide stérilisé vienne mouiller la bourre *b* : ces ballons s'altèrent toujours; les deux derniers sont suspendus dans leur position normale M et ne s'altèrent qu'à partir du jour où l'on amène le liquide nutritif au contact du tampon d'amiante par l'artifice décrit plus haut.

D'où l'on peut déduire, avec M. Pasteur, ces vérités expérimentales :

1° Qu'un liquide placé à l'abri des impuretés atmosphériques ne montre jamais de bactéries ;

2° Que les poussières seules provoquent l'éclosion de ces bactéries ;

3° Enfin que l'air filtré débarrassé de ses corpuscules normaux est absolument impropre à peupler de bactéries les infusions les plus altérables.

Dix ans après les travaux de M. Pasteur sur le pouvoir fécondant des poussières aériennes, le Dr Burdon Sanderson se livra, en Angleterre, à l'analyse microscopique des eaux de diverses provenances, dans lesquelles il trouva toujours de nombreuses bactéries. Dans plusieurs expériences, répétées avec les poussières de l'air, il obtint des résultats absolument négatifs, ce qui l'amena à conclure à l'absence des bactéries au sein de l'atmosphère. « Dans mes expériences, dit le Dr Burdon Sanderson ([1]), j'ai fait voir que, quoique les cellules de torules et

---

([1]) BURDON SANDERSON, *Appendix to the Thirteenth Report to the medical officer of the Privy Council,* for 1871.

de *Penicillium* apparaissaient toujours dans les liquides nutritifs exposés au contact de l'air, cette exposition à l'air ne peut jamais y produire de bactéries. » M. Pasteur et plus tard M. Tyndall relevèrent cette affirmation erronée. Si M. Sanderson, dit M. Tyndall avec raison, n'a pas trouvé dans l'air des germes de bactéries, c'est que ce savant a fait uniquement usage de liqueurs incapables de favoriser l'éclosion des germes errants des bactériens. Effectivement les liqueurs minérales sucrées, employées par le savant médecin anglais, sont tout à fait impropres au rajeunissement des schizophytes. Toutes les liqueurs dites minérales ne sont pas cependant dans le même cas ; j'ai eu bien souvent l'occasion d'observer que, après cinq à dix jours d'exposition à l'air libre, la liqueur de Cohn se remplit d'espèces bactériennes variées si la température régnante est voisine de 15° ou supérieure.

Je ne puis m'étendre longuement sur les expériences de M. Tyndall, publiées depuis l'année 1876 dans de nombreux Mémoires et résumées dans un Ouvrage récemment édité en France sous le titre : *Les microbes* ([1]). Tantôt les résultats obtenus par cet auteur sont en conformité avec la réalité des faits, tantôt au contraire ils entraînent M. Tyndall à des conclusions inacceptables, ayant pour point de départ des résultats entachés de causes d'erreur vulgaires qu'il est regrettable de voir méconnaître par un expérimentateur aussi habile.

M. Tyndall ayant remarqué que les matières en suspension dans l'air d'une chambre close tombent graduellement au fond de la chambre en laissant derrière elles un air *optiquement pur*, c'est-à-dire dépourvu de toute puissance dispersive, pensa qu'un liquide putrescible, porté à l'ébullition dans une portion d'espace privée de toute poussière, devait, après refroidissement, se conserver indéfiniment inaltéré. L'expérience vérifia ses vues ; les liquides stérilisables sous la pression normale ne s'altèrent pas, ce qui était la confirmation pure et simple des résultats déjà

([1]) JOHN TYNDALL, *Les Microbes*, 1882. Savy.

obtenus par Schrœder, Dusch et Pasteur. Répétées à une année
d'intervalle, ces expériences, d'abord si concluantes, fournirent
à M. Tyndall des résultats contradictoires à ce point « qu'au
cours de mes expériences, dit-il, par suite des précautions,
variations et répétitions faites en vue d'obtenir une confirmation
des résultats, j'employai, dans l'espace de deux années, plus de
dix mille vases ». Cette somme de travail si considérable n'a
guère profité à la Science, car elle a conduit M. Tyndall à proclamer deux erreurs graves : 1° la possibilité de détruire les
germes des infusions par une ébullition opérée à 100°; 2° l'extrême abondance dans l'air des germes des schizophytes. Cette
seconde erreur était forcément la conséquence de la première,
comme j'aurai l'occasion d'y insister dans un autre Chapitre.

A l'exemple des expériences de M. Pasteur sur le Montanvert,
M. Tyndall ouvrit sur le glacier d'Aletsch 27 fioles de liquides
stérilisés qui ne s'altérèrent pas et 23 autres fioles dans un grenier
à foin, dont 21 s'altérèrent. Ces essais, calqués sur des travaux an-
térieurs, méritent fort peu de nous arrêter. Je passerai de même
très rapidement sur les travaux de Cohn, Schœnauer, Koch,
Hansen, Yung, etc., et sur les miens propres, en ajoutant
cependant que, sur 80 000 expériences effectuées dans le cours
de mes travaux, pas une seule n'est venue démentir les affirmations de M. Pasteur, alors que beaucoup d'entre elles sont
en complète opposition avec les faits publiés par plusieurs panspermistes trop zélés, pour ne pas dire inexpérimentés.

II. — Générations spontanées.

On nomme *génération spontanée* la création de toute pièce
d'un organisme vivant dans une infusion en l'absence de tout
germe; d'après les hétérogénistes, cette création s'accomplirait
sous l'action de forces inconnues, comparables à ces forces
encore mystérieuses qui président à la nutrition des cellules,
aux phénomènes chimiques, au groupement des molécules dans

les cristaux, dont la Science constate l'existence sans être
parvenue à écarter l'obscurité qui entoure leur mode d'action.

Pour les homogénistes, l'être vivant procède toujours d'un
germe (*omne vivum ex ovo*) d'une cellule provenant elle-même
d'un être adulte ; cette dernière opinion, adoptée par la majorité
des biologistes, se trouve conforme avec les données de l'observation.

Pour appuyer leur doctrine, les hétérogénistes ont avancé
deux ordres de preuves : les unes tirées du domaine de la dia-
lectique, les autres de l'expérience. Je n'insisterai pas sur les
premières, bien qu'elles soient à mon avis les plus puissantes et
les plus difficiles à renverser ; étayée par les doctrines du transformisme, de l'évolution et de la sélection des espèces vivantes,
l'hétérogénie explique naturellement l'apparition de la vie sur
la Terre, la formation des types animaux dont l'homme est le
représentant le plus parfait. C'est assurément aller bien de
l'avant sans preuves solides, mais les dogmes édifiés sur les
légendes religieuses ne demandent-ils pas, pour être admis, de
plus grandes concessions à l'esprit humain ? Quoi qu'il en soit,
il importait aux véritables progrès de la question de laisser aux
philosophes leurs raisonnements impuissants ou mystiques et de
soumettre la théorie de l'hétérogénèse à l'épreuve de l'expérimentation.

Les hétérogénistes, il faut le reconnaître, cherchèrent avant
tout l'appui des faits. En 1745, Needham publia à Londres un
Ouvrage sur cette question où il a décrit les recherches précises
qui l'amenèrent à proclamer la réalité de la génération spontanée.
En soumettant à la chaleur de l'eau bouillante des infusions
végétales placées dans des vases hermétiquement clos, Needham
remarqua que la plupart de ces infusions se peuplaient après
plusieurs jours d'une multitude d'organismes vivants. Ainsi,
d'un côté, les germes étaient détruits par l'eau bouillante ; d'un
autre, les impurctés de l'air ne pénétraient pas dans le vase scellé,
et nonobstant la vie ne tardait pas à s'y déclarer. La théorie de
l'hétérogénèse est en accord avec les données de l'expérimenta-

tion, écrivit Needham. Tout autre, il faut l'avouer, eût été à sa place fortement ébranlé.

Un savant physiologiste italien, Spallanzani, reprit ces mêmes expériences et démontra que les infusions végétales soumises pendant une heure à la température de 100° dans des vases scellés restaient pour la plupart stériles, c'est-à-dire inaltérées : la génération spontanée, objecta-t-il, n'est donc pas un fait démontré. Needham ne se tint pas pour battu ; il supposa alors dans les liquides des infusions l'existence d'une force créatrice, d'une *force végétative,* qui s'affaiblissait et même finissait par être détruite sous l'action du feu; l'air lui-même placé au-dessus de l'infusion, ajoutait le même savant anglais, se corrompait et devenait absolument impropre à l'éclosion spontanée des êtres vivants.

En 1836, Schulze imagina de faire barboter l'air destiné à renouveler l'atmosphère des infusions chauffées dans de l'acide sulfurique et des solutions de potasse caustique, afin de détruire tous les germes sans modifier le pouvoir vivificateur du mélange gazeux atmosphérique. Tantôt les infusions ainsi traitées restèrent parfaitement inaltérées, tantôt elles se corrompirent. Une année plus tard, Schwann proposa de priver l'air de ses organismes vivants en le dirigeant à travers un tube métallique fortement chauffé : c'était un bien faible progrès, puisqu'il fallait aux hétérogénistes un air soustrait de près ou de loin à l'action de la chaleur. Vers 1854, Schrœder et Van Dush arrêtèrent les poussières atmosphériques sur des tampons d'ouate, mais ils obtinrent également des résultats contradictoires.

Personne n'était encore fixé sur la réalité de l'hétérogénèse quand Pouchet provoqua, au sein de l'Académie des Sciences, une discussion mémorable, à laquelle prirent part les savants français les plus éminents. Pouchet rappela les arguments des vieux hétérogénistes et y en joignit un nouveau. D'après lui, la quantité des germes répandus dans l'atmosphère ne pouvait expliquer les cas nombreux d'altération des liqueurs bouillies, signalés par ses adversaires. Pouchet avait parfaitement raison, et, si les expériences récentes de M. Tyndall avaient été publiées à cette époque, le savant professeur de Rouen y aurait puisé les arguments les plus puissants contre l'homogénèse. Que faisait Pouchet? Il chauffait une infusion à 100°, croyant détruire des germes qu'il ne détruisait pas, puis soupçonnait l'infusion de s'être peuplée d'êtres vivants par génération spontanée. Qu'a fait, il y a quelques années à peine, M. Tyndall? Il a chauffé des infusions à 100°, croyant détruire des germes qu'il n'a pas détruits, puis il a soutenu que la quantité d'air infiniment petite introduite accidentellement au moment de la fermeture des vases en pleine ébullition était peuplée d'œufs vivants capables de produire l'infection des liquides bouillis. Ces deux savants ont donc été tous les deux victimes de la même illusion. L'interprétation des faits observés par eux a seule varié : pour Pouchet, il y avait hétérogénèse; pour M. le professeur Tyndall, multitude innombrable de microbes dans l'air ambiant, ce qui est contraire à la vérité. Ce n'est pas à la fois sans quelque étonnement et sans un sentiment pénible que l'on voit aujourd'hui M. Tyndall s'efforcer de ramener la discussion des générations spontanées à ce degré d'acuïté qu'elle présenta autrefois, accuser le modeste professeur de Rouen, travailleur infatigable et convaincu, d'avoir été un expérimentateur *indiscipliné,* épiçant sa logique de savant du sarcasme de l'avocat : on doit être, il me semble, moins sévère envers autrui quand on a soi-même succombé aux apparences trompeuses de l'expérimentation.

C'est vers 1860 qu'intervint M. Pasteur dans la discussion soulevée sur la question des générations spontanées; par un ensemble d'expériences habilement conçues, il anéantit un à un les arguments des hétérogénistes. L'air chauffé, l'air filtré qui avait donné entre les mains de Schwann, de Schrœder et de Van Dusch des résultats inconstants se montra dans ses essais absolument incapable de provoquer le développement des bactéries au sein des liquides convenablement stérilisés, c'est-à-dire chauffés suivant leur nature entre 100 et 110°. En employant le ballon à col brisé et recourbé, représenté par la *fig.* 38. M. Pasteur put en outre, sans mettre obstacle à la rentrée de l'air atmosphérique non filtré, conserver indéfiniment des liquides simplement bouillis. Enfin, répondant à la dernière objection des hétérogénistes, le même savant démontra que le sang et l'urine non soumis à l'action de la chaleur et amenés directement des artères et de la vessie des animaux vivants dans des vases privés de germes restaient également inaltérés ou du moins ne présentaient jamais d'organismes ferments. La *force végétative*, destructible par la chaleur, invoquée par Needham un siècle auparavant, était donc une pure invention de l'esprit. Ainsi

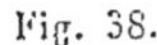

Fig. 38.

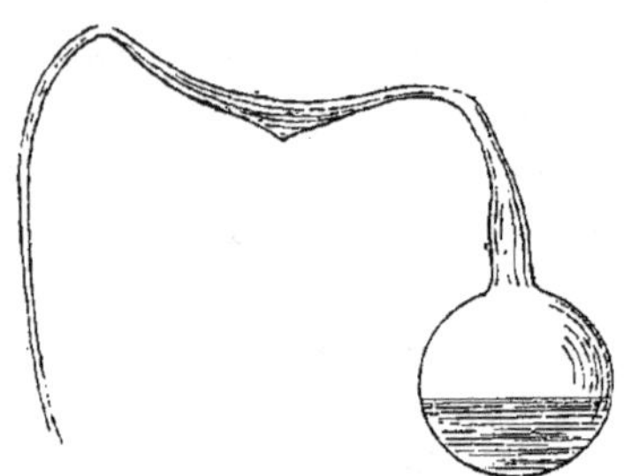

Ballon à col sinueux de M. Pasteur.

s'écroula le dernier retranchement à l'abri duquel les partisans de l'hétérogénie auraient pu encore longtemps tenir les homogénistes en échec.

Les savants distingués : Claude Bernard, Balard, Dumas, Payen, Milne Edwards, Flourens, qui avaient suivi avec le plus grand intérêt cette importante discussion, jugèrent le sujet épuisé et le débat fut clos.

« Les idées qui apparaissent dans les sciences, disait alors Claude Bernard (¹), présentent deux aspects opposés dans leurs développements : les idées vraies partent le plus souvent d'un petit nombre de faits simples et bien observés, grandissent à mesure que les connaissances augmentent, et s'étendent de plus en plus ; les idées erronées contiennent ordinairement dès l'abord

---

(¹) CLAUDE BERNARD, *Comptes rendus des séances de l'Academie des Sciences,* t. LV, p. 977.

un grand nombre de faits obscurs et mal vus, s'amoindrissent au contraire et disparaissent en raison directe des progrès de la Science. La question des générations spontanées s'est trouvée dans ce dernier cas, en ce sens qu'elle s'est toujours circonscrite de plus en plus devant les lumières de l'expérience. »

De son côté, afin qu'il ne pût rester aucun doute dans l'esprit de ceux qui l'accusaient de se refuser à porter un jugement sur la question des générations spontanées, le physiologiste Flourens (¹) s'exprimait ainsi au sein de l'Académie des Sciences :

« Tant que mon opinion n'était pas formée, je n'avais rien à dire.

» Aujourd'hui elle est formée, et je la dis.

» Les expériences de M. Pasteur sont décisives.

» Pour avoir des animalcules, que faut-il, si la *génération spontanée* est réelle? De l'air et des liqueurs putrescibles. Or M. Pasteur met ensemble de l'air et des liqueurs putrescibles, et il ne se fait rien.

» La génération spontanée n'est donc pas. Ce n'est pas comprendre la question que d'en douter encore. »

Néanmoins quelques hétérogénistes, confiants dans leurs expériences, demandèrent à les répéter devant l'Académie des Sciences. Une Commission fut nommée; mais plus tard, sous des prétextes divers, ces mêmes expérimentateurs se dérobèrent devant la sanction des propositions qu'ils avaient eux-mêmes formulées. La Commission ne put donc contrôler que les expériences de Pasteur; elle déclara, par l'organe de Balard (²), son rapporteur, que « les faits observés par ce savant et contestés par MM. Joly et Musset étaient de la plus parfaite exactitude ». Reconnaître publiquement la vérité des faits avancés par M. Pasteur, c'était proclamer en même temps le peu d'exactitude de ceux apportés par ses adversaires. Ces hétérogénistes

---

(¹) Flourens, *Comptes rendus des seances de l'Academie des Sciences,* t. LVII, p. 845.

(²) Balard, *Comptes rendus des seances de l'Academie des Sciences,* t. LX, p. 384.

cherchèrent alors dans une autre enceinte un appui moral qui leur fut sévèrement refusé.

Beaucoup plus près de nous, le Dr Charlton Bastian, déjà célèbre depuis 1870 par des publications hétérogéniques, prétendit avoir trouvé un milieu favorable au développement spontané des bactéries. M. Tyndall, effrayé du progrès rapide de ces doctrines dans l'esprit de ses compatriotes, institua pour les combattre les expériences dont j'ai eu l'occasion de parler. Il faut sans doute attribuer aux résultats si divergents obtenus par M. le professeur Tyndall l'inspiration malheureuse qui vint au Dr Bastian de provoquer directement M. Pasteur, sur un terrain où la victoire lui était toujours échue.

D'après M. Bastian ([1]), l'urine stérilisée par la chaleur, puis exactement neutralisée par une solution de potasse, constituait un milieu créateur de bactéries. M. Pasteur ([2]) n'eut aucune peine à démontrer à son contradicteur que l'urine acide bouillie se conservant parfaitement limpide n'était pas réellement stérilisée et qu'en la neutralisant à l'abri de l'air avec une solution alcaline parfaitement purgée de germes on modifiait heureusement la puissance nutritive de l'urine acide et on la rendait propre au rajeunissement des germes immobilisés, mais non détruits par une ébullition de quelques minutes à la pression normale ; ainsi fut étouffée *ab ovo* cette nouvelle discussion sur l'hétérogénèse.

Est-ce à dire que la génération spontanée soit une chimère, que les organismes inférieurs sont nés de tout temps d'un œuf ou d'un germe, et qu'à l'époque de l'apparition de la vie sur la Terre des forces génératrices, qu'il n'est pas encore en notre pouvoir de connaître et donné à notre intelligence d'apprécier la nature et le mode d'action, n'aient pu présider à l'organisation primordiale d'êtres rudimentaires destinés à se perfectionner, à se transformer et à progresser dans l'échelle de la vie végétale

---

([1]) Bastian, *Comptes rendus des seances de l'Académie des Sciences,* t. LXXXIII, p. 159, 488.

([2]) Pasteur, *Comptes rendus des séances de l'Académie des Sciences,* t. LXXXV, p. 178.

et animale? Non certes, les expériences de M. Pasteur sont loin d'avoir cette portée. Elles démontrent une seule chose, la difficulté de réaliser expérimentalement la genèse spontanée qu'on avait eu le tort de considérer comme un fait facile à mettre en évidence. Les expériences de M. Pasteur ont rendu un immense service à la Science, en dévoilant les causes d'erreur multiples qui attendent les savants adonnés aux études biogéniques ; les hétérogénistes de bonne foi l'en devraient remercier sincèrement. Ce n'est pas, à mon sens, par des expériences grossières, en plaçant par exemple de l'air et des liqueurs putrescibles dans des cornues de verre, qu'on aura la bonne fortune de reproduire les phénomènes qui ont vraisemblablement précédé et accompagné la venue des êtres vivants sur notre globe. Dans ces recherches d'une extrême délicatesse, il sera au moins indispensable d'imiter la nature, de mettre en jeu les agents que nous connaissons, et probablement beaucoup d'autres qu'il nous reste à découvrir. Donner l'étincelle de la vie à une masse protoplasmique est un espoir que l'homme peut caresser, mais où les déceptions qui l'attendent dans sa réalisation me semblent devoir être plus nombreuses et plus amères que les déboires des alchimistes livrés à la recherche de la pierre philosophale.

L'enseignement vraiment utile qui découle de cet historique consacré aux générations spontanées peut se résumer ainsi : Les liqueurs nutritives ou putrescibles obtenues, soit par infusion ou décoction, soit au moyen de dispositifs permettant d'aller recueillir les humeurs de l'économie au sein même des êtres vivants, ou encore d'utiliser les sucs exprimés des viandes et des végétaux, ne montrent jamais de bactéries, quand on les débarrasse des germes qui peuvent y préexister et quand on les soustrait après cette opération aux ferments figurés répandus dans l'air et à la surface des objets en contact immédiat avec l'atmosphère libre. Tout fait contraire à ce principe, dont l'exactitude a été démontrée par M. Pasteur, doit mettre l'observateur en éveil, l'engager à redoubler de précautions, l'inviter à rechercher le côté défectueux de ses expériences, et alors il trouvera certainement la porte par où l'erreur a dû se glisser. Comme on a pu en juger, la cause d'illusion la plus fréquente provient du défaut de stérilisation des liqueurs mises en œuvre ou de la destruction incomplète des microbes adhérents à la surface interne des vases destinés à protéger ces liqueurs contre les infections venues de l'extérieur.

CHAPITRE IV.

Les organismes bactéries ont fait l'objet de nombreuses classifications que je crois inutile de reproduire ici, afin d'éviter de compliquer l'exposition d'un sujet fort délicat à traiter; l'observateur adonné à l'étude des microbes aériens a d'ailleurs rarement l'occasion de recueillir les organismes si divers qu'on trouve rangés en colonnes serrées dans les essais de classification qui nous sont venus de l'Allemagne. Parmi les auteurs qui se sont livrés au labeur ingrat de grouper en familles distinctes les schizomycètes vivant à la surface du sol, dans les infusions putréfiées, les marais et les eaux courantes, il est toutefois juste de citer M. le professeur Cohn, de Breslau, Nægeli, Davaine, Warming, Billroth, Schrœter, et les pères de la Micrographie des infusoires, Ehrenberg et Dujardin.

En employant les termes admis par la généralité des microbotanistes, on peut diviser les schizophytes de l'atmosphère en micrococcus, bactériums, bacilles et vibrions; chacun de ces genres peut être subdivisé en variétés dont les caractères n'ont malheureusement rien de spécifique. Je me contenterai donc de signaler, en passant, les espèces que l'on rencontre le plus fréquemment dans l'atmosphère et qu'entrevoit, plutôt qu'il n'a le loisir de les étudier longuement, l'observateur adonné à l'étude statistique des bactéries atmosphériques.

I. — Des micrococcus.

Les micrococcus, appelés aussi *microcoques, microsphères, sphérobactéries,* se présentent ordinairement sous la forme de cellules globuleuses privées de mouvements spontanés, mesurant des dimensions comprises entre $\frac{5}{10000}$ et $\frac{3}{1000}$ de millimètre. Selon leur état de jeunesse ou de vieillesse, les micrococcus ont l'aspect de cellules remplies d'un protoplasma peu réfringent ou de granulations brillantes entourées d'un cercle noir très accusé; souvent on les rencontre en globules isolés ou réunis par groupe de deux, trois, quatre et davantage. Nægeli a proposé de donner le nom de *Chroococcus* aux micrococcus sphériques n'ayant aucune tendance à s'associer régulièrement en grand nombre. La *fig.* 39 montre au n° 1 une espèce vulgaire de microbe s'offrant habituellement aux yeux de l'observateur par groupe de quatre cellules disposées en carré (*Sarcina*, Goods), très souvent aussi agencées en cube au nombre de huit. On rencontre aussi fréquemment, dans les infusions altérées depuis peu de jours, un micrococcus en chaîne moniliforme ressemblant beaucoup au ferment de l'urée étudié par MM. Pasteur et Van Tieghem, mais se montrant absolument incapable de provoquer ia fermentation de l'urine. Il est beaucoup plus rare de rencontrer dans l'atmosphère le micrococcus en bâtonnets ou cellules cylindriques (*Synechococcus*, Nægeli) représenté au n° 3 de la *fig.* 39. L'espèce dessinée au n° 2 est plus fréquente et l'on remarquera non sans quelque étonnement les aspects divers sous lesquels elle peut se présenter dans des cultures parfaitement pures. Si l'on ne veut pas tomber dans ces excès regrettables pour la microbotanique, de créer sans cesse de nouvelles variétés d'organismes, il faut s'habituer, dès le début des études micrographiques, à se rendre compte des formes diverses que peuvent adopter transitoirement beaucoup de microphytes.

Une différence de grosseur entre deux individus de la même culture s'explique très naturellement, si l'on songe que les dernières générations de microbes apparaissent dans un milieu peu propice à leur nutrition, c'est-à-dire dans un milieu épuisé, parfois empoisonné par les produits d'excrétions des premières colonies de schizophytes. Quant à la diversité des formes, elle dépend le plus souvent du mode de développement de l'organisme. Si

Fig. 39.

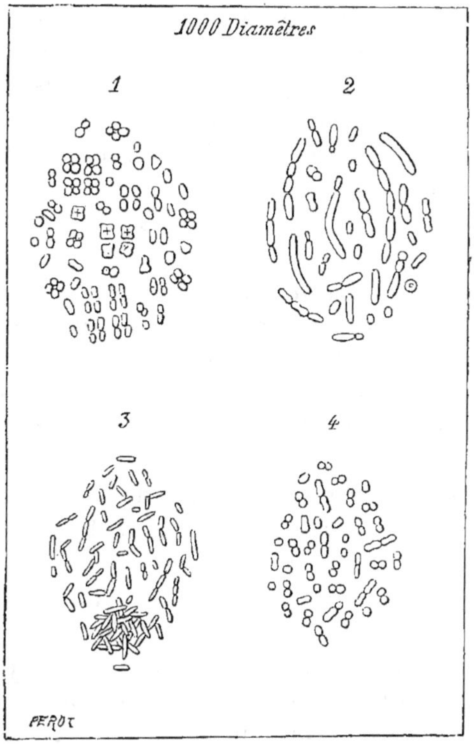

Micrococcus atmosphériques. Grossissement : 1000 diamètres.

nous prenons, par exemple, un micrococcus circulaire se multipliant par scissiparité, on verra d'abord le globule sphérique devenir ovoïde, quelquefois cylindrique, s'étrangler, prendre la forme d'un sablier et enfin se séparer en deux globules ; si nous choisissons un élément de sarcine, la diversité des aspects devient presque infinie, soit parce que telles cloisons avortent, soit parce que ces petites algues se développent dans un espace trop serré, et alors leurs éléments paraissent faits de cellules cylindriques, quadrangulaires, triangulaires, cunéiformes ; il ne faut donc pas se hâter de conclure à la multiplicité des espèces vivant dans une infusion, avant de les avoir soumises à des cultures séparées et d'avoir suivi leur développement sous le microscope, comme c'est aujourd'hui l'usage dans les laboratoires de micrographie.

Le micrococcus du n° 4 de la figure précitée représente la forme la plus vulgaire de toutes les espèces aériennes recueillies au centre de Paris, au parc de Montsouris, dans les hôpitaux et les habitations.

Les poussières de l'air renferment souvent des micrococcus colorés ou chromogènes, parmi lesquels les plus fréquents sont les micrococcus *aurantiacus* ou *luteus* de Cohn, le micrococcus jaune verdâtre dénommé *chlorinus;* le micrococcus *prodigiosus* (Cohn), qui apparaît dans les conserves altérées sous la forme d'un dépôt rose carmin et dont la présence aurait été constatée dans le lait devenu rouge en l'absence de toute lésion pathologique de la mamelle.

A l'exception du ferment globulaire de l'urée, les micrococcus zymogènes, tels que le *mycoderma aceti,* le vibrion lactique de M. Pasteur, sont d'une extrême rareté.

J'en dirai autant des micrococcus pathologiques trouvés par Hallier, Coze, Feltz, Nepveu et Cohn, dans le sang des malades. Les cobayes, que j'ai soumis par série de six à l'action de micrococcus atmosphériques, n'ont jamais cessé de se bien porter. Il existe cependant, à n'en pas douter, quelques micrococoques pathologiques : le micrococcus du choléra des poules, de l'infection puerpérale, étudiés avec tant de talent par M. Pasteur, et peut-être ceux de la variole et de la vaccine, entrevus par Lunginbühl, Cohn, Chauveau et Klebs ; mais, soit à cause de leur rareté ou de la difficulté qu'ils éprouvent à germer dans les liqueurs employées à les recueillir, soit encore à cause de l'impossibilité où l'on se trouve de les faire agir sur des espèces animales aptes à les recevoir, les micrococcus pathogéniques paraissent bannis de l'air libre.

Avant de passer à la description d'autres schizomycètes, je dois ajouter qu'il n'est pas toujours aisé de distinguer les micrococcus des bactériums, surtout de ces bactériums globulaires à peu près immobiles ou doués de mouvements de locomotion intermittents, se manifestant à longs intervalles, si l'on n'attribue pas aux bactériums la faculté de se mouvoir spontanément, et aux micrococcus la faculté négative d'être toujours à l'état de repos. Cette réserve faite, la distinction de ces deux genres voisins devient possible, mais elle repose sur un caractère de valeur scientifique à peu près nulle. La détermination obligée et rapide des microbes éclos dans une multitude de conserves ensemencées pour les besoins des recherches statistiques peut seule justifier l'adoption provisoire de cette convention.

Parfois l'observateur sera aux prises avec une difficulté beaucoup plus grande : un microbe globuleux, mais à contour plus net, se présentera dans le champ du microscope ; un examen attentif le montrera se multipliant par bourgeonnement ; est-on en présence d'un micrococcus ou d'une torule extrêmement petite de l'ordre des moisissures ? Il faut en pareil cas recourir à des essais de culture, et presque toujours en portant le microbe dans du bouillon chargé de $0^{gr},5$ d'acide sulfurique par litre. On le verra, s'il appartient aux torulas, grossir beaucoup, se multiplier rapidement et acquérir l'aspect d'une petite levure alcoolique ; la torulacée qui végétait auparavant très péniblement trouve dans le bouillon acidifié un terrain favorable à son développement, et dévore alors avec avidité les principes nutritifs de la liqueur, que les acides minéraux lui rendent d'une assimilation facile.

Enfin on est fréquemment appelé à examiner des dépôts accumulés au fond des vases d'ensemencements, contenant des décoctions graisseuses, ou des infusions diverses mal préparées. Ces dépôts blanchâtres sont quelquefois formés de cristaux microscopiques très reconnaissables ; plus souvent le précipité qu'on examine est dû à une foule de granulations brillantes, irrégulières, sphériques ou bactériformes, moins aisées à différencier au coup d'œil des micrococcus ou des vieux germes des bacilles et des vibrions. La culture, comme l'a dit Cohn, rend dans ce cas de grands services ; le dépôt, introduit en quantité infinitésimale, avec les précautions nécessaires, dans une liqueur nutritive mieux préparée et de composition identique à celle où il s'est primitivement formé, ne se reproduit jamais s'il est inerte et dû à la précipitation de substances albuminoïdes insolubles (*pseudobactéries*), tandis qu'il se reforme avec les mêmes caractères s'il est constitué par les cadavres ou les germes d'un organisme figuré.

II. — Des bactériums.

Les *bactériums* ou microbactéries constituent une classe de schizophytes se présentant au microscope sous la forme de bâtonnets courts, mobiles, isolés ou réunis entre eux au nombre de deux, quatre articles, rarement en plus grand nombre ; ces articles sont ordinairement plus longs que larges, mais on en trouve de globuleux, de renflés aux deux extrémités, comme la *fig.* 40 en montre, sous un très fort grossissement, une espèce

Fig. 40.

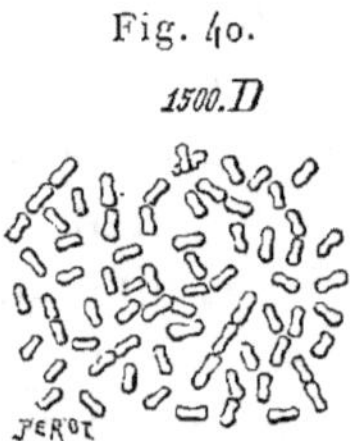

Bactérium commun. Grossissement : 1500 diamètres.

commune développée dans les liquides nutritifs à base de tartrate d'ammoniaque. Quand on a sous les yeux un organisme immobile ayant l'apparence des bactériums, le premier soin doit être de constater s'il jouit de mouvements spontanés ; pour cela, selon le conseil très juste de plusieurs auteurs, il convient d'examiner le microbe au voisinage d'une bulle d'air, dans une zone liquide où peut aisément affluer l'oxygène libre, presque toujours indispensable à sa vie. Je dis presque toujours, parce qu'il existe des bactériums qui vivent fort bien en l'absence de l'oxygène gazeux. M. Pasteur a le premier signalé le fait remarquable de la vie sans air chez les algues inférieures, et proposé d'appeler *anaérobies* les végétaux qui possèdent la faculté d'emprunter l'oxygène nécessaire à leur nutrition aux substances hydrocarbonées. Dans ce cas exceptionnel, le mouvement des bactériums persiste longtemps dans le liquide des préparations, si l'on a soin de placer le microscope dans une petite étuve chauffée vers 30°.

Les bactériums se meuvent d'une infinité de manières, en ligne droite, en ligne courbe, en ligne brisée, en cercle, en hélice, tantôt avec lenteur, tantôt avec la rapidité d'une flèche. On les voit souvent tourner sur eux-mêmes suivant leur axe longitudinal ou leur axe transversal; parfois ils effectuent un mouvement de rotation autour d'un point, en décrivant un cône à deux nappes. On comprend que ces mouvements particuliers aux articles puissent produire, en se greffant sur des mouvements généraux de translation, une très grande variété de modes de locomotion. Quand les bactériums abondent dans une infusion, ils y simulent, en se croisant en tout sens, une sorte de fourmillement qui rappelle assez bien le spectacle curieux d'une fourmillière en émoi.

La *fig.* 41 montre quatre spécimens de bactériums atmosphériques : le premier se rapproche des micrococcus par l'apparence, et des bactériums par sa mobilité; le second pourrait servir de type à l'espèce; ses articles adultes, longs de $\frac{4}{1000}$ à $\frac{5}{1000}$ de millimètre, possèdent environ $\frac{1}{1000}$ de millimètre de largeur; il est aérobie et paraît se confondre avec le *bacterium lineola* de Cohn; je l'ai assez fréquemment rencontré dans les poussières des hôpitaux. Le troisième a l'apparence du *bacterium catenula* de Dujardin; l'air en montre plusieurs variétés; j'en ai, pour ma part, cultivé une qui a la singulière propriété de transformer en quarante-huit heures 1^{gr} de soufre en acide sulfhydrique par

infusion de 4^{lit} d'eau bouillie additionnée de tartrate d'ammoniaque et d'un excès de soufre. Ce bactérium anaérobie s'installe
souvent dans les tubes de caoutchouc vulcanisé des conduites
d'eau, en rendant sulfhydrique au plus haut degré l'eau qui y
séjourne seulement vingt-quatre heures. Comme j'ai eu l'honneur de l'annoncer à la Société chimique de Paris (¹), de l'eau
commune mise en contact, à l'abri de l'air, avec des morceaux

Fig. 41.

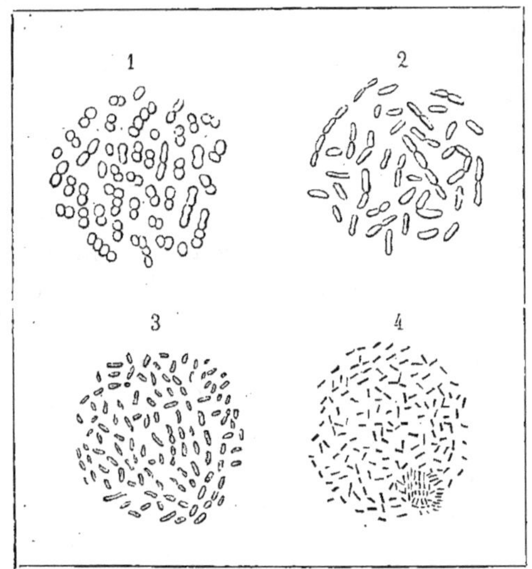

Bactériums atmosphériques. Grossissement : 1000 diamètres.

de caoutchouc infectés par ce microbe, se charge jusqu'à 60^{cc}
à 70^{cc} par litre de gaz hydrogène sulfuré. A l'exemple de
toute fermentation liée au développement d'un organisme vivant,
cette production de gaz est sujette à des variations, tenant surtout à l'apparition d'un microbe étranger, qui gêne le développement du ferment ; de plus, elle cesse quand la quantité
d'acide sufhydrique produit devient toxique pour le bactérium ;
enfin la chaleur l'arrête et la prévient. Sommes-nous en présence

(¹) P. MIQUEL, *Bulletin de la Société chimique de Paris*, t. XXXII, p. 127.

d'un ferment spécifique? Je ne le crois pas : les schizophytes capables de fournir de l'hydrogène naissant doivent également posséder la faculté d'hydrogéner le soufre ; mais, comme dans beaucoup de fermentations, communes à plusieurs espèces, il en est habituellement une qui a la propriété de faire fermenter les substances plus fortement que les autres, j'estime que le bactérium cité occupe ici un des premiers rangs, par la raison qu'il peut, mieux que beaucoup d'autres microbes, vivre et prospérer plus longtemps dans un milieu chargé de gaz sulfhydrique.

Je citerai à ce sujet une expérience fort curieuse, que j'ai longtemps montrée aux visiteurs de mon laboratoire : dans un ballon d'eau bouillie de 5^{lit} de capacité, j'introduisais 5^{gr} à 6^{gr} d'urée artificielle, de la liqueur de Cohn, des spirales de papier plongé dans du soufre fondu, plus deux ferments : le *micrococcus ureæ* et le bactérium sulfhydrogène ; au bout de quelques jours je pouvais retirer du vase 3^{gr} à 4^{gr} de sulfhydrate d'ammoniaque SH, AzH^4. La solution de ce sel incolore virait à vue d'œil au jaune foncé, quand on y dirigeait un courant d'air. Après plusieurs expériences répétées avec les mêmes rubans soufrés, on pouvait voir le papier mis à nu sous l'action rongeante de l'hydrogène naissant combiné à ce métalloïde ; j'insisterais moins sur ce fait, s'il ne paraissait pas réaliser, dans le laboratoire, le phénomène si fréquemment observé dans les cabinets et les fosses d'aisances mal tenues. Les hygiénistes me sauront assurément gré de leur signaler en passant les deux principaux microbes qui, en combinant leurs actions, produisent abondamment ce sulfhydrate d'ammoniaque, dont l'odeur infecte souvent les appartements insalubres, et même parfois ceux qui n'ont pas cette réputation.

Le bactérium représenté au n° 4 de la *fig.* 41 (p. 104) est un microbe d'une extrême petitesse ; il faut accoutumer longtemps l'œil à la lumière du microscope pour le voir se détacher en brillant ou en noir sur le champ rendu sombre ou lumineux ; on le trouve assez fréquemment en voie de développement dans la glu sécrétée par plusieurs micrococcus.

Schrœter a décrit un grand nombre de bactériums chromogènes, le *bacterium xanthinum* vivant dans le lait de vache altéré, le *bactérium syncyanum* observé dans le lait aigri, le *bacterium æruginosum* dans le pus bleu verdâtre, qui ne sont peut-être qu'un seul et même individu colorant différemment les liqueurs suivant leur état particulier d'alcalinité, de neutralité ou d'acidité. Parmi les bactéries atmosphériques, il en est une, la bactérie commune, déjà figurée à la page 102, qui communique aux liquides où elle s'est puissamment développée une fluorescence verdâtre très remarquable. Dans une thèse récente, M. Gessard soutient, contrairement à Schrœter, que l'agent producteur de la pyocynamine est un micrococcus qu'il a pu cultiver dans la salive humaine, l'urine et plusieurs autres infusions. Je ne vois pas pourquoi deux organismes, fort voisins d'ailleurs, n'auraient pas la même faculté, quand on voit certaines moisissures, cultivées à l'état de pureté dans le sérum du sang incolore, lui communiquer une couleur indigo de la plus belle nuance, et dans d'autres cas une couleur sang de bœuf.

Les bactériums pathologiques sont naturellement fort nombreux : Coze et Feltz en ont décrit plusieurs ; un seul semble devoir jusqu'ici attirer l'attention : ce serait un bactérium vulgaire entrevu par M. Pasteur dans les eaux potables de Paris, et qui aurait pour mission d'engendrer les abcès métastatiques de l'infection purulente, quand on l'injecte dans les veines jugulaires des animaux. Le rôle pyogénique de ce microbe demande encore, pour être bien démontré, un ensemble d'expériences qui ne tarderont pas, il faut l'espérer, à être publiées.

Si la distinction d'un micrococcus et d'un bactérium présente souvent de très grandes difficultés, la différenciation d'un bactérium d'avec un bacille est encore plus malaisée : un bactérium à articles un peu longs ressemble tout à fait à un bacille à articles courts. Mon premier soin dans ce cas est de rechercher si l'espèce en bâtonnets fournit de ces spores brillantes, si fréquemment observées chez les bacilles ; d'après les remarques faites jusqu'à ce jour, les bactériums n'en produiraient pas. En second lieu, on peut soumettre le microbe à une température de 60° ; s'il meurt, et se montre incapable de se rajeunir dans une infusion semblable à celle où il est né, tout doit faire présumer qu'on se trouve en présence d'un bactérium. En dépit de ces indications, l'observateur se trouvera souvent dans le plus grand embarras.

III. — Des bacilles.

Les bacilles (*bacilli*), desmobactéries (Cohn), bactéridies, (Davaine), leptothrix (Kutzing et Ch. Robin), vibrions (Ehrenberg et Pasteur), sont formés de cellules disposées en filaments rigides de longueur indéterminée, mobiles ou immobiles, et d'une largeur variant de $\frac{5}{1000}$ à $\frac{2}{1000}$ et $\frac{3}{1000}$ de millimètre; les filaments mous ondulants du genre *vibrio* seront décrits dans un autre paragraphe avec les microbes spiralés.

Dans sa dernière classification, M. le professeur Cohn, de Breslau, réserve le nom de *bacillus* à un genre spécial de cellules cylindriques incolores, en filaments minces et courts, et rapporte à d'autres genres les *leptothrix*, les *beggiatoa,* que plusieurs auteurs et lui-même ont confondus précédemment dans la tribu des desmobactéries. Tout en reconnaissant le bien-fondé de cette nouvelle classification, dans laquelle ce célèbre microbotaniste s'est efforcé de rattacher les algues bactériennes aux oscillariées, je comprendrai cependant ici sous le nom général de *bacilles* tous les schizophytes en filaments dépourvus de chlorophylle, y compris les *leptothrix* et les *cladothrix* (Cohn), si voisins des bacilles par leurs affinités, la forme de leurs spores, leurs mœurs et leur habitat, dans le but de passer rapidement en revue les bactériens répandus communément dans l'atmosphère et d'éviter au lecteur la peine de faire connaissance avec des espèces microscopiques qu'il ne rencontrera vraisemblablement pas de sa vie parmi les poussières de l'air.

Les bacilles atmosphériques peuvent être gros, moyens ou grêles; leur largeur atteint parfois $\frac{2}{1000}$ à $\frac{3}{1000}$ de millimètre et descend souvent au-dessous de $\frac{1}{1000}$ de millimètre; ils peuvent être très longs ou très courts, mobiles ou immobiles, faits d'ar-

ticles parfaitement rectilignes, ou apparaître en filaments
recourbés en tous sens, roulés en hélice (voir *fig.* 42, p. 112).
Tous les bacilles aérobies paraissent posséder la faculté d'acquérir des dimensions longitudinales démesurées ; l'une des
conditions qui semblent favoriser le plus cet allongement excessif paraît être l'immobilité. Si l'oxygène a un libre accès
dans une culture, le bacille la trouble uniformément, s'y montre
très agile, relativement court, le phénomène de scissiparité
s'accomplissant sans gêne ; mais, si l'oxygène arrive péniblement à la surface de la liqueur, cette dernière est vite saturée d'a-
cide carbonique, et les bacilles, pressés les uns contre les autres,
viennent respirer l'air à la partie supérieure de l'infusion ; là,
ils continuent à croître sans se mouvoir, forment un lacis
impénétrable de filaments qui, à leur tour, se sectionnent et se
résorbent en fructifiant. Toute l'existence d'un bacille ne consiste pas à naître d'une graine, à devenir article adulte et à fructifier ; ces êtres, placés dans des conditions de vie convenable,
ont une période active caractérisée par la multiplication du bâ-
tonnet adulte par scissiparité. La période de fructification peut
être prématurée, elle l'est même presque toujours, quand on
néglige d'enlever les produits de combustion ou de fournir au
bacille des éléments nutritifs suffisants. On peut donc expérimentalement provoquer la formation des spores des bacilles,
en les privant d'oxygène ou en déterminant la mort lente des
articles adultes par les antiseptiques, mais non évidemment en
les tuant brusquement, car alors tout phénomène de vie cesse,
et les spores ne sauraient se former. Le meilleur moyen de se
procurer rapidement des spores de bacilles me paraît consister
à abandonner, dans des vases scellés renfermant un peu d'air,
une infusion nutritive chargée de microbes filamenteux.

Tous les organismes bacillaires ont-ils la faculté de donner
naissance à ces graines réfringentes si bien connues de tous les
micrographes? Je ne le crois pas. Souvent on voit plusieurs
espèces d'organismes en filaments s'amoindrir, s'étrangler et
se pulvériser en granulations possédant l'aspect des vieux micrococcus réunis en tas de forme et de grosseur irrégulières ; dans

ce cas, le diagnostic de l'espèce me paraît entouré de grandes difficultés et ce que je pourrais ajouter plus bas ne sera pas de nature à éclairer ce sujet obscur.

Les bacilles vulgaires possèdent certainement deux modes de reproduction : la reproduction par scissiparité, connue depuis longtemps des microbotanistes, et la reproduction par graines ou spores nées dans l'intérieur des filaments. La découverte de ce genre d'ovulation par *noyaux intérieurs* est due à M. Pasteur; depuis, MM. Cohn, Van Tieghem, Koch et tous les micrographes ont parfaitement reconnu l'existence des spores brillantes chez la plupart des bacilles. M. Van Tieghem a décrit avec tant de vérité les phases successives de développement de ces êtres que je ne résiste pas au désir de reproduire textuellement ses paroles : « Le développement d'un *bacillus,* dit ce savant, comprend quatre périodes successives. Dans la première, le corps cylindrique et grêle, récemment issu d'une spore, s'allonge rapidement et se cloisonne, les articles se séparant bientôt (*B. subtilis*) ou demeurant unis en longs filaments (*B. anthracis*) : c'est la phase d'accroissement et de multiplication, deux choses qui au fond n'en font qu'une. Dans la seconde, les articles précédemment formés, ayant cessé de s'allonger et de se cloisonner, grossissent sensiblement en devenant le siège de transformations chimiques intérieures, et ce grossissement s'opère, suivant les cas, de trois manières différentes, avec des formes intermédiaires : tantôt il a lieu uniformément dans toute la longueur de l'article, qui demeure cylindrique; tantôt il se localise, soit à l'une des extrémités de l'article qui se renfle en fuseau : c'est la phase de grossissement ou de nutrition solitaire et simultanée, qui prépare l'état suivant. Dans la troisième période, ou phase reproductrice, il se forme, dans chaque article ainsi nourri, une spore sphérique ou ovoïde, homogène, très réfringente, à contour sombre ; en même temps le protoplasma qui occupe le reste de la cavité se résorbe peu à peu et y est remplacé par un liquide hyalin qui sépare la spore de la membrane; celle-ci se dissout à son tour, et, finalement, la spore est mise en liberté. Si l'article est renflé en têtard, c'est dans le renflement terminal que la spore prend naissance ; s'il est en fuseau, c'est vers son milieu ; s'il est cylindrique, ce peut être en un point quelconque, mais le plus souvent c'est vers une extrémité. La spore, mise en liberté, germe dans des conditions favorables ; en un point où son contour pâlit, elle pousse un petit tube un peu plus mince qu'elle-même, qui s'allonge rapidement et se cloisonne. Cette quatrième période du développement, ou phase germinative, nous ramène ainsi à notre point de départ (¹). »

Les bacilles adultes sont, ai-je dit, privés ou non de mouvement ; parmi cette classe d'organismes, la bactéridie charbonneuse, découverte par Davaine vers 1850 et étudiée par MM. Pasteur, Chauveau, Joubert, Roux et Chamberland, est un type remarquable des bacilles immobiles ; le *bacillus subtilis* aérobie et le ferment butyrique anaérobie de M. Pasteur appartiennent au contraire à la classe des bacilles très mobiles. La mobilité chez les bacilles s'accuse de maintes façons : tantôt le filament parcourt lentement en ligne droite le champ du microscope, tantôt ce mouvement s'accomplit avec la rapidité de l'éclair, très fréquemment le bacille tourne sur lui-même en emportant dans sa rotation un ou plusieurs articles ; plus souvent encore le bacille progresse en oscillant. Il y a quelques années, le hasard me rendit témoin d'un fait singulier, qui semblerait démontrer l'existence d'un instinct rudimentaire chez ces algues inférieures. En un point d'une préparation se trouvait une plaque désagrégée de germes de bacilles ; en dehors de cet îlot, j'aperçus un bacille arqué mesurant environ 150° ; ce microbe décrivait une circonférence complète ayant approximativement, pour centre et pour rayon, la circonférence dont l'article vivant du bacille représentait plus du tiers. Arrivé sur le tas de graines, le microbe fut arrêté dans son mouvement circulaire, rebondit au point de venir buter par son autre extrémité contre l'obstacle qui empiétait maintenant dans le champ de ses évolutions. Dans ma pensée, le bacille était arrêté et j'allais abandonner l'observation quand le filament courbe, mû

(¹) Van Tieghem, *Bull. Soc. Bot. de France,* t. XXIV, p. 129.

par un mouvement de va-et-vient, se mit à attaquer de droite à gauche et d'un seul côté le tas de spores ; bientôt il eut fait une brèche, puis un canal circulaire en cul-de-sac, puis enfin un canal complet dans lequel il passa frénétiquement à plusieurs reprises, pour aller un peu plus loin se reposer de ses efforts laborieux. L'adresse que montra ce bacille à se dégager du cercle vicieux dans lequel je le croyais enfermé me laissa dans le plus grand étonnement : c'était alors par pur acharnement que cette bactérie avait entrepris et mené à bonne fin un travail de plusieurs minutes. Il arrive sans doute assez fréquemment que les bacilles se heurtent dans leur course, mais le plus souvent ils s'évitent, contrairement à ce qui s'observe chez les algues rigides naviculaires et bacilliformes appelées *diatomées;* les bactéries paraissent donc posséder des mouvements instinctifs, dont la nature est encore aujourd'hui mal étudiée.

Parmi les bacilles toujours présents dans une faible quantité de poussières aériennes, il s'en trouve au moins un de remarquable par sa largeur, pouvant atteindre et même dépasser $\frac{2}{1000}$ de millimètre ; la *fig.* 42 représente en *b* cet organisme, et en *a* les phases successives de son développement. Sa spore, comme l'a dit M. Van Tieghem pour les bacilles en général, donne d'emblée un filament adulte. Parfois la germination des semences de ce gros bacille offre une particularité digne d'être signalée ; sa graine, très réfringente, elliptique ou plutôt cylindroïde, mise dans un liquide très nutritif (jus de viande), perd rapidement son éclat, se gonfle, devient parfaitement sphérique et s'assombrit de plus en plus ; le globule circulaire, de $\frac{2}{1000}$ à $\frac{3}{1000}$ de millimètre, ne tarde pas à s'étrangler légèrement, puis profondément, et à se dédoubler en deux globules qui prennent alors, chacun séparément, d'abord la forme d'ellipsoïdes, puis celle de bâtonnets ; la scission des articles s'achève plus tard, quand les deux filaments accolés ont acquis assez de force pour se séparer après de nombreux mouvements de flexion et de contreflexion exécutés au niveau de l'articulation. Sur 100 bacilles récoltés dans l'atmosphère, on rencontre environ 10 à 12 fois le gros bacille. Ses semences, communément elliptiques ou en bâtonnets filiformes brillants, peuvent prendre l'aspect de bactériums accouplés deux à deux en forme de sablier, et constituer en un mot des germes doubles, dont la formation peut être aisément suivie dans l'intérieur du bacille en voie de résorption.

Fig. 42.

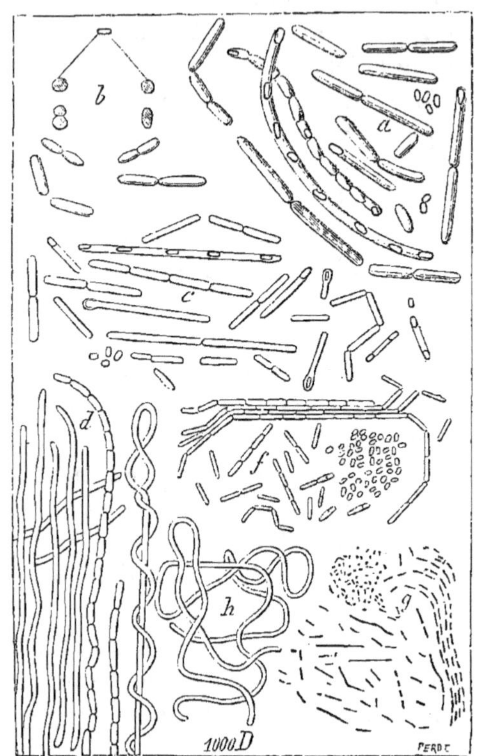

Bacilles de l'atmosphère. Grossissement : 1000 diamètres.

La *fig*. 42 montre en *c* un organisme en filaments plus étroits, longs et rigides, souvent remarquable par l'agilité de ses mouvements. J'ai aussi récolté dans l'air quelques espèces anaérobies de cette forme, présentant la plus grande analogie avec le *bacillus amylobacter* de MM. Trécul et Van Tieghem.

Les bâtonnets beaucoup plus courts figurés en *f* sont, après les micrococcus et les bactériums, les schizophytes, les plus abondamment répandus autour de nous; le sol est littéralement couvert de leurs germes, à ce point qu'il n'est pas possible de placer sur la terre ou sur un objet une tête d'épingle sans en recouvrir plusieurs. Ce *bacillus* vulgaire, habituellement pourvu de dimensions longitudinales fort restreintes, quand il vit dans les infusions végétales pauvres en substances albuminoïdes, peut grossir et adopter, dans des milieux plus nutritifs, dans le bouillon de bœuf par exemple, la grosseur et les formes dessinées en *d* et *h*. A la fin de sa vie, il fournit des germes elliptiques brillants, qui peuvent subir longtemps sans périr la température de 100°, ainsi qu'il résulte des travaux de MM. Brefeld et Chamberland. J'ai même pu les soumettre, pendant deux heures, à la température de 105°, au sein d'une infusion de foin acide, sans arriver à les détruire. Rien n'égale la rapidité avec laquelle ses spores pullulent : elles sont souvent si nombreuses dans l'intérieur des filaments qu'elles se touchent par leurs extrémités pointues. Je ne serais pas étonné que les résultats divergents obtenus à plusieurs mois ou à une année d'intervalle par certains expérimentateurs ne tinssent uniquement à l'oubli ou au défaut de précaution de chauffer fortement, vers 180° à 200°, les vases infestés auparavant par ce bacille ou des microbes à germes très réfractaires à l'action de l'eau bouillante.

Je dirai peu de chose de l'organisme linéaire dessiné en *g* (*fig.* 42). Comme les précédents, il a dans l'air des représentants aérobies et anaérobies ; un organisme grêle de la putréfaction et un ferment figuré de l'urée adoptent cette forme. A la fin de son existence, il disparaît et se résout en corpuscules punctiformes d'un examen difficile, qu'on doit considérer, selon toute probabilité, comme ses spores ou ses semences.

A côté des bacilles à filaments uniques, les poussières de l'atmosphère se montrent habitées par des bacilles rameux : la *fig.* 43 présente le dessin d'un microbe de ce genre. Le bouillon neutralisé où l'on sème ses graines ne se trouble pas, mais se remplit, au bout de trois ou quatre jours, d'une foule de grumeaux blancs, discoïdes ou hémisphériques, pouvant mesurer

4^{mm} à 3^{mm} de diamètre, et qui pourraient être confondus au simple coup d'œil avec les petites houppes des moisissures vulgaires, si ces petites sphères, d'aspect dense et caséeux, avaient de la tendance à grossir beaucoup et à venir fructifier à la surface de la liqueur. Sous le microscope ces houppes serrées se montrent formées d'un nombre considérable de filaments brouillés, enchevêtrés comme une poignée de cheveux incultes, tels enfin que la *fig.* 43 en donne en A, sous un grossissement de 300 dia-

Fig. 43.

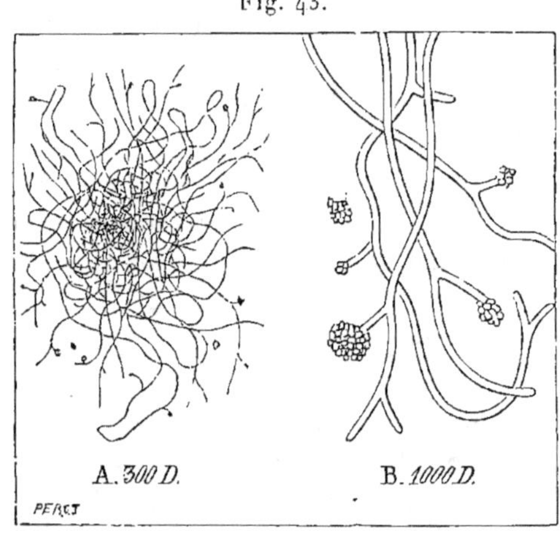

Bacille rameux.

mètres, un spécimen invisible à l'œil nu. Ces petits tubes mycéloïdes, non visiblement septés, larges à peine de $\frac{1}{1000}$ à $\frac{2}{1000}$ de millimètre, jettent à droite et à gauche de leur parcours des branches de longueurs indéterminées, pouvant se bifurquer à leur tour, et à l'extrémité desquelles viennent se former quelquefois des semences destinées à perpétuer l'espèce (*fig.* 43, *voir* en B). Une branche s'arrête dans sa croissance; son extrémité libre se renfle, se remplit d'un protoplasma réfringent à taches obscures; à mesure que la formation des spores s'accentue, la membrane enveloppante semble se fondre et se dissoudre; bientôt elle disparaît complètement et les semences, accumulées en tas de cinq, dix, vingt et même en plus grand nombre, quittent l'extrémité du tube mycélien où elles sont nées, pour aller germer ailleurs et devenir le point de départ d'une nouvelle houppe ou d'un nouveau végétal. Cette petite plante se rapproche beaucoup par l'aspect des champignons endosporés et des mucorinées étudiées avec tant de talent par MM. Van Tieghem et Lemonnier; mais elle fructifie au sein des infusions, donne des spores comparables aux spores des bacilles et doit être par conséquent rapportée à la tribu des nématogènes, où l'extrême ténuité de son mycélium paraît d'ailleurs la placer. Abandonnée longtemps dans des liqueurs nutritives, les filaments ténus de ce *cladothrix* s'étranglent et se pulvérisent.

Je terminerai l'énumération des espèces bacillaires de l'atmosphère par la description d'un second microbe rameux très commun dans les eaux courantes, mais qu'il m'a été donné de rencontrer seulement deux fois dans l'air puisé au centre de Paris. Ainsi qu'on peut le voir dans la *fig.* 44 (en *a, a, a, a*), cette petite plante adulte est formée de filaments branchus naissant d'un filament principal qu'il devient bientôt difficile de distinguer des filaments secondaires. Cette espèce se multiplie promptement dans les liquides les plus divers, où elle donne des voiles feutrés et épais que l'agitation réduit en lambeaux, mais ne désagrège pas. En douze heures, ce microbe, semé dans du liquide de Cohn, y forme à la surface une couche très mince, *irisée* et continue. C'est le moment qu'on doit saisir pour examiner les belles arborisations de ce microphyte aérobie. Plus tard des spores réfringentes apparaissent dans l'intérieur des filaments (*fig.* 44, *voir* en *b, b*), qui deviennent de moins en moins visibles et finissent par disparaître complètement; ici pas de sporanges : on se trouve en présence d'un mode d'ovulation identique à celui des bacilles vulgaires. La température la plus favorable au développement de cette espèce paraît comprise entre 25° et 30°; vers 35° et 40° elle croît mal, devient tortueuse, rabougrie, se remplit rapidement de germes (*voir* à l'angle droit supérieur de la *fig.* 44) et se multiplie péniblement en donnant un dépôt léger qui se ramasse au fond du vase.

Les bacilles recueillis au parc de Montsouris, introduits dans le sang, le tissu cellulaire sous-cutané, le tissu musculaire des lapins et des cobayes, se montrent absolument inoffensifs ; mais, si ces espèces, recueillies à l'air extérieur, paraissent dépourvues de toute virulence, il n'en est pas de même de quelques organismes de cette forme récoltés dans les hôpitaux. J'ai eu l'occasion de trouver dans l'air des salles de chirurgie de M. le professeur Verneuil un petit bacille, grêle, phlogogène, remarquable

Fig. 44.

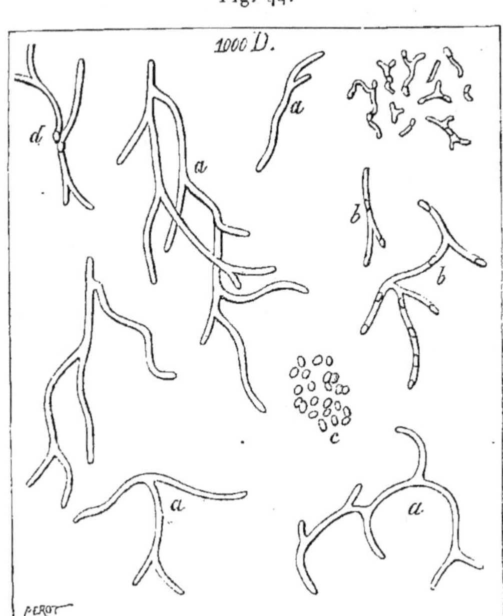

Bacille rameux. Grossissement : 1000 diamètres.

par la constance des lésions qu'il produit. Six cobayes, piqués dans la peau de la région de la rate avec une lancette chargée d'une gouttelette de culture de ce microbe, présentèrent tous, dès le troisième jour, à la région de l'aisselle, une sorte d'adénophlegmon qui rendit ces animaux malades pendant huit jours, puis ces phénomènes inflammatoires s'amendèrent : les six cobayes guérirent. Il faut donc se familiariser avec la pensée que tous les microbes aériens ne sont pas absolument innocents. Je ne saurais résumer ici, sans sortir de mon sujet, les belles découvertes de M. Pasteur sur les ferments des maladies du vin, des vers à soie, sur les microbes du charbon, du choléra des poules, de la septicémie, et rappeler les travaux encore plus remarquables de ce savant sur l'atténuation des virus figurés, exécutés au laboratoire de l'École Normale supérieure avec le concours de jeunes savants éminents, MM. Roux et Chamberland ; ces recherches, d'un immense avenir pour la Médecine et la Chirurgie, ont été publiées dans des Mémoires originaux courts et substantiels qui demandent à être lus et médités avec la plus grande attention ; c'est à eux que je renvoie les personnes peu édifiées sur l'existence des microbes pathologiques (¹).

Tous les organismes filamenteux peuvent ne pas être des bacilles, et toutes les cellules sphériques peuvent n'être pas des micrococcus; le moment me semble venu de dire un mot de la mutabilité des espèces bactériennes; la théorie de la transformation des bactéries en moisissures ayant fait l'objet d'une réfutation de la part de MM. Pasteur et Nægeli, il n'est pas utile d'y revenir.

Une bactérie, comme tout organisme complet, naît d'un germe, devient adulte et meurt en laissant des graines capables de

---

(¹) Pasteur et Joubert, *Charbon et scepticémie (Comptes rendus des séances de l'Académie des Sciences*, t. LXXXI, p. 101).

1878. Pasteur, Joubert et Chamberland, *La théorie des germes et ses applications à la Médecine et à la Chirurgie* (*ibid.*, t. LXXXVI, p. 1878).

1880. Pasteur, *Choléra des poules* (*ibid.*, t. XC, p. 239, 952, 1030).

1880. Pasteur, Chamberland et Roux, *Étiologie du charbon* (*ibid.*, t. XCI, p. 86 et 455.

1880. Pasteur et Chamberland, *Non-récidive à l'affection charbonneuse* (*ibid.*, t. XCI, p. 531).

1880. Pasteur, *Atténuation du virus du choléra des poules* (*ibid.*, t. XCI, p. 673).

1881. Pasteur, Chamberland, Roux et Thuillier, *Communications diverses sur le virus de la rage, le vaccin du charbon, sur les inoculations préventives* (*ibid.*, t. XCII, p. 159, 209, 429, 666, 1259, 1578).

1882. Pasteur, *Communication au Congrès international d'hygiène et de démographie de Genève* (*Revue scientifique*, 1882).

1882. Duclaux, *Ferments et maladies*. G. Masson, Paris.

la perpétuer. Pour caractériser une espèce bactérienne, il
faut donc connaître les phases variées que peuvent présenter
sa germination, sa croissance, les aspects nombreux et anor-
maux qu'elle est susceptible d'acquérir, les modifications morphologiques qu'elle peut subir sous l'influence d'une nutrition
riche ou pauvre, de la température, des agents chimiques et
physiques, etc. Tout cela n'a pas été fait ; aussi une profonde
obscurité règne-t-elle sur ce monde infiniment petit, avoisinant
les confins des molécules déterminables par nos instruments
d'optique les plus puissants. Plusieurs auteurs, à la faveur de
cette obscurité ou, plus exactement, victimes des illusions nombreuses qu'il faut s'attendre à rencontrer dans l'observation de
ces êtres séparés de nos yeux par un voile à peine translucide,
ont construit, sur l'évolution de ces algues rudimentaires, de
magnifiques théories que rien ne justifie et que combattent le
peu de faits connus et acquis par la Science sur l'histoire des
schizomycètes. Jusqu'à la preuve du contraire, il est prudent de
considérer les espèces bactériennes comme autant d'individua-
lités propres, comparables aux plantes plus élevées dans le règne
végétal ; toute affirmation tendant à détruire cette analogie
doit nécessairement être prouvée, c'est-à-dire appuyée sur des
faits aisés à mettre en évidence. Assurément ce ne sera pas trop
d'exiger des partisans de la mutabilité des espèces bactériennes
des indications précises sur les phénomènes précurseurs,
les phases successives de ces dites transformations, sur les
dispositifs à employer pour les suivre de l'œil étape par étape.
Avec le secours de l'art photographique, il deviendra alors facile de porter l'évidence dans l'esprit des plus incrédules.

Après m'être livré pendant cinq années à la culture des bactéries sur le porte-objet du microscope, je confesse, pour ma
part, n'avoir rien vu qui puisse ébranler mes convictions sur
l'immutabilité des espèces; j'ai cependant observé, dans le cours
de ces sortes de recherches, quelques faits intéressants qui me
paraissent trouver ici leur place.

D'abord, voici comment on peut cultiver des bactéries sous
le microscope sans causes d'erreur venues de l'extérieur : j'ai

adopté, pour y arriver, la cellule humide, si simple et si ingé-
nieuse, de MM. Van Tieghem et Lemonnier, qui se prête à toutes
les exigences, quand on la perce latéralement d'une ouverture
qu'on peut fermer et ouvrir à volonté avec une baguette de
verre usé à l'émeri. Dans la *fig*. 45, représentant la coupe de

Fig. 45.

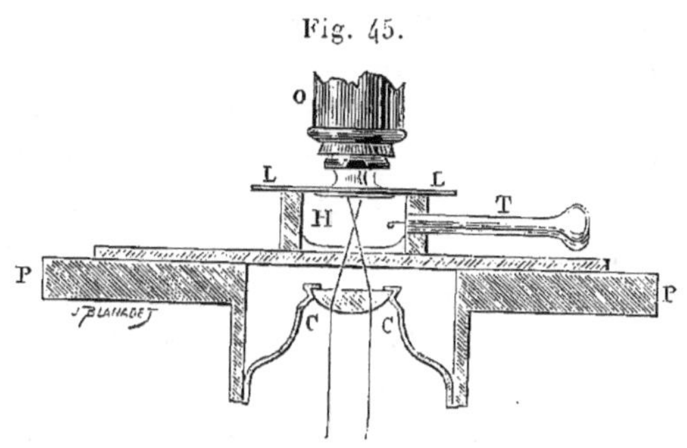

ce dispositif, cette baguette, parallèle à la lame de verre,
doit, dans la pratique, s'y trouver placée perpendiculairement.
Les chambres humides de MM. Van Tieghem et Lemonnier,
garnies d'une lamelle soudée, par un mastic inaltérable aux
températures élevées, à la section supérieure rodée et ouverte
de l'anneau, sont flambées, puis pourvues, par l'ouverture
latérale, d'une ou plusieurs gouttes d'eau stérilisée, destinées à maintenir l'air de la cellule dans un état de saturation
absolue; alors, au moyen d'une pipette à extrémité capillaire recourbée, on porte le liquide nutritif (sérum sanguin,
bouillon, urine, sucs végétaux, etc.) stérilisé sur la face interne
inférieure de la lamelle, qu'on peuple, avec l'aide d'un fil de platine légèrement cintré à son extrémité, des germes et des microbes dont on désire surveiller l'éclosion, le développement, la
multiplication, la fructification. Le bouchon de verre remis,
le microscope est introduit dans une petite étuve maintenue
vers 30°. Pour éviter la dessiccation de la goutte destinée à produire l'immersion, on l'additionne d'un peu de glycérine ou l'on
emploie de l'huile de cèdre, quand on possède des objectifs

immergeant avec ces divers liquides ; les bons objectifs à sec,
éclairés par la lumière d'une lampe à pétrole, peuvent suffire
dans la majorité des cas ; cependant je donne la préférence aux
excellents objectifs n° 7 à immersion, construits par M. Nachet,
à Paris. Je n'entrerai pas dans de plus longs détails sur une foule
de précautions à prendre pour éviter les insuccès : l'élève le
moins intelligent peut vite passer maître dans ce genre de
culture, qui nécessite uniquement une certaine adresse manuelle.

C'est dans ces chambres humides qu'on peut semer, dans des
milieux divers, les organismes douteux dont le classement em-
barrasse. Presque toujours l'espèce se manifeste alors sous un
aspect qui la fait reconnaître, les déformations qu'elle présente
étant d'habitude sous la dépendance de conditions anormales de
culture. Récemment, l'un de mes aides, M. Besançon, chargé, à
l'Observatoire de Montsouris, du labeur minutieux d'examiner
systématiquement toutes les conserves altérées par les poussières
de l'air, vint me signaler un organisme *très mobile* (voir *fig.* 46),

Fig. 46.

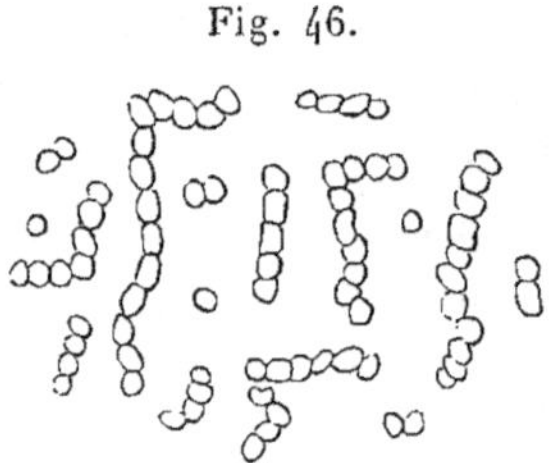

Bacille micrococcoforme. Grossissement : 1000 diamètres.

éclos dans une conserve de bouillon de bœuf salé à 6 pour 100.
Il possédait l'aspect des micrococcus, ne montrait aucun germe
brillant. Je pensais néanmoins avoir affaire à un bacille ; effectivement, semé dans du bouillon de bœuf ordinaire, il reprit sous
mes yeux la forme filamenteuse et donna des spores. Ainsi,
voilà l'exemple d'un être qui, ordinairement formé de longs
articles mobiles, peut, sous l'influence du sel commun, perdre
totalement sa forme primitive, devenir méconnaissable à l'œil le
plus exercé, mais conserver intact le pouvoir de se mouvoir. Si

ce bacille eût été immobile, certainement je l'aurais pris pour un micrococcus en chapelets. Est-ce là un fait de transformisme? Évidemment non : c'est un simple exemple d'accommodation d'une espèce à un milieu donné. Je pourrais en citer bien d'autres, mais je préfère insister un peu plus longuement sur la faculté que possèdent quelques micrococcus de franchir les limites assignées par les classifications allemandes aux organismes de la tribu des glæogènes, dont les micrococcus vulgaires sont les genres microscopiques les mieux étudiés. Il est en effet digne de remarque de voir des *glæogènes* devenir momentanément *nématogènes*, et des *nématogènes* passer transitoirement à l'état de *glæogènes*. Il n'entre pas dans ma pensée de critiquer les travaux de M. Cohn, de Breslau : il serait, je crois, difficile d'apporter plus de soin à l'édification de l'œuvre délicate qui l'a si longtemps préoccupé; mais je désire avertir l'observateur novice des nombreux écueils qu'il trouvera semés sur sa route. Dans la classification de M. Cohn, il pourra lire :

« Cellules réunies en familles glaireuses amorphes à l'état de repos :
» *a.* Membrane cellulaire confondue avec la substance intra-cellulaire.
» 1° Cellules exemptes de phycochrome, très petites.

» Cellules sphériques...... *Micrococcus.*
» Cellules cylindriques.... *Bactérium.*

» 2° Cellules à phycochrome, plus grandes, etc..... »

Ces caractères se rapportent effectivement à la majorité des microcoques; cependant il aura fréquemment devant les yeux des micrococcus, dont les cellules seront filamenteuses, au lieu d'être sphériques, grosses et non petites; il est à présumer que, dans ce cas particulier, la classification de M. le professeur Cohn ne l'aura pas suffisamment prémuni contre les difficultés pratiques de la détermination des micrococcus. Il existe dans l'air un micrococcus dont l'étude m'a vivement intrigué, précisément à cause des transformations curieuses qu'il peut subir dans le cours de son existence : d'abord, comme la plupart des micrococcus, il se multiplie par scissiparité du globule qui forme son article adulte ; mais, dans des conditions favorables de température et d'aération, il quitte ce mode de génération pour en adopter un second. Un globule de ce micrococcus germe à

Fig. 47.

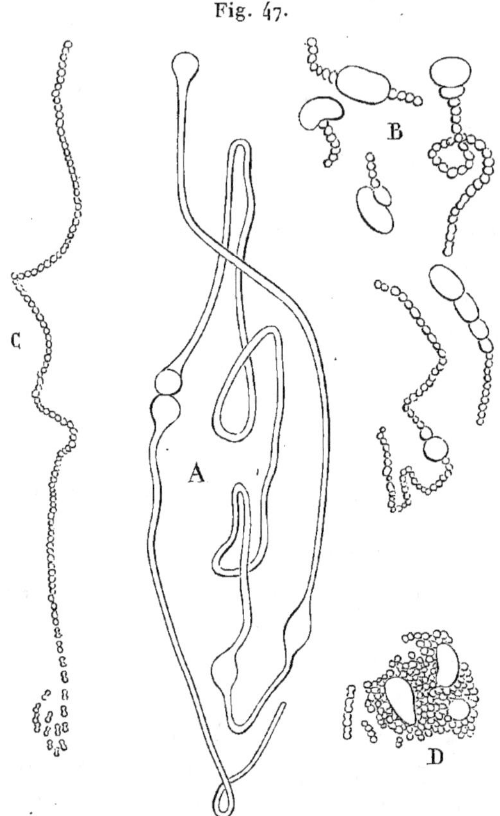

Micrococcus bacilliforme.

A, plante adulte ; B, exemples de cellules hypertrophiées ; C, chaîne à maturité ; D, chapelet détruit. Grossissement : 1000 diamètres.

la manière des spores des mucédinées et des bacilles, fournit un mycélium droit ou, ce qui est plus ordinaire, contourné en tous sens. Ce tube mycélien, de 1 à 1,5 millième de millimètre d'épaisseur, présente dans son parcours de nombreux renflements et se termine ordinairement par une tête volumineuse. La *fig.* 47 montre en A, sous une amplification de 1000 diamètres, ce mycélium à l'état adulte, c'est-à-dire sous la forme d'un long leptothrix muni de renflements ampullaires. Pour ne plus le perdre de vue et assister à ce qui va suivre, fixons une de ses anses les plus remarquables, représentée en A (*fig.* 48). Au bout de quelques

Fig. 48.

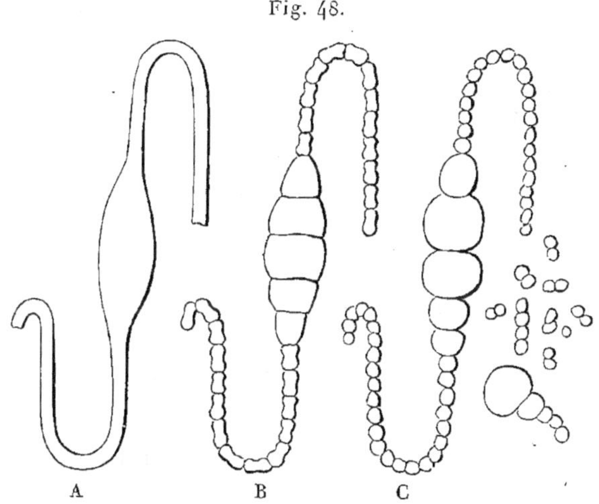

Phases successives de transformation du micrococcus bacilliforme.
Grossissement : 2000 diamètres.

heures le tube contourné, non visiblement septé, se cloisonne de $\frac{3}{1000}$ en $\frac{3}{1000}$ de millimètre et présente l'aspect qu'il a en B, puis ne tarde pas à se réduire en articles bien distincts, dont les angles s'arrondissent et dont la partie médiane s'étrangle de plus en plus, de façon à simuler une chaîne à la Vaucanson vue de champ. Ces articles, primitivement rectangulaires, se transforment chacun en deux globules qui restent accolés, quand le chapelet se détruit. Les renflements et les têtes globuleuses sont de même envahis par la segmentation et passent à l'état de gros grains, dont le diamètre peut atteindre la largeur des globules du sang de l'homme. Ces grosses semences se retrouvent plus tard parmi les petites cellules isolées et accouplées dont elles sont les sœurs monstrueuses ; je n'ai pu encore, à mon grand regret, provoquer leur germination ; elles sont toujours pourvues d'un protoplasma diffus, sans granulations visibles, ce qui permet de les distinguer facilement des cellules de levures, des conidies et des torules. Les phases de multiplication de cette espèce peuvent être étudiées à la surface des cultures où l'air abonde, soit sur une goutte d'urine, de bouillon ou encore sur la liqueur minérale dite de Cohn. Je n'ai pas besoin de faire ressortir l'analogie saisissante qui paraît exister ici entre ce mode de multiplication des micrococcus et celui des bacilles ; comme la spore d'un bacille, la graine du micrococcus s'allonge indéfiniment, puis se segmente transversalement et se résout en articles. Ce fait, que j'avais publié dans l'*Annuaire de Montsouris* pour l'an 1880, loin de venir en aide aux partisans de la mutabilité des espèces, vient, au contraire, mettre en évidence les difficultés très réelles qui entoureront la démonstration du transformisme des bactéries, jusqu'au jour où la Science possédera les monographies détaillées de ces algues inférieures.

IV. — Vibrions et microbes spiralés.

Le mot *vibrion,* créé par Muller ou par ses contemporains, est employé aujourd'hui pour désigner une classe d'organismes filamenteux, mous, non rigides, progressant dans les infusions à la manière des anguilles. M. Pasteur et ses élèves me semblent persister à tort à comprendre sous cette dénomination une foule de bacilles, ce qui peut porter un certain trouble dans l'esprit des personnes désireuses de se tenir au courant de leurs belles découvertes, mais peu versées dans la synonymie des espèces microscopiques. Rien ne ressemble moins au vibrion lactique que le vibrion septique ou le vibrion *serpens :* par conséquent, la même dénomination ne saurait leur convenir. Les vibrions claviformes, à chaînette, découverts par M. Duclaux (¹) dans les

---

(¹) Duclaux, *Annales agronomiques,* t. VI, p. 161.

diverses fermentations qui accompagnent la fabrication et la maturation des fromages, sont de simples bacilles ; le langage botanique nouveau finira, j'en suis persuadé, par triompher de ces résistances, d'ailleurs bien inoffensives, des vieilles locutions.

L'air, l'eau de pluie, la vapeur d'eau condensée de l'atmosphère sont rarement pourvus de germes de vibrions ; les deux espèces que j'ai pu y rencontrer jusqu'à ce jour sont indiquées par les lettres *a* et *b* dans la *fig.* 49. La première paraît

Fig. 49.

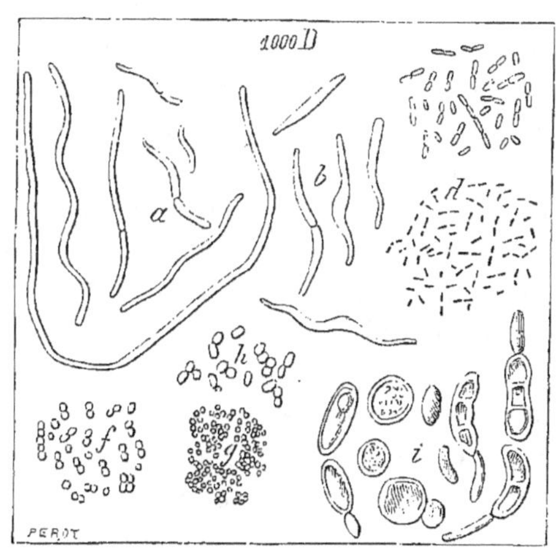

Microbes atmosphériques.

a, *b*, vibrions : *c*, *d*, bactériums ; *f*, *g*, *h*, micrococcus divers ;
i, torules variées. Grossissement : 1000 diamètres.

être le *vibrio serpens* de Muller, la seconde, fusiforme, est surtout remarquable par l'exiguïté de ses dimensions longitudinales. Je ne partage pas l'opinion de plusieurs microbotanistes sur la rigidité habituelle de l'espèce *vibrio;* il suffit, en effet, d'anéantir la mobilité de ces microbes pour voir leurs filaments mous et flexibles se plier en tous sens et adopter une forme ondulée très irrégulière, variant au gré des courants liquides de la préparation.

Les vibrions peuvent se mouvoir en serpentant ou en tournant
en hélice autour d'un axe longitudinal. Il existe même quelques
bacilles très longs, à la fois rigides et flexibles comme un ressort
d'acier, capables d'onduler sinon avec la mollesse du *vibrio
serpens*, du moins avec assez d'amplitude pour induire en erreur
l'observateur non prévenu : un examen attentif ne saurait dans
cette occasion maintenir longtemps le micrographe dans le
doute.

A côté des vibrions on a placé un groupe de schizophytes
appelés *spirochœte* et *spirillum* (Ehrenberg). Ces algues,
formées de filaments non extensibles, contournées en hélices,
très longues ou très courtes, susceptibles dans le premier cas
d'onduler comme les vibrions, ont l'aspect d'un ressort à boudin
à spires brèves ou serrées et nombreuses. Otto Obermeier a découvert en 1868 un être de ce genre dans le sang des malades
atteints de fièvre récurrente ; Weigert, Cohn, Birsch-Hirschfeld
et surtout Heidenreich ont confirmé les observations d'Obermeier. Si l'on rencontre fréquemment des spirilles au sein des
macérations anatomiques, des liquides infestés par des végétaux
en putréfaction, il est difficile de prouver leur existence parmi
les poussières atmosphériques ; pour ma part, je n'ai pu y en
découvrir, ce qui tient peut-être aux soins pris à l'Observatoire
de Montsouris de recueillir séparément un à un les germes
aériens ; quoi qu'il en soit, leur rareté est extrême : les sédiments
de l'air n'en renferment pas un seul sur 50 000 à 60.000 schizophytes recueillis.

Après ces quelques mots sur les bactéries atmosphériques,
dont j'ai cherché à reproduire la physionomie et non à faire
l'histoire botanique, nous allons aborder, sans crainte de malen-
tendu venu de ce côté, l'étude des procédés propres à saisir, à
cultiver et à compter leurs germes, répandus parmi les poussières
de l'air libre et des habitations. Ce genre de recherches devant
être entouré de soins particuliers et constants, je me vois forcément obligé d'insister sur des manipulations insignifiantes en
apparence, mais de l'exécution rigoureuse desquelles dépend
souvent l'exactitude des faits observés. Je le reconnais à l'avance,

ce sujet est aride ; il nécessitera, de la part du lecteur étranger aux choses de la micrographie, une attention soutenue, qui sera, je l'espère, récompensée par l'acquisition de connaissances fort précises sur une partie nouvelle de la science des bactéries : je veux parler de l'application des recherches de micrographie aérienne à l'hygiène générale des villes et des hôpitaux.

CHAPITRE V.

I. — Des procédés employés pour récolter les germes aériens des bactéries.

J'ai déjà dit que les aéroscopes, d'un usage fort commode pour fixer les poussières de l'atmosphère et rendre évidentes les semences cryptogamiques, les algues vertes, les spores des lichens toujours répandues en grand nombre dans 1^{mc} d'air, sont d'une faible utilité dans l'étude des bactéries aériennes, puisqu'en effet il est difficile de différencier nettement au microscope les corpuscules germes des schizomycètes des granulations inanimées d'origines diverses, mélangées à des débris plus volumineux, sur la nature desquels on peut plus aisément se renseigner.

Plusieurs auteurs, un peu trop confiants dans le pouvoir définissant de leurs instruments d'optique, ont pensé qu'il suffisait d'examiner aux appareils à immersion les moins puissants la vapeur condensée de l'atmosphère pour y distinguer sans peine des germes de bactériens. J'ai longtemps expérimenté cette méthode d'observation très fatigante et je suis arrivé à cette conclusion, qu'on ne saurait, dans la majorité des cas, se prononcer avec certitude sur la nature des fins corpuscules aperçus dans l'eau de rosée artificielle, corpuscules doués d'un mouvement brownien assez vif, presque toujours accompagné d'un second

mouvement de translation qui peut leur faire parcourir en peu
de temps un ou deux champs du microscope. Les fragments
légers et anguleux de charbon possédant de même la faculté de
se déplacer par rapport aux corpuscules immobiles environnants,
le parcours tortueux d'une granulation ne saurait être l'indice
d'un mouvement spontané ; d'ailleurs, les germes des microbes ont
l'immobilité des poussières inertes : donc l'eau de condensation
obtenue depuis peu ne peut pas, contrairement à une opinion
souvent émise, montrer des bactéries vivantes très mobiles.

La coloration en jaune, par l'iode, des poussières extrêmement ténues de l'eau de rosée décèle, il est vrai, la nature organique des corpuscules, mais là s'arrête le bénéfice qu'on peut
retirer de l'emploi de ce réactif. Pour démontrer une fois pour
toutes combien sont dignes de peu de foi les affirmations des
micrographes qui ont cru voir des pléiades de germes dans une
goutte d'eau de rosée, je rapporterai une expérience décisive,
effectuée en 1879, pendant les fortes chaleurs de l'été.

Quatre ballons de 3^{lit} de capacité reçurent chacun 1^{kg} de
glace cassée en gros morceaux, puis furent suspendus à $0^m,70$
du sol au centre d'une pelouse du parc de Montsouris. Les ballons,
essuyés avec plusieurs doubles de papier Joseph, furent ensuite
flambés extérieurement à l'éolipyle et, par surcroît de précaution, immergés pendant quelques secondes dans une colonne de
feu produite par une éponge enflammée imbibée d'alcool. Un
récipient privé de microbes fut alors placé au-dessous de chaque
ballon pour recueillir goutte à goutte la vapeur d'eau atmosphérique ruisselant sur la calotte refroidie des ballons. La glace
mit en moyenne deux heures à fondre et le poids total de la
rosée obtenue atteignit 84^{gr}, dont 60^{gr} furent introduits sans
retard, par portions égales, dans soixante conserves stérilisées de bouillon Liebig, d'urine neutralisée, de petit-lait, etc. ;
onze de ces conserves perdirent leur limpidité, puis montrèrent des bactéries, et trois seulement des mycéliums de moisissures ; les quarante-six conserves restantes, gardées à l'étuve
pendant six mois, ne s'altérèrent pas. J'admettrai, si l'on veut,
qu'avec des liqueurs plus sensibles aux semences de l'air le chiffre

des microbes trouvés dans cette expérience aurait pu se montrer cent fois plus élevé. Dans cette hypothèse exagérée, nous n'avons pas encore un germe de bactérie par goutte de liquide, or le micrographe adonné à l'examen direct des rosées artificielles place habituellement une fraction de goutte d'eau condensée sur la lamelle de la chambre humide employée à cet effet; il ne doit donc pas voir de germes, à moins d'être favorisé par le pur hasard. M. Schœnauer (¹), qui s'est beaucoup occupé des êtres vivants de l'eau de condensation, a dessiné dans la *fig.* 5o

Fig. 5o.

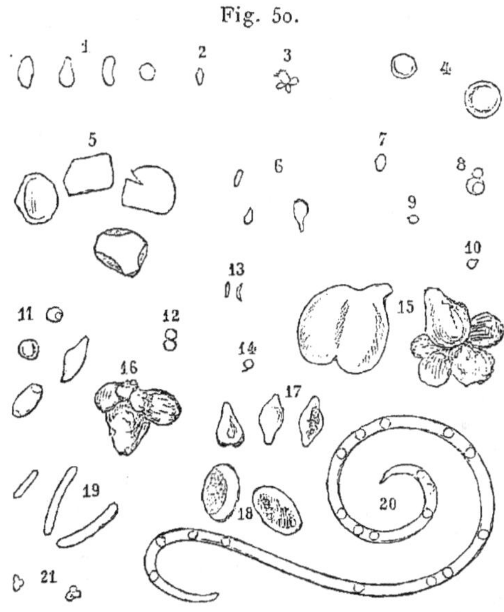

Corpuscules de l'eau condensée de l'atmosphère, trouvés en 1876, au parc de Montsouris, par M. Schœnauer. Grossissement : 1000 diamètres.

les principaux corpuscules qu'il lui a été donné d'apercevoir dans cette eau durant l'espace d'une année, du mois de novembre 1875 au mois de décembre 1876. Les semences désignées par les n°ˢ 4, 8, 11, 15, 16, 17, 18, 19 paraissent appartenir

---

(¹) Consulter l'*Annuaire de Montsouris* pour l'an 1877.

aux moisissures vulgaires; l'origine des corpuscules surmontés par les n°s 1, 2, 3, 6, 7, 12, 13, 14 et 21 me paraît bien difficile à spécifier; j'en excepterai peut-être les cellules des n°s 10, 12 et 14, qui ont l'apparence de microcoques, le n° 5 désignant un groupe de fragments d'origine siliceuse, et le n° 20 où l'on voit représentée une spiricule de nature végétale.

L'analyse de l'eau de pluie peut, dans quelques cas, donner d'utiles renseignements sur les microbes atmosphériques; mais son examen direct au microscope présente les difficultés qui viennent d'être signalées, à un degré un peu moindre cependant, les eaux de pluie étant généralement plus chargées de bactéries que les eaux de condensation. L'étude des microbes des eaux météoriques par la méthode des ensemencements me paraît devoir conduire à des résultats dignes de fixer l'attention, je ne dirai pas des météorologistes, parfaitement incompétents en cette matière, mais des médecins et des hygiénistes.

Pour recueillir l'eau de pluie destinée aux analyses microscopiques, on peut employer l'instrument suivant (*fig.* 51), com-

Fig. 51.

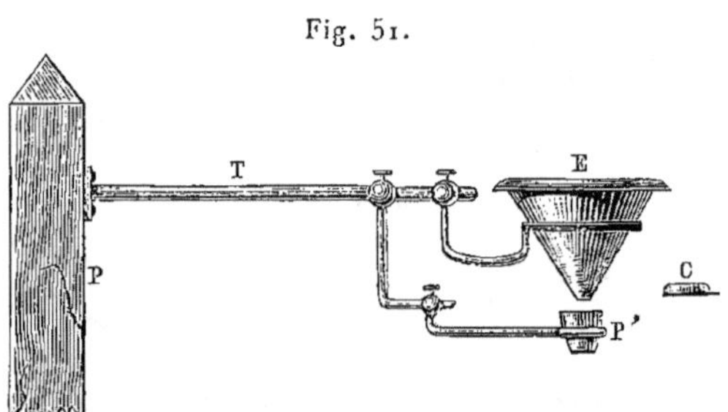

Udomètre au $\frac{1}{10}$ de grandeur.

posé d'une tige de fer T horizontale, solidement fixée à un poteau de bois planté en terre loin de tout massif d'arbres et de toute habitation; cette tige reçoit, dès les premières gouttes de pluie, un entonnoir en cuivre nickelé ou argenté porté, sur le lieu même de l'expérience, avec l'anneau qui le soutient, à une température élevée. Au-dessous de cet entonnoir, on dispose un creuset de platine P′, chauffé au rouge au préalable. La construction de cet udomètre doit être telle que, sans qu'il soit touché aux autres parties du système, le creuset puisse être retiré et remis avec la plus grande facilité, de façon à permettre de récolter la pluie au commencement, pendant et à la fin des averses. Un petit couvercle C sert à préserver le contenu du creuset des poussières du laboratoire.

L'eau de pluie recueillie dans ces conditions, ensemencée dans du bouillon Liebig de densité égale à 1,024, se montre chargée d'un chiffre de microbes cent fois supérieur à celui que présente l'eau de condensation, sous un même volume. Ce chiffre est d'ailleurs fort variable, comme le démontrent les données numériques suivantes ;

Dosage des bactéries de l'eau de pluie (moyennes mensuelles).

Mois.	Microbes trouvés par centimètre cube
Décembre 1880	16,4
Janvier 1881	6,3
Février »	12,4
Mars »	9,8
Avril »	11,0
Mai »	32,5
Juin »	23,0
Moyenne générale	16,0

Il y aurait, je le répète, un grand intérêt à poursuivre plus loin ce genre d'investigations ; malheureusement les quelques milliers d'ensemencements exécutés à cette intention dans mon laboratoire sont loin de permettre à un observateur consciencieux de baser des affirmations sur une statistique de faits aussi pauvre. Néanmoins je puis avancer que les premières pluies d'orage sont les plus chargées en germes de bactéries, mais que, passé ce moment, il n'existe plus aucun rapport entre le nombre des microbes trouvés et la durée de la pluie. Au bout de deux ou trois jours d'un temps humide et pluvieux, cette eau météorique renferme souvent plus de bactéries qu'au début de la période pluvieuse. L'atmosphère étant alors d'une pureté excessive (fait établi simultanément par la statistique des germes de l'air), il semblerait que les bactéries puissent vivre et se multiplier dans le sein des nuages, ou bien que ces nuages puissent se charger, dans leur course à travers l'espace, d'un contingent de germes très variables. Cette constatation serait fort curieuse ; j'espère avoir le loisir de la contrôler par des recherches ultérieures.

Les poussières bactériennes de l'eau de pluie n'ont pas, à beaucoup près, la composition des poussières sèches de l'atmosphère : les bacilles y dominent, les micrococcus y sont relativement plus rares.

De la nature des espèces bactériennes de l'eau de pluie.

	Micrococcus.	Bacilles.	Bactériums.	Totaux
Eau de pluie................	28	63	9	100
Air du parc de Montsouris.	73	19	8	100

En employant au rajeunissement des germes de l'eau de pluie des liqueurs autres que le bouillon Liebig, de densité égale à 1,024, on obtient une proportion plus forte de bactériums ; mais le chiffre des bacilles reste toujours fort élevé, ce qui confirme le fait que je viens d'avancer.

Il est bien entendu que les eaux de rosées artificielles et de pluie donnent des résultats tout autres, si on les abandonne longtemps à elles-mêmes. Alors les germes venus de l'atmosphère peuvent y éclore, donner des bactéries adultes et fausser les résultats de la statistique des *germes.* On évite sûrement cette cause d'erreur en ensemençant ces diverses eaux convenablement agitées peu après leur obtention. Le calcul des germes d'une eau laissée à elle-même à la température de 15° à 20°, effectué à une et même deux heures d'intervalle, donne des résultats identiques ; ce qui démontre que les graines des schizophytes pullulent difficilement dans ces conditions. Cependant, pour plus de sûreté, il est prudent, pendant les fortes chaleurs de l'été, de recueillir l'eau de pluie dans des ballons placés au sein de mélanges réfrigérants ([1]).

On peut encore recueillir les microbes de l'atmosphère en les dirigeant dans de l'eau stérilisée au préalable, qu'on ensemence ensuite dans des conserves nutritives, à la façon des eaux météoriques. Ce procédé est susceptible d'acquérir une grande précision, mais il est accompagné de nombreuses manipulations qui rendent bien préférable l'ensemencement direct des poussières de l'air dans les liqueurs nutritives. C'est encore à M. Pasteur, dont le nom revient si souvent dans les questions qui touchent de près à la micrographie atmosphérique, qu'appartient un procédé fort simple d'amener les bactéries des poussières extérieures au contact de liqueurs nutritives stérilisées. Ce procédé, fort délicat, devient quelquefois dangereux entre des mains inexpérimentées, en ce sens qu'il peut, comme on le verra, fournir des résultats contraires à la réalité des faits. Voici d'abord, d'après M. Pasteur ([2]), la façon de récolter les microbes de l'air :

« Dans une série de ballons de 250^{cc} de capacité, j'introduis la même liqueur putrescible : de l'eau albumineuse, de l'urine, etc., de manière qu'elle occupe le tiers environ du volume total (*fig.* 52). J'effile les cols à la lampe d'émailleur, puis je fais bouillir la liqueur et je ferme l'extrémité effilée pendant l'ébullition. Le vide se trouve fait dans les ballons ; alors je brise leur pointe dans un lieu déterminé ; l'air ordinaire s'y

---

[1] Je viens de recevoir de mon respectable ami, le Dr Maddox, un Mémoire bien intéressant sur les bactéries de la glace, de la grêle, etc., accompagné de magnifiques microphotographies. Ne pouvant analyser ici ce travail si consciencieusement fait, j'engage le lecteur à le lire dans le *Journal of the royal microscopical Society*, mai 1882.

A ce propos, je dois ajouter que ce savant infatigable est peut-être le premier qui ait obtenu des photographies de microbes ; dès l'année 1870, il présenta à la Société microscopique de Londres des épreuves fort bien faites de poussières atmosphériques. Je crois de mon devoir de faire valoir, en cette occasion, son droit de priorité.

[2] Pasteur, *Comptes rendus des séances de l'Académie des Sciences*, t. LI, p. 349 ; 1860.

précipite avec violence, entraînant avec lui toutes les poussières qu'il tient en suspension et tous les principes connus ou inconnus qui lui sont associés. Je referme alors immédiatement les ballons par un trait de flamme et je les transporte dans une étuve entre 25° et 30°, c'est-à-dire dans les meilleures conditions de température pour le développement des animalcules et des semences.

Fig. 52.

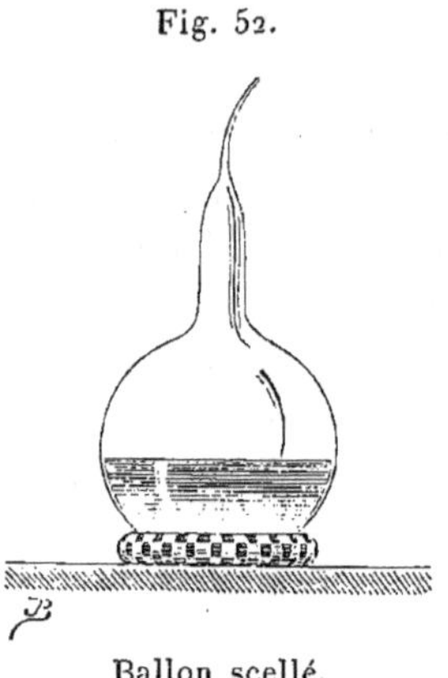

Ballon scellé.

» Le plus souvent, en très peu de jours, la liqueur s'altère, et l'on voit naître dans les ballons, bien qu'ils soient placés dans des conditions identiques, les êtres les plus variés, beaucoup plus variés même, surtout en ce qui regarde les mucédinées et les torulacées, que si les liqueurs avaient été exposées à l'air ordinaire. Mais, d'autre part, il arrive fréquemment, plusieurs fois dans chaque série d'essais, que la liqueur reste absolument intacte, quelle que soit la durée de son exposition à l'étuve, comme si elle avait reçu de l'air calciné.

» Ce mode d'expérimentation me paraît aussi simple qu'irréprochable pour démontrer que l'air ambiant n'offre pas, à beaucoup près, avec continuité la cause des générations dites spontanées.... »

Il n'existe peut-être pas dans la Science de méthode expérimentale qui ait causé plus d'illusions et fait plus de victimes.

Pouchet, Joly, Musset, Tyndall, Yung et bien d'autres auteurs ont appris, au détriment de leurs recherches, ce que ce procédé, si simple en apparence, dissimule de pièges dressés aux dépens de la vérité. Il a fallu à M. Pasteur une habileté expérimentale peu commune, pour échapper lui-même aux causes d'erreur qui sont la conséquence inévitable de la fermeture des ballons pendant l'ébullition sous la pression normale.

Le procédé des ballons scellés en pleine ébullition, qui permet en effet, comme le dit M. Pasteur, de démontrer l'infertilité d'un poids fort minime de poussières atmosphériques ou la non-continuité dans l'air ambiant des causes des générations spontanées, est loin de réaliser dans la pratique tous les *desiderata* de l'analyse systématique des bactéries aériennes; plusieurs objections peuvent lui être faites.

D'abord ce procédé exige la présence de l'expérimentateur au lieu même où se fait la prise de l'air, ce qui peut altérer la sincérité des résultats obtenus; de plus, les germes des bactéries étant très inégalement distribués dans l'atmosphère, suivant les lieux et les saisons, les laboratoires d'analyses devraient être encombrés de ballons de toute grandeur, depuis les capacités les plus faibles jusqu'aux capacités les plus élevées. Avec ce mode d'expérimentation, il est en outre difficile de connaître aisément le volume d'air introduit au moment de la rupture de la pointe capillaire scellée. Je sais bien que l'on peut calculer le volume d'un vase de forme irrégulière en pesant le poids du mercure qu'il peut contenir, puis, ce volume connu, en déduire le volume non occupé par l'infusion, c'est-à-dire occupé par le vide. Cela n'est pas assurément impraticable, mais cela n'a pas été pratiqué; pour opérer rigoureusement, il faudrait également tenir compte de la diminution du volume de l'infusion soumise à l'ébullition et de la quantité d'air non chassée par la vapeur ou rentrée au moment de la fermeture hermétique du ballon au trait de flamme. Mais voici qui est beaucoup plus grave; le ballon scellé, vidé d'air par l'ébullition de l'infusion, renferme-t-il un liquide stérilisé? Je ne fais pas ici allusion aux germes meurtris qui n'auront jamais le pouvoir de revivre dans le milieu chauffé, si une modification ne vient en exalter le pouvoir nutritif, mais à ces germes parfaitement indemnes qui demandent seulement un peu d'oxygène pour entrer en activité. Si le vide est bien fait, il est bien difficile de le savoir. Les expériences entreprises dans ces conditions manquent donc d'un contrôle efficace ; elles peuvent, comme la Science en montre des exemples célèbres, conduire aux affirmations les plus erronées. Toutefois, en prenant la précaution de maintenir à 110°, pendant quelques heures, ces ballons scellés en pleine ébullition, on arrive à les purger de germes. Il me paraît cependant préférable d'acquérir la certitude de la stérilité des liqueurs, en les plaçant, avant tout ensemencement de poussière, dans les conditions où elles seront exposées plus tard après leur mise en expérience.

Dans ce but, j'ai imaginé un petit instrument, dont j'ai donné la description pour la première fois à la Société chimique de Paris (¹) et auquel j'ai fait subir les changements que la pratique journalière des ensemencements m'a fait juger utiles. Comme on le voit (*fig.* 53), cet appareil est formé d'une boule de 50^{cc} de capacité, soufflée dans l'axe d'un tube de verre dont l'extrémité inférieure est recourbée en S et la branche supérieure laissée rectiligne ou un peu cintrée, puis étranglée légèrement. Au-dessus et au-dessous de ce rétrécissement sont placés deux tampons d'amiante ou de coton de verre. L'appareil, purgé de microbes, est chargé de 20^{cc} environ d'une liqueur putrescible stérilisée, et enfin abandonné un mois à l'étuve. Si rien n'est venu altérer sa limpidité, si aucun dépôt n'est venu se rassembler au fond du vase, on le met en expérience de la façon suivante. Le petit ballon, rapidement flambé, est fixé au-dessus du sol au moyen d'une pince en fer, de façon que la branche *cd* fasse environ un angle de 25° avec l'horizon et que la pointe *a* regarde en haut. A l'extrémité libre *f* de l'appareil, on adapte un tube de caoutchouc communiquant avec une trompe ou un appareil aspirateur quelconque. La pointe *a* chauffée est alors brisée avec une pince brûlante ; l'expérimentateur se retire à la distance

---

(¹) *Bulletin de la Société chimique de Paris*, 1878, t. XXIX, p. 397.

de 10^m à 20^m, et ouvre le robinet qui fait fonctionner l'aspirateur. La quantité d'air dirigée à travers le ballon une fois passée, le robinet est fermé, puis l'expérimentateur se dirige vers l'appareil, scelle la pointe *a*, mouille la bourre *c* et projette cette bourre dans l'infusion en soufflant brusquement par l'extrémité ouverte *f*. Enfin, en inclinant l'instrument la pointe scellée en bas, il chasse par une série de petites secousses tout l'air de la branche en S qui se remplit de liquide jusqu'à

Fig. 53.

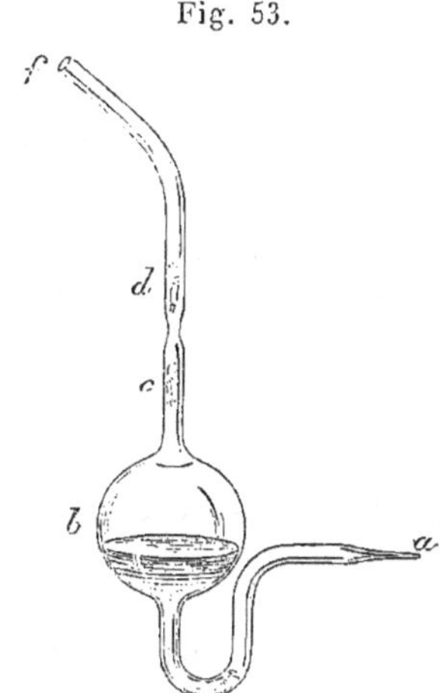

Tube à boule au ¼ de grandeur.

l'extrémité de la pointe capillaire. Pas un germe n'échappe à l'infusion, à l'exception cependant de ceux qui ont pu s'arrêter à l'extrémité de la pointe *a* fondue à la fin de l'expérience.

Ces manipulations extrêmement simples une fois terminées, le petit ballon est placé à l'étuve ; son contenu s'altère ou ne s'altère pas, suivant que la quantité d'air aspiré est ou non chargée de microbes rajeunissables dans l'infusion. Le défaut de stabilité que paraît présenter cet instrument est compensé par le grand avantage qu'il a de rendre visibles les dépôts de micrococcus les plus faibles ; ces dépôts, tendant, en effet, à gagner naturellement le fond du vase, s'accumulent souvent en totalité dans la

branche recourbée où il est aisé de les recueillir pour les examiner, quand ils sont en très faible quantité; il suffit pour cela
d'enlever cette branche d'un trait de lime. Chaque appareil de
verre sert en moyenne six fois avant d'être hors d'usage, ce qui
porte son prix de revient à $0^{fr},07$ par expérience, y compris le
bris accidentel ou volontaire d'au moins 5 pour 100 des tubes
à boules ([1]).

II. — Des précautions dont il faut s'entourer pour obtenir des liqueurs parfaitement stérilisées par la chaleur.

Autrefois, on pensait qu'une ébullition de quelques minutes,
opérée à 100°, suffisait à détruire tous les germes vivants d'une
infusion, et c'est sur la foi de cette croyance que les hétérogénistes Needham, Mantegazza et Pouchet ont pu longtemps sou

---

([1]) Au prix brut de la verrerie viennent évidemment se joindre les frais
nombreux nécessités par la préparation des conserves stérilisées; voici, d'après
mes comptes de laboratoire, le prix de revient de 18 000 tubes à boule mis en
œuvre à l'Observatoire de Montsouris pendant l'année 1882.

1° Achat de 3200 tubes à boule à $0^{fr},40$ pièce......................	1280^{fr}
Main-d'œuvre (appropriation des appareils neufs et de ceux qui ont déjà servi. Stérilisation)........................	900
Coton de verre..	180
2° 360^{lit} de bouillon de bœuf, soit 90^{kg} de viande à 3^{fr} le kilogramme.	270
Main-d'œuvre (fabrication, neutralisation, filtration du bouillon)...	220
3° 600 ballons à stérilisation de 750^{cc} à $0^{fr},45$ pièce..............	270
Main-d'œuvre (effilage, emplissage, stérilisation de ces ballons scellés)...	380
4° Remplissage de 18 000 tubes à boule.......................	450
1600^{mc} de gaz à $0^{fr},15$ le mètre cube.......................	240
Usure du matériel...	120
Total......................	4310^{fr}

Avant sa mise en expérience, chaque conserve stérilisée pourvue de 20^{cc} de
bouillon de bœuf revient donc environ à $0^{fr},24$. Les frais des manipulations qui
doivent précéder les statistiques sur les germes de l'air tiennent, comme on peut
l'apprécier, une large place dans le prix de ce devis, dressé en perte pour l'entrepreneur qui voudrait se charger de l'exécuter ponctuellement.

tenir leurs théories avec un semblant de preuves, mais il ne put échapper à M. Pasteur que cette supposition était gratuite et contraire aux faits les plus vulgaires.

« J'ai reconnu, a dit ce savant, dans un Mémoire datant de plus de vingt ans ([1]), qu'il était facile de communiquer à l'eau albumineuse la propriété que possède le lait de donner des infusoires en présence de l'air, préalablement chauffée au rouge et après une ébullition de 100° : il suffit d'ajouter un peu de craie à la liqueur. Au bout de quelques jours, elle se trouble et se trouve remplie d'infusoires ; *l'altération est tout à fait nulle* si l'ébullition a été faite à 110°. » M. Pasteur a donc établi qu'une ébullition de quelque durée sous la pression barométrique normale n'enlève pas à certains germes leur fécondité, lorsqu'on les chauffe dans des liqueurs neutres ou légèrement alcalines, telles que le lait, l'eau de levure et l'urine neutralisée. Le professeur Cohn, de Breslau ([2]), et le Dr W. Roberts ([3]) ont reconnu l'exactitude parfaite de ces affirmations et ont pu entretenir à l'ébullition, pendant plusieurs heures, des infusions de foin, sans parvenir à détruire les semences des microbes qu'elles conservent toujours, même quand on les jette sur plusieurs doubles de papier à filtre. MM. Brefeld ([4]) et Chamberland ([5]) ont également vu les germes de plusieurs bacilles résister dans l'eau distillée à la température de 100° soutenue pendant plusieurs heures. Aussi la plupart des savants acceptent-ils, comme une vérité parfaitement démontrée, cette faculté curieuse, sinon extraordinaire, que possèdent certaines spores de survivre à des chaleurs humides fatales à tous les êtres vivants. M. le professeur Tyndall ([6]) croit au contraire qu'une ébullition d'assez

---

([1]) PASTEUR, *Comptes rendus des séances de l'Académie des Sciences,* t. L, p. 849 ; 1860.

([2]) COHN, *Beit. zur Biol. der Pflanzen.* Band II, Heft. 2 ; 1876.

([3]) ROBERTS, *Philosophical transactions,* 1874.

([4]) BREFELD, *Sitzungsberichte der Gesellschaft der Naturforsche zu Berlin,* février 1878.

([5]) CHAMBERLAND, *Comptes rendus des séances de l'Académie des Sciences,* t. LXXX, p. 659, 1879.

([6]) TYNDALL, *les Microbes,* 1882.

courte durée suffit pour détruire absolument tout germe de bactéries, dans n'importe quel milieu, et attribue les insuccès de ses contradicteurs et les siens propres au peu de précautions dont on use habituellement pour écarter les germes venus de l'extérieur. « Je crois, dit-il, qu'à cet égard quelques-uns de nos plus célèbres expérimentateurs n'ont pas même la notion du danger inhérent à leurs méthodes. » Pour juger de l'obscurité qu'un esprit éminent peut introduire dans les questions les plus simples d'une science encore dans l'enfance, il faut lire les Mémoires de M. Tyndall, écrits d'un style brillant et imagé, mais où les contradictions se heurtent à chaque pas, où les idées les plus justes coudoient les idées les plus fausses, où enfin cet habile expérimentateur cherche, sans y parvenir, à plier les faits à des idées préconçues ; je dois, pour ne pas être taxé de sévérité à l'égard d'un savant aussi renommé, donner quelques-unes de ses conclusions sur le sujet qui nous occupe. « La divergence, dit M. Tyndall, des résultats obtenus et des efforts que je fis pour les mettre d'accord m'occupa trop longtemps pour pouvoir être rapportée ici ; j'arrivai cependant à la conviction qu'avec un peu d'habitude cinq minutes d'ébullition devaient suffire, *dans tous les cas*, pour stériliser l'urine neutralisée ; même dans leur état actuel (*résultats absolument contradictoires*), les expériences sont suffisantes pour permettre de conclure que la vie observée dans l'urine n'est pas due à la génération spontanée ([1]). » Et plus loin, dans ce même Mémoire, devant les difficultés d'obtenir des infusions de foin stériles par une ébullition de cinq à six heures, M. Tyndall ([2]) ajoute : « Il est évident, d'après tout ceci, que parler d'une infusion comme étant stérilisée à une température donnée est une chose sans signification aucune ; car la température à laquelle un liquide quelconque est stérilisé dépend du caractère et de la condition des germes qu'il contient. » Oui, en effet, telle paraît être la vérité, et alors pourquoi l'urine, infiniment plus nutritive que les infusions de

---

([1]) TYNDALL, *les Microbes*, 1882, p. 252.
([2]) *Ibid.*, p. 352.

foin vieux ou jeune, serait-elle exclue des liqueurs difficiles à
stériliser à 100°?

J'ai eu fréquemment l'occasion de vérifier l'extrême résistance
des germes des bacilles à une température supérieure à celle de
l'eau bouillante. Je me rappelle avoir trouvé des spores d'organismes filamenteux capables de résister sans périr dans des infusions de foin acide à la chaleur de 105° maintenue pendant
deux heures.

Le 27 février 1878, six matras, ayant contenu précédemment
des infusions de foin altérées par un bacillus, furent rincés et
nettoyés (opération qui ne saurait les purger d'une infinité de
germes, contrairement à l'opinion de M. Tyndall qui pense
« qu'avec une habitude suffisante cela puisse être fait »), puis
reçurent une infusion de foin fraîchement préparée, furent scellés
et restèrent plongés pendant deux heures dans un bain de sel
bouillant à 105°. Dès le 3 mars, l'eau de foin de ces six matras
fourmillait de bactéries. Les matras, à leur sortie du bain, ayant
été placés à l'étuve sans être ouverts, on ne peut échapper à
cette conclusion que certaines semences de schizophytes sont
capables de supporter sans périr, pendant cent vingt minutes,
une chaleur humide de 105° sous une pression voisine de 2^{atm}.
M. Tyndall ([1]), toujours disposé à trouver dans ses recherches
de Micrographie des causes d'erreur là où elles n'existent pas,
condamne l'emploi des ballons scellés en ces termes :

« Cette méthode peut donner lieu à des doutes graves. L'air
est emprisonné avec ses matières en suspension dans des ballons
scellés, de sorte que la chaleur n'a pas seulement à détruire
les germes de l'infusion, mais aussi ceux répandus dans l'atmosphère qui la surmonte. Or, il n'est pas du tout certain que
le calorique suffisant pour détruire les matières en supension dans
un liquide agisse efficacement, lorsque les germes sont dilués
dans un gaz ou une vapeur ; par conséquent cette chance d'erreur
existe à la fois dans les expériences de Spallanzani de Needham,
de Wyman, de Roberts et dans les miennes propres rapportées

([1]) J. TYNDALL, *les Microbes,* 1882, p. 205.

ci-dessus, qui peut empêcher de connaître la limite exacte de résistance des infusions. En résumé, de telles opérations ne sont pas susceptibles de nous indiquer avec certitude la température à laquelle une solution est stérilisée, parce que les germes qui opposent la résistance à la stérilisation peuvent ne point appartenir à l'infusion, mais à l'air ambiant. »

Comment! M. Tyndall, l'inventeur des chambres à air optiquement pur, laisse dans un bain à 100°, pendant six heures, des infusions dans des vases hermétiquement scellés, dont le volume de l'air emprisonné atteint à peine 20^{cc} à 30^{cc}, et nous dit ensuite que les germes flottent dans l'atmosphère qui surmonte l'infusion comme les poussières charriées par le vent à travers l'espace! Mais cela n'est pas admissible. D'ailleurs, les craintes manifestées en cette occasion par M. le professeur Tyndall s'évanouiront, je l'espère, quand je lui aurai affirmé qu'il peut concentrer au-dessus d'une infusion de foin les poussières de 100^{lit} d'air puisé au centre de Paris, sans trouver une seule spore capable de se rajeunir dans ce milieu peu propice à l'éclosion des bactéries. Combien donc il est illusoire, dans ce cas particulier, de supposer l'existence de microbes fécondants dans une portion d'atmosphère deux mille à trois mille fois plus petite!

Le meilleur moyen de stériliser un liquide a été donné par M. Pasteur : il consiste à introduire ce liquide dans un vase sphérique qu'on scelle et qu'on porte ensuite vers 110° ou 115°. A l'Observatoire de Montsouris, j'applique cette méthode dans toute sa rigueur, dans un bain chargé de chlorure de calcium ou d'azotate de soude; j'immerge les ballons et les ampoules remplis des liqueurs à priver de germes; quand cela est nécessaire, je les refoule dans la masse liquide au moyen d'un diaphragme percé de trous (*fig.* 54), et je les laisse ainsi pendant deux heures à 110°. Une seule fois en cinq années, j'ai vu un ballon scellé de bouillon de bœuf neutralisé, infesté par des germes de bacilles, résister à ce mode violent de stérilisation; à 107° et 105° les insuccès sont plus fréquents; à 100° ils deviennent la règle, quand on opère avec des liqueurs dépourvues d'acidité.

On voit cependant tous les jours des liqueurs portées quelques minutes à l'ébullition rester indéfiniment limpides; l'urine de beaucoup de personnes se conserve en effet très bien après avoir été bouillie quelques instants, et l'urine également normale de plusieurs autres résiste à ce mode de destruction de germes; ce qui tient évidemment à la présence dans ces urines d'une plus ou moins grande quantité d'acide urique, d'urée, de

Fig. 54.

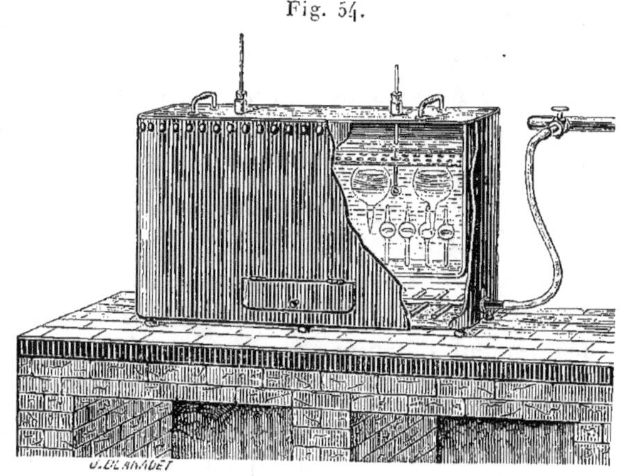

Bain à stériliser les liquides nutritifs à la température de 110°
au 1/15 de grandeur.

principes salins, et surtout à la présence de germes introduits accidentellement dans ce liquide animal ([1]). Il est donc puéril de discuter longuement sur l'instant précis où un liquide de composition si variable cesse d'être apte au rajeunissement des germes des microbes maltraités par la température de 100°. La liqueur minérale dite de Cohn peut rester indéfiniment claire comme de l'eau de roche, quand on la soumet seulement quelques minutes à 70°-75° : est-ce à dire pour cela qu'elle soit vierge

---

([1]) J'ai eu à ma disposition les urines d'une personne atteinte de phymosis congénital; jamais je ne suis parvenu à les stériliser à 100°, après une ébullition de cinq, dix et même quinze minutes; filtrées sur l'amiante, à la température ordinaire, elles se sont conservées indéfiniment intactes.

de germes? Non sans doute et, pour le démontrer, il suffit d'y verser quelques centimètres cubes de bouillon stérilisé à 110°; on voit alors des bacilles et d'autres organismes fourmiller dans le mélange des deux liqueurs, qui seraient restées séparément de la limpidité la plus parfaite; d'autrefois le liquide de Cohn ne peut être privé de germes actifs, après une ébullition de quatre heures à 100°.

Le micrographe a donc à se préoccuper très sérieusement : premièrement, de la *stérilisation apparente* de certains milieux, caractérisée par la permanence de leur limpidité ou, si l'on veut, par l'absence des signes physiques de la putréfaction, et la présence de graines inactives pouvant plus tard, sous l'influence de modifications multiples apportées aux milieux, se réveiller et envahir les liqueurs considérées à tort comme privées de germes vivants; secondement, de la *stérilisation réelle* des liqueurs nutritives, également caractérisée par un état parfait de conservation, mais où tous les germes sont irrévocablement détruits. Si l'on néglige de tenir compte de cette observation, la porte reste grandement ouverte aux illusions; les erreurs se glissent partout à l'insu de l'expérimentateur, et le découragement, compagnon fidèle de l'insuccès, ne tarde pas à se glisser dans son esprit et à lui faire abandonner des travaux entrepris avec les meilleures résolutions. Quelques exemples choisis parmi les faits de ma pratique feront comprendre combien il importe de se défier des stérilisations dites *apparentes*.

Voici, je suppose, de l'eau d'égout chauffée quelques heures à 80° dans une ampoule hermétiquement close. La totalité de cette eau est introduite dans du liquide de Cohn privé de tout germe à 110°; la conserve de solution minérale ainsi ensemencée est placée à l'étuve : au bout d'un mois rien n'est apparu dans la liqueur. Tout semble démontrer, dans cet essai de culture restée stérile, l'absence de tout germe vivant. Si l'on ensemence alors plusieurs gouttes de cette culture négative dans du bouillon parfaitement stérilisé, le bouillon se remplit de bacilles dès le lendemain ou le surlendemain.

Dans un autre cas, deux conserves de liqueur de Cohn parfaitement limpides depuis un mois, l'une simplement bouillie, l'autre portée deux heures à 110°, reçurent, par l'intermédiaire d'un fil de platine rougi au préalable, les spores d'une mucédinée cultivée à l'état de pureté dans du moût de raisins chasselas fortement acide; la moisissure ne tarda pas à se développer avec la même vigueur dans les deux vases ; mais bientôt la liqueur de Cohn, simplement bouillie, devint le siège d'une altération intéressante, la moisissure s'étiola, le liquide devint trouble et, au microscope, la liqueur fut trouvée peuplée de bacilles; l'autre moisissure resta au contraire prospère, elle fructifia, son mycélium s'étendit en houppes élégantes dans la solution de Cohn restée d'une transparence magnifique. Quand, pour la première fois, je fus en présence de ce fait, je crus simplement à une erreur de manipulations ; mais, en recommençant cette expérience, j'eus vite acquis la certitude que la moisissure jouait, à l'égard du liquide de Cohn simplement bouilli, le rôle des alcalins additionnés à l'urine acide dans la célèbre expérience du Dr Charlton Bastian, c'est-à-dire qu'elle modifiait ce liquide en y sécrétant un principe albuminoïde très favorable au développement des germes des bacilles non rajeunissables dans la liqueur de Cohn, pourvue de sa composition normale. Voilà un bel exemple de transformisme apparent d'une moisissure en bactérie. Si l'on tient à avoir des cultures non viciées par des causes d'erreur semblables, il est indispensable de chauffer toutes les infusions à la température minimum reconnue capable de détruire sûrement les germes des microbes réputés les plus réfractaires à la chaleur humide. Cette température me semble voisine de 110° quand on la fait agir pendant deux à trois heures. En dehors de cette notion, acquise par une longue expérience, j'ai eu l'occasion de voir des germes de bacille résister dix minutes dans des ampoules d'eau plongées dans un bain de glycérine bouillant à 140°, et de vérifier avec le thermomètre que l'eau de l'ampoule où se trouvaient les germes se maintenait six minutes et demie à 139°.

Lors de mes recherches sur la résistance des graines des

schizophytes à la chaleur, j'ai observé un fait intéressant voisin de ceux qui viennent d'être rapportés. Dans une ampoule d'eau, d'abord privée de germes à 110°, je laissai tomber quelques gouttes d'un bouillon trouble peuplé d'un micrococcus spécial à cellules elliptiques. Cette ampoule, maintenue pendant cent vingt minutes à 93°, température maximum de résistance de cette espèce à la chaleur, eut son contenu distribué dans six conserves de bouillon Liebig neutralisé et six conserves de même bouillon non additionné d'alcali; les six premières conserves seules s'altérèrent; après des chauffes exécutées successivement dans les mêmes conditions, à 91° et 89°, le micrococcus se développa seulement dans les vases de bouillon neutralisé; à 88°, les douze conserves, neutralisées ou non, s'altérèrent; ainsi des semences pleines de vie pour le bouillon privé d'acidité semblaient mortes pour le même bouillon possesseur d'une réaction légèrement acide. Avant la température de destruction absolue d'un germe, il existe donc toute une série de températures de destruction apparente de ce germe, variable avec la nature du liquide employé au rajeunissement du germe chauffé. Ce fait est très remarquable; l'observateur ne doit jamais le perdre la vue.

III. — Des liquides nutritifs stérilisés avec le secours de la chaleur. — Liqueurs dites minérales et bouillons divers.

Les liquides propres à cultiver les bactéries sont fort nombreux; on peut actuellement les diviser en liqueurs minérales artificielles, en infusions végétales, en décoctions de chair musculaire ou *bouillons,* en liquides animaux extraits par des procédés spéciaux de l'organisme des êtres vivants, en jus de viande et en sucs végétaux, retirés par une expression énergique de la chair fraîche, de la pulpe des fruits, des feuilles et des tiges succulentes, qu'on débarrasse à froid de tout microbe en les filtrant à la température ordinaire avec le secours d'appareils dont la description a sa place marquée dans le paragraphe suivant. Ici je m'occuperai exclusivement des liqueurs stérilisées par la chaleur.

Les premières liqueurs appelées *minérales* furent préparées par M. Pasteur pour démontrer que la fermentation dite alcoolique s'effectuait en l'absence de toute matière plastique, contrairement à l'opinion des partisans de Liebig qui attribuaient à ces substances quaternaires, appelées *hémi-organisées* par M. Fremy, un rôle capital dans ces phénomènes obscurs et mal connus, désignés sous les noms de *fermentation* et de *putréfaction* (¹). En semant des globules vivants de levure dans un liquide ainsi composé :

	Parties.
Eau distillée	100
Sucre candi	10
Cendres d'un gramme de levûre	0,075

M. Pasteur se fit fort de préparer une quantité d'alcool aussi considérable que Liebig pouvait raisonnablement l'exiger. Cette expérience, si aisée à reproduire, porta un coup funeste aux théories de la fermentation universellement admises à cette époque par les chimistes de toute nationalité.

La *solution de Pasteur,* très propre à nourrir les moisissures et plusieurs espèces de bactéries, qu'on y sème à l'état adulte, est bien moins favorable au rajeunissement des germes atmosphériques ; les éléments qui la composent sont trop brutalement minéraux ou cristallisés pour se prêter convenablement à la multiplication des bactériens. M. Pasteur ne l'ignorait pas ; car, à l'époque où cette solution fut préparée, il usait, pour le rajeunissement des microbes de l'air, d'une décoction de levure dont la formule a été donnée précédemment à la page 80. C'est à l'usage trop exclusif du liquide minéral de M. Pasteur qu'est due la mésaventure arrivée au Dᴿ Burdon Sanderson, qui chercha dans l'air, sans en trouver, des germes de schizophytes.

M. le professeur Cohn, de Breslau, modifia plus tard la *solution de Pasteur,* en retrancha le sucre candi, évidemment trop favo-

---

(¹) Consulter, pour tout ce qui a trait à l'histoire et au mécanisme de ces phénomènes, l'ouvrage remarquable de M. le professeur Schützenberger, *Les fermentations,* 2ᵉ édition, 1876, Germer-Baillière.

rable à la nutrition des mucédinées; sa formule devient alors :

Parties

Eau distillée...................... .100
Tartrate d'ammoniaque............... 1
Cendres de levûre.................. 1

Plus tard encore cette liqueur subit quelques modifications heureuses; elle fut aditionnée d'un phosphate alcalin et de sulfate de magnésie, et sa composition fut fixée ainsi qu'il suit :

Parties.

Eau distillée........................ 200
Tartrate d'ammoniaque.............. 20
Phosphate de potasse............... 20
Sulfate de magnésie................ 10
Phosphate tribasique de chaux........ 0,1

Ainsi préparée, la *liqueur de Cöhn* est loin d'être sensible aux bactéries atmosphériques ; cependant, exposée dans les lieux où les poussières abondent, elle se trouble et se putréfie spontanément.

Les infusions et décoctions des plantes herbacées, de choux, de foin, etc., les bouillons de carottes, de raves, de navets, possèdent à l'égard des bactéries des pouvoirs nutritifs fort variables; je n'engagerai personne à faire un milieu favori de culture d'une de ces liqueurs sans en avoir au préalable expérimenté le degré d'altérabilité. L'eau de foin, qui a joui d'une si grande réputation en Angleterre et en Allemagne, est du plus mauvais emploi; son degré de sensibilité aux germes atmosphériques la range parmi les liqueurs dites minérales, tandis que la décoction de feuilles de choux est plus putrescible que le bouillon Liebig. Il est donc difficile de prévoir à l'avance si telle ou telle infusion sera ou ne sera pas favorable à la germination des bactéries; dans tous les cas, de nombreux essais doivent précéder le choix de n'importe quel milieu de culture.

Les décoctions de viande jouissent actuellement d'une vogue parfaitement justifiée. Tout d'abord, on avait cru profitable d'employer l'*extrait de Liebig,* qui se prête à la confection ra-

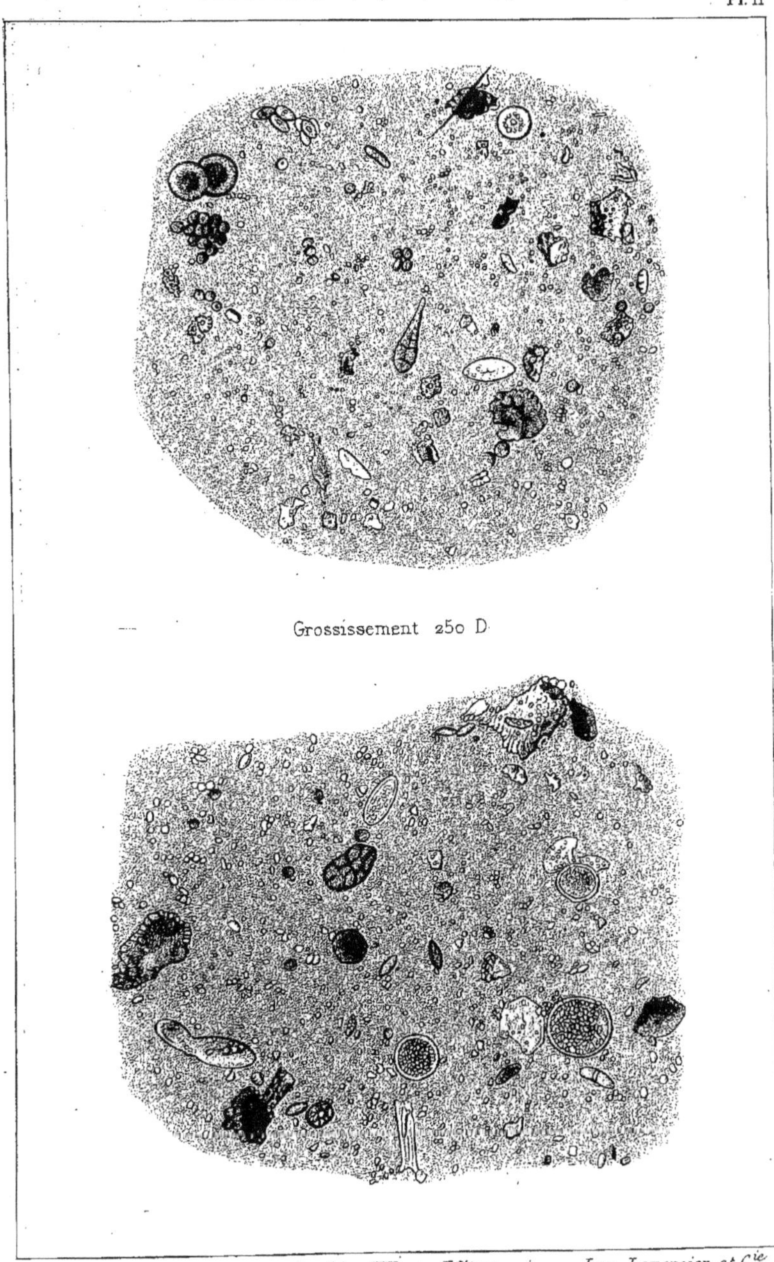

Grossissement 250 D.

J. Blanadet sc.   Gauthier-Villars. Éditeur   Imp. Lemercier et C.ie

pide des bouillons, mais on a reconnu depuis que les bactéries
sont plus délicates, qu'il leur faut souvent un produit culinaire
mieux soigné et de qualité supérieure ; les germes des bactériums en particulier se rajeunissent difficilement dans les
bouillons à préparation extemporanée : ils lui préfèrent le bouillon
de bœuf fait avec soin et avec une viande de bonne qualité. M. Pasteur a usé du bouillon de veau, de volaille, pour la culture de
certains microbes virulents. Enfin d'autres auteurs semblent
avoir pris à tâche de les multiplier à l'infini ([1]).

Pendant fort longtemps, j'ai mis en expérience, à l'Observatoire de Montsouris, un bouillon type préparé en dissolvant dans
1^{lit} d'eau 50^{gr} d'extrait de viande commercial, connu sous le
nom d'*extractum carnis Liebig*. La solution effectuée, on la
neutralise à chaud par la soude caustique ; portée à l'ébullition
et filtrée, elle doit se montrer sans action sur les réactifs colorés.
Ce bouillon, stérilisé à 110°, fournit un très léger dépôt blanc,
insoluble dans l'eau, que le microscope montre formé d'une
poussière brillante à grains irréguliers, facile à distinguer des
microbes vivants et de leurs spores. Sous l'action de la lumière,
ce liquide, pourvu après sa préparation d'une belle couleur
rouge ambrée, se décolore de jour en jour et acquiert à la longue
une couleur jaune très pâle, ce qui paraît tenir à la présence
d'une matière colorante instable ajoutée par fraude à l'extrait,
dans le but de foncer ses solutions. Ainsi obtenu, le bouillon
Liebig possède à 18° une densité égale à 1,024.

Depuis douze mois, j'emploie parallèlement à la recherche des
germes atmosphériques, avec la liqueur Liebig, un autre bouillon
préparé dans mon laboratoire avec les précautions suivantes : pen-

---

([1]) Dans une seule expérience, on voit M. le professeur Tyndall employer
des bouillons de bœuf, de veau, de ris de veau, de coq de bruyère, de canard
sauvage, de mouton, de poulet, d'églefin, de lapin, de faisan, de lièvre, de
bécasse, de perdrix, de pluvier, de sole, de mulet, de morue, de saumon, de
merlan, de cœur, de foie, de rein, de rate, de foin, de navet, etc. Ce n'est assurément pas le moyen d'obtenir des résultats comparatifs dans les recherches de
micrographie atmosphérique, et il est assez inutile d'épuiser la liste des décoctions imaginables pour démontrer la non-réalité de la génération spontanée
dans les liqueurs putrescibles, purgées de microbes au préalable.

dant cinq heures on fait décocter 1^{kg} de chair musculaire màigre de bœuf dans 4^{lit} d'eau ; le bouillon, écumé dès le début de l'ébullition, est laissé en repos, après sa fabrication, dans un lieu frais jusqu'au lendemain, puis dégraissé et neutralisé à la soude caustique. Cela fait, on le porte dix minutes à l'ébullition, on le filtre et on le ramène au volume de 4^{lit} : il ne reste plus qu'à le distribuer dans des ballons de $0^{lit},6$, qu'on scelle et maintient pendant deux heures à 110°. Sous l'action de cette chaleur, ce liquide, à peine coloré après sa préparation, se caramélise légèrement, acquiert une teinte *indélébile*, reste parfaitement *limpide* et ne fournit jamais le moindre *dépôt*. Mon préparateur, M. Benoist, à qui je dois l'obtention de ces décoctions magnifiques de transparence, a reconnu que les bouillons de viande troubles, opalescents, lents à se clarifier, fournissant des dépôts même un mois après leur fabrication, sont toujours des bouillons mal dégraissés ou insuffisamment bouillis après la neutralisation, qui doit toujours précéder la filtration et qu'on voit alors s'accomplir avec la plus grande rapidité.

Ce décocté possède à 20° une densité voisine de 1,003 ; évaporé au bain-marie, il fournit par litre 15^{gr} d'un extrait sec, cassant, entièrement redissoluble, non granuleux, transparent comme la gomme arabique fortement colorée, d'un goût agréable, différant essentiellement de cette substance alimentaire déplorable et antihygiénique, vendue, je l'ai dit plusieurs fois, sous le nom d'*extrait de viande de Liebig*.

En ajoutant au bouillon de bœuf 10^{gr} de sel marin par litre, on obtient un troisième bouillon salé, remarquable par sa sensibilité aux germes de l'air ; sa densité s'élève alors à 1,009.

Si, comme on doit le souhaiter, les recherches des microbes de l'air acquièrent un développement mérité, je ne saurais trop engager les observateurs à spécifier, avec la plus grande rigueur, le mode de préparation et les qualités des liquides nutritifs mis par eux en expérience, de façon qu'il soit toujours facile de rapporter leurs résultats à une liqueur type adoptée d'un commun accord : alors, seulement, il sera possible de connaître, avec une exactitude suffisamment approchée, la distribution des germes

dans les pays où de semblables expériences seront exécutées et
d'apprendre par là si l'état sanitaire des villes, des campagnes,
des districts réputés sains et malsains, si les augmentations de
la morbidité et de la mortalité sont en raison directe de l'impureté de l'atmosphère.

On fonde aujourd'hui de nombreux observatoires météorologiques destinés à mesurer la température, la pression barométrique, la vitesse du vent, les hauteurs de pluie tombée sur le
sol, à l'effet de cataloguer avec soin des documents destinés à
servir de base à des découvertes futures encore fort probléma-
tiques. Récemment M. Dumas, pénétré de l'utilité des dosages
de l'acide carbonique de l'air, émettait devant l'Académie des
Sciences le vœu que ces analyses fussent multipliées et exécutées
systématiquement dans des stations diversement orientées,
comme l'exemple en est donné à l'Observatoire de Montsouris,
où mon collègue et ami M. Albert Lévy a pu démontrer l'existence de variations remarquables dans le poids de cet élément
normalement répandu dans l'atmosphère. Sincèrement, pense-
t-on que, à côté des mesures du froid, du chaud et de la pluie, des
indications sur la direction du vent et des nuages, des calculs du
degré actinométrique et des variations de l'intensité magnétique
du globe, etc., le dosage des microbes aériens ne puisse faire
bonne figure et ne puisse surtout fournir plus rapidement des découvertes utiles que l'on semble résolu, en Météorologie proprement dite, à demander à l'expérience des siècles ? J'ai l'espoir
qu'on ne tardera pas également à fonder et à doter largement
des observatoires appliqués à l'étude des microbes de l'air; je
le souhaite vivement pour les progrès de la Médecine et de l'Hygiène. Écoutons encore une fois la voix autorisée du savant
illustre créateur de la *Théorie des germes*, et tâchons de pro-
fiter de ses conseils sages et éclairés : « Je crois, dit M. Pasteur ([1]), qu'il y aurait un grand intérêt à multiplier les études
sur les germes de l'air et à comparer dans un même lieu, avec
les saisons, dans des lieux différents à une même époque, les

---

([1]) PASTEUR, *Annales de Chimie et de Physique,* t. LXIV, p. 33; 1862.

corpuscules organisés disséminés dans l'atmosphère. Il semble que les phénomènes de contagion morbide, surtout aux époques où règnent les maladies épidémiques, gagneraient à des travaux poursuivis dans cette direction. »

IV. — De l'obtention des liqueurs animales et végétales stérilisées sans le secours de la chaleur.

La température élevée à laquelle il faut soumettre les infusions, les jus de viandes, les liquides animaux pour les priver de tout germe vivant, modifie profondément certains principes contenus dans les liqueurs nutritives employées dans les laboratoires de micrographie. On sait effectivement que plusieurs substances albuminoïdes sont coagulées par la chaleur, ou se transforment sous son action en nouveaux principes protéiques dont la putrescibilité est bien inférieure aux liquides frais retirés par expression des viandes et des tissus végétaux. Ce fait constaté, il paraissait désirable de reléguer au second plan les liquides surchauffés, et de tenter la préparation de milieux nutritifs privés de germes sans le concours de la chaleur.

On parvient aujourd'hui à ce but de plusieurs manières : 1° en extrayant directement les liquides animaux de l'organisme des êtres vivants et en écartant dans cette opération les causes d'erreur venues de l'extérieur; 2° en faisant digérer de la viande fraîche, des fruits et des tiges de végétaux dépourvus de leur derme dans de l'eau portée au préalable à 110°; 3° enfin en filtrant les jus de viande et sucs d'origine végétale à travers une substance pourvue de pores assez fins pour retenir rigoureusement tout microbe ou tout germe de microbe (1). C'est encore à

---

(1) En Allemagne, dans le laboratoire de M. le professeur Koch, on use d'un autre procédé de stérilisation des liqueurs coagulables par la chaleur. Rien n'est plus simple : on prend du sérum de sang défibriné; on le porte à une température inférieure à 70°, de façon à tuer les bactéries adultes, sans déterminer la solidification de l'albumine, puis on abaisse de nouveau la température, afin de permettre aux spores des schizophytes de germer, de passer à l'état de

M. Pasteur et à ses élèves que nous devons l'essai et la réussite de ces manipulations délicates, qui ont enrichi nos laboratoires d'une classe toute nouvelle de milieux altérables très favorables au développement et à la culture des bactéries.

Dans ses *Études sur la bière,* M. Pasteur a reproduit, en 1876, la description des recherches effectuées par lui sur ce sujet en 1863. C'est à ces études remarquables que j'emprunte la description du procédé employé par ce savant « pour aller chercher dans l'intérieur des êtres vivants, en pleine santé, tels ou tels matériaux qui s'y rencontrent pour les exposer, dans l'état même où la vie les a formés, au contact de l'air pur ».

« Dans ce but, écrit M. Pasteur(¹), je me suis servi d'un ballon en verre joint à un robinet de laiton par un tube de caoutchouc, comme l'indique la *fig*. 55. Les deux branches du robinet ont environ 0^m,12; celle qui est libre est un peu effilée, comme l'extrémité d'une canule. Afin de purger ce ballon de tout germe

---

plantes frêles, qu'on tue en élevant de nouveau la température vers 70°, et ainsi plusieurs fois de suite. Ce procédé de stérilisation, dont M. le professeur Tyndall a revendiqué la priorité [Lettre au professeur Huxley, 14 février 1877 (*Proceedings of the Royal Society,* n° 178, 1877)], et décoré du nom de *Méthode du chauffage discontinu,* a été employé de toute antiquité par les ménagères soucieuses de conserver jusqu'au lendemain le lait trait de la veille ou de l'avant-veille. La théorie scientifique en est plaisante : on ordonne aux œufs des microbes d'avoir à germer dans les douze ou vingt-quatre heures, de façon à pouvoir les occire sûrement s'ils donnent dans le piège qu'on leur tend. Comme on suppose avec raison la présence dans les liqueurs de germes têtus, endurcis ou indociles, on fait une nouvelle sommation et on porte de nouveau l'infusion à l'ébullition; pour plus de prudence, on en fait une troisième et une quatrième, et le tour est joué : toutes les bactéries sont mortes victimes de leur imprudence. Malheureusement pour la méthode du chauffage discontinu, il existe des germes avisés, dont l'évolution commence seulement à partir du cinquième, du dixième et même du trentième jour, et qui, loin d'être encouragés à se multiplier par ces chauffes successives, se renferment à chaque fois davantage dans leur vie latente de graine. Peut-on alors sérieusement compter sur ce mode de stérilisation?

M. Koch a renchéri sur M. Tyndall, en substituant à la température de l'ébullition celle de 70°. Pour prouver combien cette méthode est peu recommandable, il me suffit de rappeler qu'il existe, comme je l'ai démontré, des bacilles vulgaires, pouvant très bien se multiplier au delà de cette température.

(¹) PASTEUR, *Études sur la bière,* 1876, p. 46.

intérieur, on fait communiquer l'extrémité libre de ce robinet de laiton avec un tube de platine fortement chauffé, après avoir eu soin d'introduire dans le ballon une petite quantité d'eau qu'on réduit en vapeur; puis on laisse refroidir le ballon, dans lequel rentre l'air qui a passé par le tube chaud.

Fig. 55.

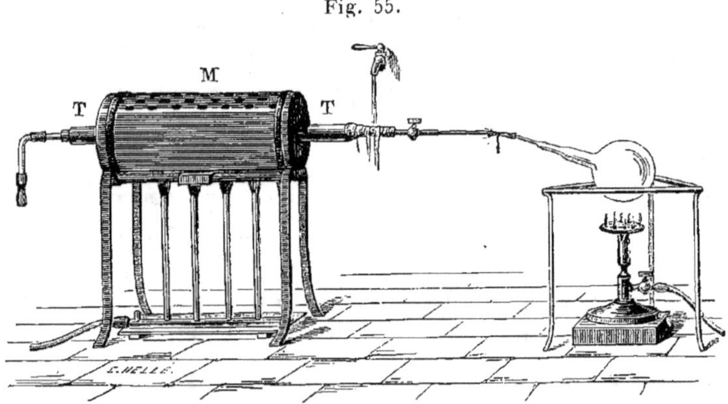

Appareil de M. Pasteur pour stériliser les ballons destinés à recevoir les liquides animaux.

» On peut faire bouillir l'eau dans le ballon à une température supérieure à 100°, en adaptant à l'extrémité libre du tube de platine un tube de verre recourbé à angle droit, qui plonge plus ou moins dans une cuvette profonde remplie de mercure (*fig.* 56). Pendant que l'eau est en ébullition sous pression, on sépare le tube qui plonge dans le mercure : l'eau continue à bouillir dans le ballon à la pression ordinaire; on laisse alors refroidir le ballon, qui se remplit peu à peu d'air porté à une température élevée, plus que suffisante pour brûler toutes les poussières organiques que cet air peut renfermer.

» Quand le ballon est refroidi, on le détache, après avoir fermé le robinet, et l'on passe à la préparation d'autres ballons semblables. Il est utile de fermer le robinet du ballon lorsque la température de ce dernier est encore de quelques degrés au-dessus de la température ambiante : par cette précaution, l'air du ballon refroidi se trouve à une pression moindre que la pression extérieure.

» Dans l'intervalle de temps qui s'écoule entre la préparation d'un ballon et le moment où l'on s'en sert, il est bon de tenir la branche libre du robinet inclinée vers le bas, afin de garantir l'intérieur de son canal contre le dépôt des poussières extérieures.

Fig. 56.

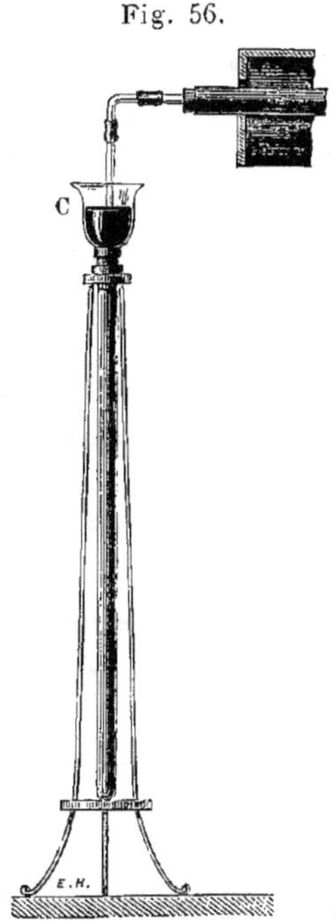

Cuve à mercure destinée à élever le point d'ébullition des liquides.

Quoi qu'il en soit, au moment où l'on doit mettre un ballon en expérience, il faut avoir soin de chauffer cette branche à l'aide de la flamme d'une lampe à alcool.

» S'agit-il de l'étude du sang, on le prendra sur un animal vivant, un chien par exemple : on met à nu une veine ou une artère de l'animal, on pratique une incision dans laquelle est conduite l'extrémité de la branche libre du robinet, préalablement chauffée et refroidie, qu'on fixe par une ligature dans la veine ou l'artère, puis on ouvre le robinet : le sang coule dans le ballon ; on referme le robinet, et l'on porte le ballon dans une étuve à une température déterminée...

» Pour l'urine, on opère à peu près de la même manière. L'extrémité de la branche libre du robinet est introduite dans le canal de l'urètre ; au moment de l'émission de l'urine, on tourne le robinet, et l'urine est lancée dans le ballon, qu'on remplit à moitié ou au tiers environ. »

Après M. Pasteur, M. U. Gayon (¹) a pu, par un dispositif fort ingénieux, faire passer dans des vases de verre le contenu d'œufs frais qui se conserva plusieurs années inaltéré.

On doit à M. Chamberland la simplification des procédés précédemment décrits. M. Chamberland, pénétré avec raison du nombre relativement faible des microbes atmosphériques, a publié dans sa Thèse de doctorat, soutenue au commencement de l'année 1879, un mode opératoire propre à fournir des liquides animaux vierges de germes.

Voici, d'après cet auteur, la manière de recueillir du lait naturel privé de bactéries.

« J'ai pris, dit M. Chamberland (²), des tubes un peu étirés et recourbés, comme le montre la *fig.* 57. J'ai placé à l'extrémité de chacun d'eux un tampon de coton et je les ai flambés dans un fourneau à gaz. Les tubes sont retirés quand le coton a pris une teinte jaunâtre : tous les germes sont alors détruits. Après refroidissement, j'ai enlevé le tampon de coton, flambé à la lampe à alcool la pointe étirée et introduit le lait directement, en approchant la pointe aussi près que possible du pis ; le tube est incliné vers le bas jusqu'au moment de recevoir le lait, afin d'éviter la chute des poussières de l'air. On ferme ensuite les tubes à la lampe et on les porte à l'étuve à 25°.

» Généralement, au bout d'une huitaine de jours, on s'aper-

(¹) U. GAYON, *Altération spontanée des œufs.* Thèse soutenue à la Faculté des Sciences de Paris, n° 362, 1875.

(²) CHAMBERLAND, *Recherches sur l'origine et le développement des organismes microscopiques.* Thèse n° 420, avril 1879, page 50.

çoit que le lait est altéré dans quelques tubes (3 sur 12); dans les autres, ce liquide reste pendant plusieurs mois tout à fait intact et fluide, comme lorsqu'il vient d'être trait : il est très légèrement alcalin au papier de tournesol, bon au goût, et au microscope on ne peut constater la présence d'aucun organisme. » Le chirurgien Lister, ajoute M. Chamberland, était aussi parvenu à conserver également du lait dans des vases flambés. Tous les expérimentateurs habiles et soigneux y parviendront certainement, et je ne vois pas qu'il puisse être question de priorité en cette matière, après les expériences décisives de M. Pasteur, publiées en 1863. Il s'agit simplement ici d'expériences confirmatives,

Fig. 57.

Tubes effilés en pointe de M. Chamberland.

autrement dit d'un but atteint isolément par la mise en œuvre de procédés plus ou moins pratiques, plus ou moins élégants. Celui qu'a employé M. Chamberland pour recueillir le sang circulant dans l'organisme me paraît posséder à la fois ces deux qualités : « J'ai fait aussi, poursuit le même savant (¹), quoique d'une façon incidente, des expériences sur la conservation du sang au contact de l'air. Le procédé consiste à faire passer le sang du corps d'un animal dans un appareil flambé contenant de l'air pur et restant ensuite en communication avec l'air extérieur. On arrive très facilement à ce résultat avec des tubes de verre ayant

---

(¹) CHAMBERLAND, *loc. cit.*, p 23.

la forme indiquée par la *fig.* 58. On flambe ces tubes dans un fourneau à gaz après avoir mis un tampon de coton en *a* ; si l'on dispose d'un animal vivant, on met à nu une veine ou une artère dans laquelle on fait une incision et l'on introduit l'extrémité effilée qu'on vient de couper et de passer dans la flamme. Le sang coule de lui-même ; on peut faciliter son écoulement en aspirant avec la bouche par le tube *a* ; on ferme ensuite l'effilure à la lampe.

Fig. 58.

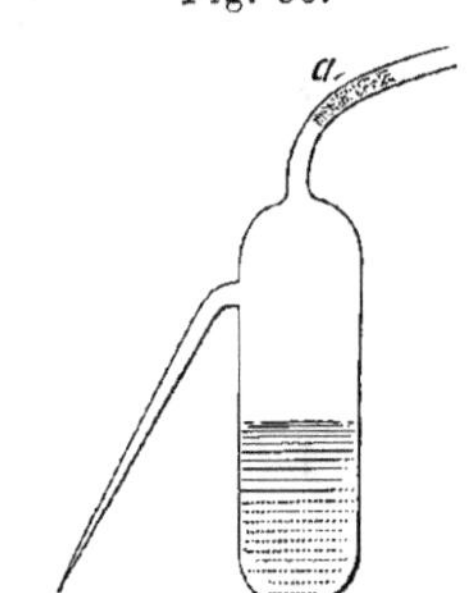

Pipette de M. Chamberland.

» Si l'on ne dispose pas d'un animal vivant, on prend le cœur d'un animal qui vient d'être tué, dans un abattoir par exemple, on perce la paroi à l'aide d'un scalpel flambé et l'on plonge la pointe effilée préalablement coupée et flambée. On aspire par le tube *a*, etc... »

Malheureusement le lait et le sang, applicables à des cultures de microbes spéciaux, se prêtent mal aux recherches statistiques des germes aériens ; ces deux liquides, remplis de globules graisseux ou d'éléments cellulaires, déjà troubles ou coagulables, peuvent se peupler de certaines bactéries éphémères sans que l'observateur en soit averti. D'autre part, l'urine est réellement trop imputrescible ; beaucoup de germes ne peuvent y trouver les aliments propres à favoriser leur évolution première. Aussi ai-je eu la pensée d'utiliser à la fabrication des liquides nutritifs un procédé employé par M. Pasteur pour séparer des liqueurs altérables les microbes et germes qu'elles peuvent contenir. En filtrant à travers du plâtre des cultures de bactéridie charbonneuse, ce savant a démontré que le *filtratum* obtenu est alors impropre à communiquer le charbon (¹). Cette expérience, signalée il y a plusieurs années par M. Pasteur, ne portait pas seulement un coup sensible à la théorie des virus plastiques, mais elle faisait prévoir encore qu'il serait aisé de stériliser, à la température ordinaire et par un procédé peu onéreux, les milieux altérables les plus variés. La sobriété de détails qui accompagne la Communication de ce savant sur ces sortes de filtrations m'a obligé à multiplier mes essais pour arriver à un procédé pratique capable de fournir en quelques heures des quantités notables de liquide stérilisé à froid, et pour arriver à vulgariser l'emploi de ces liqueurs non chauffées, dont l'usage ne s'est pas encore, du moins à ma connaissance, répandu dans les laboratoires de micrographie. Cette dernière considération me porte à reproduire ici la description d'un mode opératoire qui a déjà fait l'objet d'une courte Note insérée dans le *Bulletin de la Société chimique de Paris* (²).

Un ballon à col long et légèrement conique est étranglé à son tiers inférieur (*voir* en A, *fig.* 59). Au-dessous de l'étranglement, on étire à la lampe une pointe capillaire effilée, p, de $0^m,05$ à $0^m,06$ de longueur; au-dessus de ce même étranglement, on dispose une bourre d'amiante convenablement serrée, a, sur laquelle on coule une couche de plâtre gâché, t, de $0^m,07$ à $0^m,08$ de hauteur. L'appareil ainsi préparé est séché pendant une ou deux semaines à l'étuve maintenue à 40°, puis porté lentement à une température comprise entre 170° et 180°. Cette

---

(¹) « Dans ma Communication du 30 avril, j'ai dit que nous avions trouvé un mode de filtration (il consiste dans l'emploi du plâtre et de l'aspiration par le vide), et qui est si sûr que du sang charbonneux rempli de bactéridies n'en contient plus une seule quand il est filtré, ni germes quelconques, ce dont on a la preuve par cette double circonstance que le sang devient imputrescible au contact de l'air pur et que, ensemencé dans un liquide propre à la nutrition des bactéridies, celles-ci n'apparaissent en aucune façon ». Pasteur et Joubert, *Comptes rendus des séances de l'Académie des Sciences*, t. LXXXV, p. 101.

(²) Miquel et Benoist, *Bulletin de la Société chimique de Paris*, t. XXXV, p. 552.

dernière chauffe a pour but : 1° de détruire les germes répandus à la surface interne du ballon, ceux apportés par la bourre d'amiante, le plâtre et l'eau employée au gâchage ; 2° de recuire le plâtre, c'est-à-dire de le ramener à l'état de sulfate de chaux anhydre. En prenant la simple précaution de sceller la pointe capillaire p du ballon avant de le soumettre à la température élevée de 170° à 180°, il n'est pas admissible que la moindre poussière puisse jamais s'introduire dans les parties de l'appareil séparées du contact direct de l'atmosphère par le tampon de plâtre dont il vient d'être parlé.

Fig. 59.

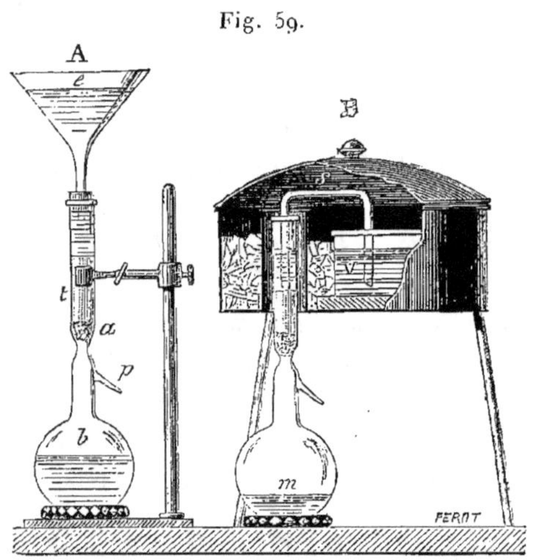

Ballons filtrateurs, au $\frac{1}{15}$ de grandeur

Pour mettre en marche l'appareil filtrateur stérilisé, on commence par imbiber d'eau le tampon de gypse recuit, qui, sous l'action de ce liquide, s'hydrate avec un dégagement de chaleur sensible à la main. Cette humectation préalable a l'avantage de rendre plus parfaite l'adhérence du filtre au tube de verre et de chasser l'air des pores du plâtre.

Le filtre convenablement imbibé, la pointe latérale de l'appareil est flambée, cassée et plongée dans un matras d'eau stérilisée à 110°. Par une dilatation ménagée on chasse 40^{cc} à 50^{cc} d'air du ballon, qui, après refroidissement, sont remplacés par un égal volume d'eau microscopiquement pure.

Cette eau, portée à l'ébullition et vaporisée rapidement, s'échappe par la pointe latérale capillaire sous la forme d'un jet de vapeur sifflant et continu ; au bout de cinq minutes la majeure partie de l'air du ballon est remplacée par de la vapeur d'eau, et il ne reste plus qu'à sceller la pointe capillaire p, ce qui n'offre aucune difficulté. La vapeur, en se condensant, produit un vide considérable : aussi les sucs ou liquides à stériliser amenés dans la tubulure de l'appareil pénètrent-ils dans le ballon b en suintant à travers le plâtre.

La *fig.* 59 représente en A un appareil en voie de fonctionnement ; un large entonnoir e amène à la surface du plâtre la liqueur à débarrasser de tout germe. La même figure montre en B un second système différent du premier par l'adjonction d'un appareil réfrigérant destiné à suspendre la putréfaction des liquides mis en expérience. Ces liquides, placés dans un cristallisoir V entouré de glace, sont conduits de là, par l'intermédiaire d'un ou plusieurs siphons, dans les tubulures d'un ou plusieurs ballons filtrateurs disposés autour du cristallisoir. En hiver, on peut adopter le dispositif A ; en été, surtout quand la liqueur altérable filtre lentement, le second, B, devient indispensable. Telle est succinctement la méthode à suivre pour stériliser avec ces appareils n'importe quelle infusion ou quel liquide animal. Cet exposé serait cependant incomplet, si je négligeais de signaler à ce sujet quelques bonnes précautions à prendre et quelques écueils à éviter.

Voici d'ailleurs, dans leur intégrité, les conseils dont M. Benoist et moi faisions suivre notre Communication à la Société chimique de Paris. « L'une des premières conditions de réussite est de se procurer un filtre adhérent à la paroi du verre et suffisamment poreux. Pour avoir un filtre adhérent, il est indispensable de dessécher le plâtre avec lenteur, de lui donner en outre une certaine élasticité en lui incorporant une substance cotonneuse ; l'amiante remplit convenablement cette condition. Pour avoir un filtre filtrant, autrement dit fonctionnant rapidement et capable de retenir en même temps tout élément figuré, il faut que la quantité d'eau employée au gâchage soit bien calculée. Si le plâtre est en excès, les liquides ne passent pas ou n'arrivent dans le ballon qu'avec une extrême lenteur; si le plâtre n'est pas en quantité suffisante, le filtre se réduit en bouillie, et les germes ne sont pas retenus. Voici, d'après les recherches spéciales de M. Benoist, les proportions dans lesquelles doivent entrer les substances employées à la confection des filtres :

Eau..............................	46
Plâtre à modeler..................	52,4
Amiante...........................	1,6
Total..............	100,0

» L'amiante est délayée dans l'eau et le plâtre incorporé petit à petit dans le magma semi-fluide qui en résulte. La composition ainsi obtenue, encore coulante et très maniable, n'opère sa prise qu'au bout de plusieurs minutes, en rejetant un peu d'eau.

» Une autre cause d'insuccès provient quelquefois de la solubilité du plâtre dans les liqueurs. Les filtres dont la fabrication et le séchage ne sont pas irréprochables offrent un ou plusieurs points faibles par où le liquide semble passer de préférence [1]; à ces endroits le plâtre ne tarde pas à être miné et creusé en herborisations parfois élégantes, qui acquièrent souvent une grande longueur et finissent par envahir toute la hauteur du tampon. L'opération est alors manquée : le liquide passe sans se filtrer à travers ces galeries sinueuses, en entraînant avec lui les germes qu'on voulait précisément écarter. Pour remédier à ce mal, il suffit de saturer au préalable de gypse la liqueur sur laquelle on veut opérer [2]. »

La rapidité de la filtration, qui est, comme cela vient d'être dit, sous la dépendance de la porosité du bouchon de plâtre, est de même fonction de la viscosité du liquide à stériliser; le sérum de sang, les sucs filants des végétaux, l'albumine d'œuf, etc., tra-

---

[1] C'est habituellement au voisinage de la paroi du verre.
[2] MIQUEL et BENOIST, *loc. cit.*

versent le plâtre avec d'autant plus de lenteur qu'ils sont moins étendus d'eau; les liqueurs animales tenant en suspension de nombreuses granulations, ou des globules graisseux, filtrent difficilement ou pas du tout; parmi ces dernières, le lait, même mélangé de plusieurs fois son poids d'eau, occupe certainement la première place.

Dans la majorité des cas, l'urine normale, les épanchements pathologiques non purulents filtrent dans un espace de temps variant de six à vingt-quatre heures; il en est de même des jus de viande, des sucs de fruits, des végétaux herbacés étendus de plusieurs fois leur volume d'eau. Avec l'albumine d'œuf naturelle, avec certains jus épais et muqueux, la filtration s'arrête bientôt ou s'éternise. Heureusement pour l'observateur, l'emploi des sucs concentrés est rarement réclamé dans la culture des bactéries; au contraire, je puis affirmer que les liquides moyennement chargés de principes nutritifs sont plus sensibles que les jus de viandes et de fruits non additionnés d'eau; cela s'explique peut-être par la présence, à côté des substances plastiques putrescibles, d'une foule de sels et de matières extractives âcres dont le pouvoir antiseptique ne reste pas inactif. Il suffit d'ailleurs de rappeler que l'addition exagérée à lui-même d'un principe fermentescible fournit un milieu absolument inaltérable, comme le sont les sirops bien préparés et plusieurs extraits mous sur lesquels les moisissures les plus envahissantes n'apparaissent jamais, à plus forte raison les bactéries ([1]).

Aujourd'hui la stérilisation à froid des liqueurs putrescibles se

---

([1]) Les quatre ou cinq pages qui précèdent sont la reproduction presque textuelle d'une partie d'un paragraphe publié dans l'*Annuaire de l'Observatoire de Montsouris* pour l'an 1882, sous ce titre : *De l'obtention de quelques nouvelles liqueurs nutritives;* depuis l'apparition de cet *Annuaire* et huit mois après ma Communication à la Société chimique, j'ai appris verbalement qu'on usait dans le laboratoire de M. Pasteur de vases en biscuit pour stériliser à froid les liquides. Je regrette :

1º De ne pas avoir eu connaissance de ce procédé pour le citer ;

2º D'ignorer encore le dispositif de M. Pasteur, employé à cet effet, et dont j'aurais volontiers reproduit ici la figure ;

3º Enfin de n'avoir pas su trouver dans les Mémoires de ce savant quelques

pratique à l'Observatoire de Montsouris avec l'appareil beaucoup
moins fragile dessiné dans la *fig.* 6o ; il consiste en un vase de
cuivre rouge argenté de la forme d'un flacon à épaulement carré
et à large col. L'ouverture de ce vase, garni d'une plaque annulaire
de bronze, s'adapte, au moyen de huit écrous, à une seconde
plaque portant un cylindre très épais B, terminé à sa partie infé-

Fig. 6o.

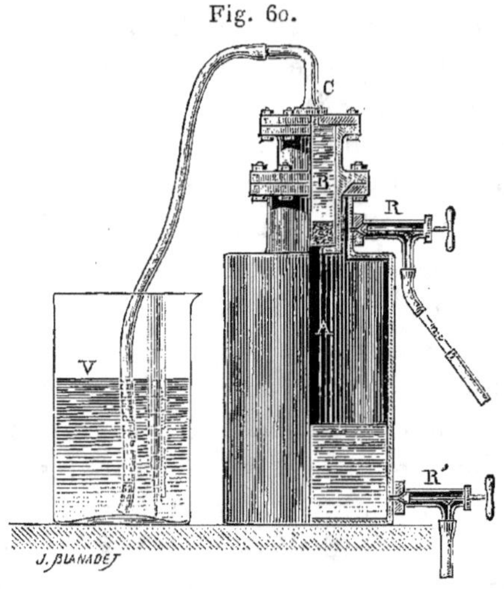

Appareil de MM. Miquel et Benoist pour stériliser à froid les liquides putrescibles
avec le secours du vide et des hautes pressions, figuré au $\frac{1}{6}$ de grandeur.

rieure par un rebord intérieur, destiné à soutenir les diaphragmes
métalliques, des tampons divers, des fromages de calcaire, d'argile cuite, cimentés à la paroi du gros tube par des luts insolu-

---

exemples de cultures effectuées avec des jus de viande privés par filtration de
tout microbe.

Je n'ai jamais eu l'intention de frustrer personne de la moindre invention
je fais juge le lecteur de la faible part qui me revient dans la fabrication des
liqueurs stérilisées à froid. Cependant M. Benoist et moi avons, il me semble,
quelque mérite d'avoir consacré de longs mois à perfectionner la filtration des
liquides sur le plâtre, l'amiante, le papier, etc., et d'avoir passé deux années à
mesurer le degré de sensibilité de ces dites liqueurs aux germes atmosphériques, alors que personne ne les avait encore mentionnées et vraisemblablement pas obtenues.

bles, inaltérables à 200°; la partie supérieure du même cylindre porte un second rebord de bronze, sur lequel vient s'appliquer un plateau C de même métal, muni d'une tubulure destinée à conduire le liquide sur le filtre.

J'ai fait fabriquer par M. Golaz, constructeur de cet appareil, des cylindres de rechange, filetés intérieurement et dans lesquels on visse, avec le secours d'une clef puissante, un bouchon de bronze foré, à l'effet de comprimer énergiquement des rondelles de carton d'amiante, de papier filtre ou de toute autre substance poreuse, inaltérables ou à peine touchées par la température de 180°; le bouchon reste alors à demeure jusqu'à la fin de la filtration. Deux robinets sont placés sur cette bouteille, l'un R en haut, sur le col, est destiné à pratiquer le vide dans le vase ou à laisser échapper l'air; l'autre en bas, R', est affecté à la vidange du liquide filtré.

Le cylindre pourvu de son tampon bien sec est fixé à la bouteille en interposant, entre les surfaces appelées à adhérer, une rondelle de plomb; puis l'appareil est chauffé deux heures à 180°, les robinets R et R' étant fermés. Le vase refroidi, la douille du robinet R garnie d'un tube de caoutchouc et d'un raccord en verre contenant une bourre d'amiante stérilisée, on fait le vide en amenant en même temps le liquide dans le cylindre B à la pression ordinaire ou sous une pression élevée, suivant la nature de la substance filtrante et du liquide à débarrasser de germes. L'opération terminée, le robinet supérieur R est ouvert avec précaution, puis on distribue dans des ballons stérilisés, par l'intermédiaire d'une canule métallique vissée au robinet R', le liquide filtré qu'on répartit plus tard dans les petites conserves à ensemencements.

Quelques objections peuvent être faites au mode de stérilisation par filtration à travers le plâtre, mode que j'ai le mieux étudié; la principale repose sur la difficulté où l'on est d'obtenir des liqueurs exemptes de sulfate de chaux, c'est-à-dire non chargées par litre environ de 2^{gr} de gypse dont le pouvoir antiseptique n'est pas nul. Pour peser la valeur de cette objection, j'ai comparé d'un côté le degré d'altérabilité d'un bouillon salé à 10 pour 1000 au pouvoir nutritif d'un même bouillon salé saturé de plâtre (^{1}). J'ai eu la satisfaction de trouver que la putrescibilité de ces deux bouillons était fort voisine, abaissée à peine de $\frac{1}{6}$ pour le bouillon plâtré. Mes préférences sont cependant pour les filtres insolubles en biscuits, puisque cette substance est d'un bon usage, en amiante, en papier, en calcaire, en terre de pipe, en argile cuite, ou toute autre substance poreuse naturelle ou de fabrication artificielle.

Enfin, je dois dire un mot d'un procédé beaucoup moins certain, susceptible de fournir des infusions et des macérations stériles sans employer la filtration et la chaleur; il

Fig. 61.

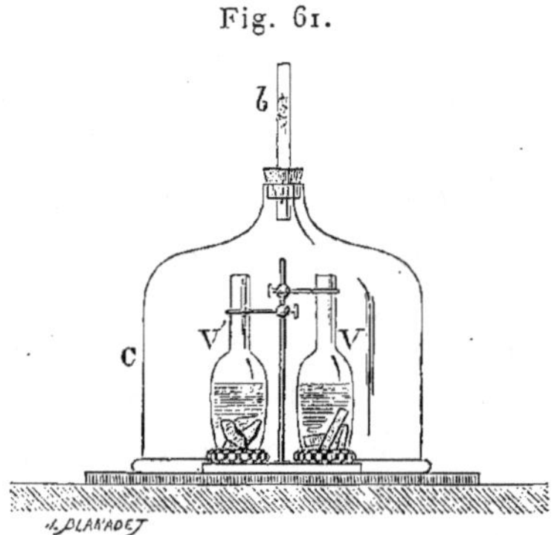

Appareil pour préparer à froid des macérations stériles.

consiste à introduire directement, dans de l'eau privée d'organismes vivants, soit de la chair musculaire enlevée à un animal sain, quelques minutes après sa mort, soit les parties charnues des fruits, des légumes verts ou tendres, des carottes, des raves, des navets, des pommes de terre prélevées, comme je l'ai fait, avec le secours d'emporte-pièces chauffés, dont on vide le contenu dans des matras ou des ballons d'eau stérilisée, qu'on peut ensuite abandonner ouverts sur un plateau de verre dressé, recouvert d'une cloche rodée (*fig.* 61). Ces expériences sont

---

(^{1}) Le sel marin augmente la solubilité du gypse dans l'eau.

souvent contradictoires : le liquide des vases se trouble et la putréfaction se déclare dans la matière organique mise à infuser ; mais il est aisé de reconnaître dans la plupart des cas qu'il s'agit d'altérations dues à l'ensemencement fortuit d'un microbe : avec un peu d'habitude et de soin, on arrive cependant à obtenir un nombre de succès vraiment remarquable (95 sur 100); pour cela il faut opérer en plein air, après un temps pluvieux, loin de toute habitation, et éviter d'introduire soi-même par maladresse les germes qu'on veut écarter. M. Chamberland a pu, de son côté, obtenir des infusions de haricots frais retirés directement de leurs cosses vertes, intactes; bien avant nos expériences, M. Pasteur avait prouvé que le suc de raisin puisé dans l'in--térieur même du grain ne renfermait pas le moindre organisme ferment. Je cite ces faits à simple titre de curiosité expérimentale, sans conseiller à personne de les appliquer à l'obtention courante d'infusions parfaitement stériles.

CHAPITRE VI.

I. — Des manipulations qui précèdent les recherches statistiques sur les bactéries.

Pour compter avec une approximation suffisante les germes des schizophytes répandus dans l'atmosphère, il faut avoir à sa disposition un nombre considérable de conserves altérables, de la stérilité absolue desquelles on soit certain. La préparation de ces conserves, l'essai préalable de leur infécondité, puis plus tard leur ensemencement, leur surveillance et leur examen nécessitent un laboratoire spécialement disposé dans ce but, de façon que toutes ces opérations puissent s'y accomplir régulièrement dans un ordre parfait.

J'ai décrit (p. 138) le petit tube à boule employé à l'Observatoire de Montsouris pour recueillir les germes des bactéries, mais j'ai passé très rapidement sur les précautions réclamées pour son remplissage. Autrefois, je stérilisais directement le liquide nutritif dans chaque petit ballon, plongé en entier dans un bain maintenu à 110°. Aujourd'hui j'opère autrement, sur une plus vaste échelle, d'après un procédé créé dans les laboratoires de M. Pasteur, vulgarisé par ce savant et ses élèves : il consiste à priver séparément de germes le liquide nutritif et le vase destiné à le recevoir.

Les tubes à boules, garnis de leurs bourres de coton de verre
et scellés par leurs pointes capillaires, sont placés au nombre de
quatre cents à cinq cents dans un fourneau à gaz (*fig.* 62) emprisonné dans un massif de maçonnerie, construit de façon à

Fig. 62.

Bain d'air surchauffé des laboratoires de Montsouris, au $\frac{1}{20}$ de grandeur.

utiliser la plus grande quantité de chaleur possible et à éviter
l'échauffement de la pièce où il est placé. Les petits ballons disposés dans la chambre centrale du fourneau sont portés pendant
quatre heures à 200°; pas un germe ne survit jamais à l'action

évidemment exagérée de cette température. Je ne saurais néanmoins trop engager les micrographes à m'imiter sur ce point. Dès le début de mes recherches, sur la foi de quelques auteurs, je chauffai seulement pendant cent vingt minutes ces petits ballons vers 150° : beaucoup d'entre eux étaient effectivement purgés de germes ; d'autres, principalement ceux qui avaient servi à des cultures de bacilles, se troublaient spontanément après avoir reçu le bouillon. Une fois, la température du bain d'air n'ayant pas vraisemblablement atteint 150°, 120 conserves furent mises hors d'usage avant tout ensemencement par le développement ultérieur de microbes. J'instituai alors une série d'expériences sur la résistance à la chaleur sèche des germes du bacille vulgaire, qui se complaît dans les infusions de foin.

Dans un tube métallique adapté au réservoir d'un thermomètre, je plaçai les germes de ce bacille desséchés auparavant quelques jours à l'étuve vers 35°. Dans quatre premières expériences, ces germes furent soumis pendant deux heures à la chaleur de 110°, 120°, 130° et 140°, et ne perdirent pas la faculté d'infester dès le lendemain le bouillon où ils furent introduits ; chauffés pendant un temps égal à 143°, 144° et 145°, les résultats se montrèrent encore positifs ; mais, entre 146° et 147°, ces germes perdirent toute vitalité. Il est donc prudent de porter au delà de 150° pendant plusieurs heures les vases à stériliser, surtout ceux qui ont déjà contenu des liquides altérés par des schizomycètes.

Les tubes à boule chauffés et refroidis, on peut immédiatement procéder à leur remplissage. Les ballons contenant les liqueurs nutritives sont ouverts, débarrassés de leur col aussi bas que possible, puis inclinés de façon à conduire le liquide au bord de l'ouverture, où on le puise avec la pointe flambée et cassée des petits ballons comme avec une pipette (*fig.* 63) ; l'instrument à demi plein, on scelle immédiatement sa pointe à la flamme d'un bec Bunsen. Ces ballons soufflés ayant environ 50^{cc} de capacité, 0^{lit},5 de liquide stérilisé suffit amplement pour en charger 20 à 25. Durant cette opération, une seule porte reste ouverte aux germes des bactériens. A mesure que le vase se vide, l'atmosphère s'y introduit lentement pour remplacer le liquide retiré par aspiration, en entraînant avec elle plusieurs germes qu'elle dépose à la surface de la liqueur. Aussi, sur cent conserves préparées avec un suc éminemment altérable, on observe

Fig. 63.

Remplissage des tubes à boule.

aux laboratoires de Montsouris quatre à cinq cas d'infection par les microbes ayant pénétré dans les conserves par cette voie ; ce qui constitue, au total, un déchet de conserves relativement peu élevé. Avec le bouillon Liebig et l'urine, la quantité des ballons rendus inutilisables par les mêmes manipulations descend à

5 ou 6 pour 1000, et les microphytes, agents de ces cas rares d'altérations, appartiennent la plupart du temps aux mucédinées. Si ces opérations de remplissage étaient effectuées à l'intérieur de Paris ou dans les salles des malades, on verrait certainement décupler ces cas fortuits d'infection. On a beau vouloir soustraire son esprit à cette tendance parfois illégitime de comparer un ordre de faits encore hypothétiques à un ordre de faits bien établis, il me paraît malaisé de ne pas voir dans ces sortes d'altérations de liqueurs nutritives une image de ces infections moins innocentes qui viennent assombrir le pronostic des opérations pratiquées dans les hôpitaux, ou même dans l'intérieur d'une grande ville.

Ces manipulations terminées, les tubes à boules sont rangés avec précaution dans des paniers et oubliés pendant un à deux mois à l'étuve. Après ce laps de temps, on se livre à un triage qui a pour objet de rejeter les conserves altérées au moment du remplissage ; mon préparateur, M. Benoist, est assez habile pour obtenir 975 conserves de bouillon de bœuf, salé à 1 pour 100, intactes sur 1000, dans une pièce où l'atmosphère titre en moyenne 3000 germes de bactéries par mètre cube.

II. — Du procédé de numération adopté à Montsouris pour compter les germes atmosphériques des schizophytes. — Des prétendus nuages « bactéridiques ».

Devant l'impossibilité de calculer directement au microscope le chiffre des semences aériennes des bactéries, comme l'on compte avec une certaine approximation les globules répandus dans le sang, ou les spores de moisissures mélangées aux poussières, il faut nécessairement avoir recours à un procédé indirect, aveugle au moment de l'expérience, mais dont l'exactitude est justifiée ultérieurement par les résultats qu'il fournit.

Soit un volume d'air égal à 150^{lit} ; soit, d'autre part, 50 conserves de bouillon stérilisé ; si, par une manœuvre déjà indiquée (p. 138), on introduit séparément dans chaque vase toutes

les poussières d'un volume d'air égal à 3^{lit}, il est certain que
tous les corpuscules contenus dans ces 150^{lit} d'air ont été distribués sous un poids à peu près identique dans les conserves de
bouillon. Supposons que 9 de ces conserves se peuplent de bactéries et que les 41 autres restent indéfiniment de la plus parfaite
limpidité, n'est-il pas évident que 150^{lit} d'air renfermaient au
moins 9 germes de schizophytes, soit, par mètre cube, 60 bactériens?

Si la même expérience, recommencée le lendemain, provoque
l'altération de 24 conserves, ce qui équivaut à 160 bactériens
par mètre cube, n'est-il pas certain que l'impureté de l'air a
presque triplé? Si enfin, le surlendemain, 48 de ces 50 conserves,
toujours ensemencées individuellement avec les poussières de
3^{lit} d'air, ne résistent pas à l'infection, peut-on douter que le
chiffre des bactéries aériennes (320 par mètre cube) ne se soit
considérablement accru dans le lieu de l'expérience? Si cela est
incontestable, la méthode des ensemencements fractionnés des
poussières atmosphériques est applicable au calcul des germes
des bactéries charriées à travers l'espace.

J'ai cru cependant nécessaire d'introduire dans le mode d'expérimentation précédent une simple modification qui me semble
en augmenter la rigueur. Suivant les jours et les saisons de
l'année, il m'a paru avantageux de faire varier le volume de l'air
dirigé à travers les conserves de façon à obtenir approximativement chaque fois le même nombre de conserves altérées, autrement dit, de réduire le poids des poussières ensemencées de
manière à déterminer l'altération d'un nombre presque égal de
tubes à boule par des volumes d'air variables.

En nous reportant à la dernière expérience précitée, qui a
donné 48 conserves altérées sur 50 (c'est-à-dire 320 bactéries
par mètre cube), je considère comme infiniment préférable de
réduire de 3^{lit} à 1^{lit} le volume de l'air dirigé dans les petits ballons, de façon à obtenir seulement 16 conserves infectées sur
50, ce qui donne également le chiffre de 320 bactériens par
mètre cube d'air. La raison de cette préférence est aisée à
saisir; car moins il se développe de bactéries dans le contenu

des tubes à boule, plus on acquiert la certitude d'avoir reçu dans chacun des ballons altérés un germe unique de schizophyte ; si tous les ballons montrent des microbes, il est fort probable que plusieurs germes ont été introduits dans la même conserve : les résultats de la statistique sont alors trop faibles ; si aucun ballon ne se peuple de microbes, rien ne fixe l'observateur sur le chiffre approché des germes atmosphériques.

L'expérimentateur adonné au calcul des bactéries aériennes est donc obligé de connaître approximativement à l'avance le degré de pureté ou d'impureté de l'atmosphère soumise à ses investigations, ce qui l'oblige à se livrer à quelques essais préliminaires, toujours de courte durée, quand il est édifié sur le nombre moyen des germes répandus dans l'air d'une région déterminée, sur la sensibilité des liqueurs mises par lui en expérience et sur les causes les plus manifestes des crues et des décrues des microbes. D'ailleurs, l'observateur ne tarde pas à être averti de la trop grande ou trop faible quantité des poussières ensemencées, par le chiffre sans cesse croissant ou décroissant des conserves devenues fertiles ; aussi les résultats précédemment obtenus le guident-ils dans une certaine mesure, en lui permettant de suivre pas à pas l'envahissement de l'air par les bactériens. Habituellement cet envahissement est progressif, mais la disparition de ces êtres infimes peut s'accuser avec beaucoup plus de brusquerie ; une pluie de quelques millimètres suffit pour purifier l'air, et s'opposer pendant quelques jours à une nouvelle recrudescence de microbes.

Dans le calcul des bactéries par l'ensemencement fractionné des poussières de l'air, on suppose les germes répartis d'une manière uniforme dans le milieu ambiant, ce qui généralement est confirmé par les faits : ainsi quatre à cinq groupes d'expériences réparties dans une même journée et effectuées au même lieu donnent des résultats à peu de chose près identiques, si la force et la direction du vent sont peu variables et surtout si l'atmosphère n'a pas été dans l'intervalle épurée par la pluie ou la neige ; il n'en serait assurément pas de même si l'on admettait dans l'atmosphère l'existence constante des nuages de bactéries créés par l'imagination trop fertile de quelques auteurs. Il y a, d'après mes recherches, nuages de bactéries là où il y a nuages de poussières ; les expériences d'ensemencements pratiquées au voisinage d'une route poudreuse ou dans une rue balayée par un vent violent accusent en effet dans l'air une foule de germes de bactéries ; mais, en dehors de ces cas exceptionnels, l'observation est loin de confirmer l'existence d'une collectivité de germes voyageant à travers l'espace, comme un troupeau d'oies sauvages guidées par l'instinct. Pour ma part, je ne crois pas aux nuages des bactéries, dont je compare l'existence éphémère à la fumée échappée des usines diluée dans l'atmosphère, au fur et à mesure qu'elle s'échappe du foyer qui la produit, surtout si le vent a quelque force. M. le professeur Tyndall est, au contraire, grand partisan des nuages *bactéridiques* (sic) et, pour démontrer leur existence, il a inventé le *plateau des cent tubes*.

Ce plateau est une sorte de damier percé de cent trous, dans lesquels s'engagent cent tubes à essais renfermant des infusions diverses (de foin, de navets, de bouillon de bœuf, sans doute pour rendre les résultats moins comparables) *dix fois bouillies*. On suppose d'abord, ce qui est absolument gratuit, que les infusions sont parfaitement stérilisées, puis on place ce plateau dans une salle de laboratoire, et l'on va tous les jours, à pas de loup, enregistrer le degré et la nature de l'altération survenue dans ces cent tubes grandement ouverts ; après cet inventaire pratiqué sept à huit fois, les tubes sont devenus évidemment tous troubles, soit par le fait de la chute des germes dans les tubes, soit par le défaut de stérilisation, soit par l'apport de poussières dû à l'intervention si fréquente et si intempestive de l'expérimentateur ; mais attendons, le moment des conclusions est arrivé : « Nous pouvons déduire, avance M. Tyndall([1]), de la façon irrégulière dont les tubes sont attaqués, qu'à l'égard de la *quantité*, les germes ne sont pas distribués d'une manière uniforme dans l'atmosphère. Un tube sera, par exemple, d'un jour en retard ou en avance sur ses voisins. En outre, le choix, entre

---

([1]) Tyndall, *Les Microbes*, p. 130 ; 1882.

tous, d'un tube par les bactéries qui développent un pigment vert, ou inversement, nous montre également qu'à l'égard de la *qualité* la distribution n'est pas non plus uniforme. Il semblerait aussi qu'un manque d'uniformité prévaut à l'égard de l'*énergie vitale*. Dans quelques tubes les mouvements des bactéries sont extrêmement lents ; dans d'autres, inversement, ils ressemblent à une pluie de projectiles si rapide et si violente que l'œil ne peut les suivre qu'avec difficulté. Pesant bien toutes ces considérations, j'en arrive à conclure que *les germes flottent dans l'atmosphère par groupes et par nuages et que constamment l'air charrie un nuage différent du précédent :* par conséquent, le contact d'un fluide nutritif avec un nuage de bactéries doit amener un résultat tout autre que son contact avec l'air stérile compris entre deux nuages consécutifs. Mais, de même que dans le cas d'un ciel pommelé les diverses parties du paysage sont successivement visitées par l'ombre, de même à la longue les tubes de notre plateau sont touchés par les nuages de bactéries, d'où résulte une fertilisation ou infection finale. »

Il faut, il me semble, tenir peu compte des difficultés réelles qui entourent la démonstration de la vérité des faits en micrographie, pour ne pas craindre de fonder, sur une expérience viciée par toutes les causes d'erreur possible, des conclusions où la fantaisie pure s'étale d'ailleurs depuis la première phrase jusqu'à la dernière. Ainsi le plateau des cent tubes, ou paysage, est visité successivement par des nuages de germes de la grosseur d'une aveline, qui laissent tomber en passant un microbe, quand, poussés par les courants, ils ne s'engouffrent pas en entier dans les tubes béants. Mais ces nuages si bien formés, si homogènes et tels que chacun d'eux *diffère du précédent,* d'où viennent-ils? Est-ce des poussières des habitations si souvent brassées par les nettoyages? est-ce de l'air extérieur, où ils voleraient comme les cristaux agglomérés des flocons de neige, ou des graines à aigrettes des *synanthérées,* enchevêtrées les unes dans les autres par leurs poils soyeux? Il faut toujours se défier des « flots de lumière » apportés par l'imagination et abandonner sans regret, si belle qu'elle soit, une conception contredite par les faits. M. Tyndall, au contraire, veut trouver dans les expériences de plusieurs autres savants une confirmation de l'existence de ces dits nuages. Dans le paragraphe xxvii du Chapitre II de son Ouvrage *les Microbes*, intitulé : *Quelques expériences de M. Pasteur; leurs rapports avec les nuages de bactéries*, M. Tyndall rapporte les faits suivants : « Le 28 mai 1860, M. Pasteur ouvrit, sur une terrasse située au-dessus du sol, quatre fioles contenant de l'eau de levure ; jusqu'au 5 juin, elles ne subirent aucune modification. A cette date cependant, une touffe de mycélium apparut dans l'une d'elles. Le 6, une autre fut observée dans une seconde fiole. Les deux fioles restantes demeurèrent intactes et sans organismes. Le 20 juillet, il ouvrit dans son propre laboratoire six fioles contenant de l'eau de levure ; quatre d'entre elles restèrent parfaitement intactes, tandis que les deux autres se chargèrent promptement de bactéries : de ces observations, M. Pasteur conclut à la non-continuité de la cause à laquelle cette soi-disant génération spontanée était due. Cette conclusion est tout à fait d'accord avec la notion des nuages *bactéridiques*, telle qu'elle résulte de mes expériences. En *réalité*, M. Pasteur ouvrit quelquefois des fioles au-dessus d'un nuage de bactéries et obtint ainsi la vie ; parfois il les ouvrit dans l'intervalle et arriva à un résultat négatif. » J'ignore si M. Pasteur croit à l'existence des nuages bactéridiques, mais tous les travaux qu'il a publiés sur les germes de l'air ne font pas mention de l'existence d'essaims de bactéries voyageant dans l'espace sur l'aile des vents. Au contraire, pour récolter les espèces à l'état de pureté, c'est-à-dire un seul germe de moisissure ou de bactérie, M. Pasteur a proposé le procédé des ballons scellés, pensant évidemment saisir au hasard une graine microscopique en suspension dans le lieu de l'expérience et non engloutir dans le vide des ballons un bataillon *bactéridique*. A la rigueur, j'admettrai les nuages de bactéries d'Ehrenberg, chassés au loin par les courants atmosphériques, comme les poussières de l'Etna et du Vésuve, les nuages de sédiments terreux soulevés par le vent s'abattant sur des marais desséchés ou des terres très friables ; mais les nuages miniatures de M. Tyndall, je ne les comprends pas, et, pour démontrer leur existence, il sera bon, je crois, d'instituer un ensemble d'expériences un peu plus précises que celles dont l'exemple nous est donné par le damier aux cent tubes.

On peut faire aux ensemencements fractionnés des poussières atmosphériques plusieurs objections parfaitement justes dont la principale repose sur la distribution inégale des corpuscules dans un volume d'air donné ; aussi faible qu'on le suppose, le poids des poussières introduites dans un seul ballon peut renfermer deux, trois ou plusieurs germes de la même espèce qui ne sont, plus tard, comptés que pour un seul. Quelquefois aussi plusieurs spores diverses peuvent adhérer ensemble, et celle qui germe le plus tôt peut entraver le développement des autres, en envahissant rapidement le milieu où elles sont semées en bloc. Souvent il arrive aussi que l'air abondamment pourvu de graines de moisissures en apporte plusieurs espèces capables de croître dans le bouillon neutralisé, d'absorber rapidement l'oxygène dissous dans le liquide et de priver ainsi les germes atmosphériques des bactéries d'un élément nécessaire à leur éclosion. Généralement cependant, les moisissures croissent lentement dans le bouillon privé de toute acidité et les bactéries prennent vite le dessus. Ces causes d'erreur, dont il ne faudrait pourtant pas s'exagérer l'importance, tendent à fournir des statistiques de germes au-dessous de la réalité, sans enlever à ces statistiques leur mérite le moins contestable, celui de fournir des données numériques parfaitement comparables. Nous verrons d'ailleurs bientôt, combien est autrement grande l'influence exercée sur ces chiffres, par la nature du milieu nutritif employé au dénombrement des germes.

III. — De la durée d'incubation des germes atmosphériques et de l'aspect macroscopique des liqueurs altérées par les bactéries nées de ces germes.

Les conserves altérables, parcourues par un volume d'air jugé convenable, sont placées sur des supports (*fig.* 64) et rangées

méthodiquement sur des étagères d'une vaste étuve chauffée
constamment en toute saison entre 3o° et 35°; le réglage à 1°
ou 2° près de la température de l'étuve n'a pas ici une bien
grande importance; car les schizophytes appelés à s'y développer

Fig. 64.

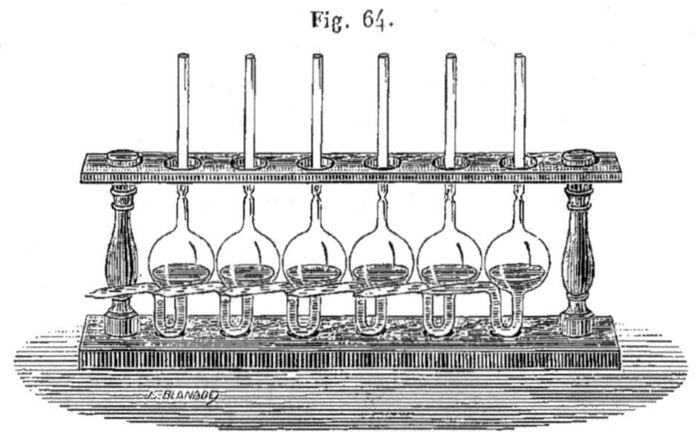

Ratelier de tubes à boule au ⅙ de grandeur.

sont d'origines diverses, par conséquent inégalement sensibles
à l'action de la chaleur : les uns, comme les bactériums, s'accommodent volontiers d'une température de 25° à 3o°; d'autres,
comme les bacilles, peuvent fort bien se développer à 4o°, 5o°
et j'ajouterai à 7o°, comme je l'ai démontré (¹), il y a quatre ans.

(¹) Il existe dans la nature au moins un bacille ou une bactéridie immobile
possédant la faculté remarquable de vivre et de se multiplier entre 7o° et 72°
dans le bouillon neutralisé, c'est-à-dire 15° au-dessus de la température extrême de résistance assignée par M. le professeur Cohn, de Breslau, aux nématogènes adultes : « A une température de 5o° à 55°, dit expressément ce savant,
toute reproduction et tout développement de bacille cessent : il ne se forme ni
pellicules ni spores, les filaments errants et en voie de, croissance sont tués;
les spores, au contraire, conservent (pour le moins dix-sept heures) la propriété de germer. » (Cohn, *Beitr. zur Biol. der Pflanzen*, Band II, p. 271.) Dans
des recherches effectuées en 1879 et rapportées en décembre 1879 (*Bulletin de
la Statistique municipale de la Ville de Paris*, p. 673), j'annonçai pour la
première fois l'existence d'une espèce singulière de bacille vivant et se scissi-
parisant à une température dépassant de 15° celle qui provoque la coagulation
de l'albumine d'œuf. « Au delà de 72°, disais-je, le bacille filamenteux végète
très péniblement; à 75°, il ne paraît plus se multiplier. » Dans l'*Annuaire de*

Je crois utile, toutefois, de soumettre les liqueurs ensemencées à la température de 30° à 35°, qui paraît favorable au développement de la majeure partie des bactéries. Quand le fractionnement des poussières dans les conserves a été bien conduit, on ne tarde pas à voir une partie d'entre elles présenter les signes manifestes d'une altération ; il est assez peu fréquent de voir ces signes apparaître après une incubation de vingt-quatre heures : c'est surtout vers le deuxième, le troisième et le quatrième jour qu'ils sont visibles à l'œil un peu exercé. Le Tableau annexé à ce paragraphe donne une idée très exacte du temps d'incubation des germes aériens des bactéries ; ce temps est fort variable, ce qui semble devoir être attribué à l'état de conservation plus ou moins parfait du germe microbique introduit par le hasard dans le liquide des conserves. Il est très rare de voir les germes des bactéries demander plus de trente jours pour se rajeunir ; cette limite n'a cependant rien d'absolu, et, quand on prend la simple précaution de garder pendant six mois ou un an des milieux nutritifs ensemencés par les poussières de l'air, l'eau de condensation, l'eau de pluie, on peut voir plusieurs d'entre elles s'altérer après quarante, soixante, cent jours et même six mois ; cela arrive une

---

Montsouris pour l'an 1881, je suis revenu sur ce fait extraordinaire ; après des recherches thermométriques très précises et des cultures opérées au sein de masses liquides chauffées sans variations appréciables de température, pendant plusieurs jours, j'acquis alors la conviction que ce bacille cessait de vivre ou du moins de se multiplier, quand les thermomètres plongés dans l'intérieur de l'infusion et dans l'atmosphère située au-dessus d'elle donnaient une moyenne très voisine de 72°, leur écart étant à peine de quelques dixièmes de degré.

Une année après la publication de ces premières expériences, M. Van Tieghem communiqua à la Société botanique de France, en janvier 1881 (*Bulletin de la Société botanique de France*, p. 35), un travail *Sur les bactériacées vivant à la température de 74° centigrades*, où il signale l'existence d'un micrococcus et d'un bacille immobile, jouissant de la propriété d'être réfractaires à la chaleur humide de 74° : « On voit, ajoute M. Van Tieghem, après avoir mentionné mes travaux sur ce point, que les deux plantes citées plus haut dépassent notablement la limite de 72°, et il est à croire qu'on en trouvera d'autres capables de se développer à des températures plus élevées. » Je ne partage pas, à ce sujet, les espérances de M. Van Tieghem : après de nouveaux essais pratiqués sur les organismes bactériens les plus variés, avec les liquides nutritifs les mieux neutralisés, je n'ai pu réussir à faire germer des microbes au delà de 72° à 73° C.

fois sur cinq cents ensemencements devenus fertiles, ce qui, en
somme, a une influence peu appréciable sur les résultats généraux de la statistique des germes, basée sur le chiffre des conserves altérées après le trentième jour. Cette limite me paraît
de rigueur, car le Tableau de la page 185 montre que la cinquan-
tième partie des tubes à boules s'altère dans la seconde quinzaine qui suit la date de leur mise en expérience; à l'Observatoire de Montsouris, c'est vers le quarantième jour que je
supprime définitivement les conserves dont l'altération paraît
nulle.

En examinant avec attention les chiffres inscrits dans ce même
Tableau, il semble ressortir d'abord que les germes récoltés à
l'air extérieur, au parc de Montsouris, puis à la rue de Rivoli,
sont doués d'une vitalité inférieure aux germes répandus dans
l'atmosphère des salles des hôpitaux; cela tient peut-être à la
conservation plus parfaite des spores soustraites aux intempéries des saisons, peut-être à leur jeunesse, c'est-à-dire à la
proximité des foyers d'où elles émanent, peut-être enfin à la désagrégation moins parfaite des pellicules, des zooglæa, autrement
dit, au groupement de plusieurs germes en une seule molécule.
La dernière colonne du Tableau, en tenant compte de ces parti-
cularités, donne avec exactitude la durée moyenne d'incubation
de 1000 semences de bactéries rajeunissables dans le bouillon
Liebig, de densité égale à 1,024. Si des liquides dépassant en
sensibilité ce dernier bouillon peuvent accuser un plus grand
nombre de germes dans l'atmosphère, chose intéressante, la
durée moyenne d'incubation de ces germes reste fort voisine
des chiffres déjà donnés. Cela peut s'expliquer, je crois, en
supposant dans l'air l'existence de spores de microbes à tous les
degrés de vitalité, et en admettant dans les liqueurs fort sensibles la présence de principes réconfortants capables d'étendre
leur action fécondante sur des semences mortes depuis longtemps pour les liqueurs peu altérables; cette action, pour être
efficace, demanderait une incubation suffisamment prolongée,
exactement représentée par l'action des bouillons à sensibilité
obtuse sur les mêmes graines plus vivaces.

Durée d'incubation des germes atmosphériques des schizophytes.

Conserves altérées après	Bactéries récoltées.				Chiffres moyens.
	Parc de Montsouris.		Rue de Rivoli.	Hôpital de la Pitié.	
	1880.	1881.			
1 jour..........	19	20	33	42	29
2 »	129	166	192	226	178
3 »	193	223	302	314	258
4 »	224	163	149	131	167
5 »	164	149	106	94	128
6 »	75	79	60	55	68
7 »	61	56	29	33	44
8 »	32	29	22	26	27
9 »	22	21	16	15	19
10 »	17	17	14	14	15
11 »	19	16	12	10	14
12 »	12	18	13	12	14
13 »	10	10	11	4	9
14 »	5	5	9	5	6
15 »	4	5	6	2	4
16 »	5	»	5	4	
17 »	5		6	3	
18 »	2	3	3	2	
19 »	1	»	4	1	
20 »	1	2	3	2	
21 »	»	1	1	2	
22 »	»	2	1	1	
23 »	»	1	1	»	20
24 »	»	1	»	»	
25 »	»	1	1	1	
26 »	»	»	1	»	
27 »	»	1	»	1	
28 »	»	»	»	»	
29 »	»	»	»	»	
30 »	»	»	»	»	
31 »	»	»	»	»	
Totaux.....	1000	1000	1000	1000	1000

Un mot maintenant de la physionomie des liqueurs altérées par les bactéries des sédiments atmosphériques ; trois choses peuvent se présenter :

1° Le liquide conserve sa limpidité, mais on ne tarde pas à voir apparaître, à la partie inférieure du vase qui le renferme, un dépôt plus ou moins volumineux ;

2° La liqueur se trouble d'abord uniformément, puis on constate suivant les cas l'apparition d'un dépôt ou d'un voile ;

3° Le contenu des petits ballons reste parfaitement transparent, mais il montre des nuages blancs, légers, formés par des mycéliums soyeux qui peuvent envahir toute la masse liquide, des houppes plus ou moins denses diversement colorées, uniques ou au nombre de deux, trois, quatre et davantage. Les organismes qui présentent cet aspect appartiennent généralement aux moisissures ; il faut en excepter cependant plusieurs microbes filamenteux groupés en houppes serrées, ressemblant à certaines substances chimiques cristallisées, comme la leucine et la tyrosine impure. Dans beaucoup de cas, les moisissures viennent fructifier à la surface de la liqueur en donnant naissance à des efflorescences verdâtres, jaunes, noires, roses, blanches ; mais, dans beaucoup d'autres, rien de semblable n'apparaît, le mycélium s'arrête dans sa croissance, puis dépérit et donne parfois, en se segmentant, un dépôt léger formé de cellules bourgeonnantes elliptiques ou circulaires ; il est néanmoins utile d'examiner ces dépôts, simulant ceux qui fournissent les micrococcus et où parfois des microbes se développent à côté des conidies. D'ailleurs il est assez fréquent de voir le liquide, d'abord envahi par les mucédinées, se troubler sous l'action des bactéries ; plus rarement les moisissures se montrent là où les bactéries se sont établies, même pour un temps très court ; il s'agit ici, ne l'oublions pas, de conserves ensemencées avec une quantité impondérable de poussières et soustraites après cette opération à la chute de toute impureté.

Les dépôts qui apparaissent dans les conserves altérées ont des aspects fort divers : les uns ressemblent à des précipités chimiques lourds ; d'autres, au contraire, s'étalent en réseaux figurant des toiles d'araignée grossièrement tissées ; d'autres grimpent en traînées divergentes, du fond du ballon à la surface de la liqueur, en décrivant un quart de méridien : le liquide où l'on voit

ces algues apparaître peut conserver une limpidité magnifique ;
mais la moindre agitation suffit pour répandre la petite plante
dans la liqueur, qui devient alors très trouble. Sur 100 conserves
peuplées par les micrococcus atmosphériques, 20 au moins sont
le siège d'une altération semblable. D'autres précipités vivants
s'incrustent sur la paroi du verre, et le mouvement gyratoire le
plus vif parvient difficilement à les arracher des points où ils
se sont formés. Il est aussi des dépôts gluants qui s'enlèvent dans
ces conditions en stries blanchâtres et en filant de l'endroit où
on les a laissés s'accumuler. Je dois encore mentionner les dépôts
granuleux et caillebotés dus à plusieurs espèces de sarcines.

Les dépôts ainsi formés dans le sein des liqueurs nutritives
sont-ils l'indice certain du développement des microbes appelés
micrococcus? Oui, dans la plus grande majorité des cas, si ce
dépôt est primitif et n'a pas été précédé d'un trouble général de
la liqueur; il existe cependant plusieurs espèces microscopiques
cellulaires : les torules et les levures, qui simulent, à tromper l'œil
le mieux exercé, les précipités de microcoques quand le milieu
employé aux ensemencements est exactement neutralisé ; s'il est
acide, les torules y acquièrent un grand développement, le
contenu des vases se trouble, la surface de la liqueur perd son
brillant, se dépolit et finalement se recouvre de pellicules sans
consistance, semblables aux voiles formés par les schizomycètes
dénommés *bactériums :* l'examen au microscope, auquel il faut
toujours recourir, lève bientôt toute difficulté.

Le second genre d'altération est le trouble, pouvant varier
depuis le louche le plus faible jusqu'au trouble boueux ; il peut
être produit par les différentes espèces de bactéries : les micrococcus, les bactériums, les bacilles et les vibrions, par des microbes mobiles ou immobiles.

Le trouble est permanent ou fugitif : les troubles fugitifs sont
dus au développement d'une espèce dans un terrain peu favorable
à sa nutrition, ou très faiblement chargé des principes propres
à l'entretien de sa vie, quelquefois à la présence dans la liqueur
d'une substance antiseptique. Au bout d'un ou deux jours,
le microbe qui a envahi le milieu se précipite au fond du vase

en laissant après lui une liqueur d'une limpidité irréprochable, encore chargée de matériaux capables de nourrir plusieurs autres générations de schizophytes. Le trouble dit permanent ne subsiste pas indéfiniment, dans la véritable acception de ce mot; il reste évident jusqu'à l'instant où l'espèce cesse d'avoir à sa disposition des aliments propres à la nourrir. Ces éléments épuisés ou rendus inassimilables par la présence de gaz ou de matières toxiques, l'espèce se réunit au fond du vase ou gagne la surface de la liqueur, où elle forme des pellicules de structures diverses, minces ou épaisses, appelées *voiles,* unies ou ridées, continues ou formées d'îlots irrégulièrement disposés, membraneuses ou faciles à désagréger. Les bacilles et les bactériums possèdent surtout la faculté de venir former des voiles, quand l'acide carbonique a envahi l'infusion : ce fait s'observe plus rarement chez les micrococcus. Souvent la clarification de la liqueur, se fait attendre plus longtemps : elle demande pour s'établir définitivement plusieurs mois et même plusieurs années.

Les liquides altérables soumis à l'action des poussières atmosphériques peuvent présenter une foule d'autres signes d'altérations légères ou superficielles ; j'en citerai seulement quelques-uns : la liqueur primitivement très fluide devient filante, acquiert la consistance du blanc d'œuf, coule en bloc d'un vase dans un autre, quand on cherche à la transvaser ; très souvent elle contracte des odeurs spéciales plus ou moins fétides ; elle devient ammoniacale, sulfhydrique ; généralement cette fétidité n'est pas très accusée, le sérum sanguin, le bouillon de viande perdent l'odeur qui caractérise leur état de fraîcheur, ils deviennent ordinairement *sûrs,* pour employer une expression vulgaire, c'est-à-dire légèrement aigrelets, ou dégagent une odeur faiblement butyrique. Mais il ne faut pas s'attendre à rencontrer dans la majeure partie des conserves altérées par une fraction minime de poussières ces odeurs nauséabondes, cadavériques des putréfactions intenses déterminées par une goutte d'eau d'égout et même d'eau de la Seine. Les microbes de l'air sont faiblement putréfacteurs, leur action est 80 fois sur 100 fort superficielle. Les miasmes figurés de l'atmosphère déterminent rarement la décomposition profonde des liquides où ils sont introduits; les jus de viande, les sucs des fruits eux-mêmes soumis à leur action changent à peine d'odeur, et beaucoup de microbes communs paraissent n'y croître qu'à regret.

Il faut donc bannir de l'esprit cette idée absolument inexacte que nous vivons littéralement assiégés par des microbes toujours prêts à semer la putréfaction sur les muqueuses de notre économie. Les habitants des campagnes, plus privilégiés sur ce point que les citadins, n'introduisent peut-être pas par jour dans leurs poumons un germe de ferment putride. Malheureusement, l'étude de l'action pathologique des schizophytes est si peu avancée, il reste tant à faire et tant à découvrir sur ces questions des microbes nocifs et non nocifs, que l'altération profonde d'un liquide par telle bactérie ne fournit aucune indication sur sa virulence à l'égard de l'espèce humaine; tout ce que peut faire l'observateur est de constater sa parfaite innocuité à l'égard des lapins et des cobayes.

Au changement de consistance et d'odeur du contenu des conserves peuplées par les germes aériens se joint parfois un changement de couleur; si la liqueur est fortement colorée, sa teinte peut faiblir sous l'action des microbes; si elle est incolore, on la voit parfois se foncer, devenir jaune verdâtre, très rarement rougeâtre et bleuâtre; le sérum sanguin incolore, le bouillon léger sont les liquides qui se prêtent le mieux à la démonstration de ces curieux changements de teintes, sous l'influence des bactéries vivantes; mais rien n'égale cependant à ce sujet le pouvoir singulier de plusieurs moisissures. Sous l'action de ces microphytes, on voit souvent le sérum du sang de bœuf acquérir les plus belles teintes jaunes, vertes ou bleu indigo et, chose plus remarquable, une magnifique couleur garance.

En résumé, les conserves fertilisées par une très faible partie de sédiments aériens subissent, suivant le hasard des ensemencements, une foule de genres d'altérations profondes ou à peine sensibles, s'accusant d'ordinaire macroscopiquement par l'apparition de dépôts divers, de troubles, de voiles d'aspects variés, d'odeurs spéciales peu marquées ou fortement putrides, par un

changement de fluidité et de couleur de la liqueur. A cela on
peut ajouter la formation, dans le sein même du liquide, de gaz
et de substances déterminables par le chimiste, de carbonate d'ammoniaque, de gaz fétides, d'acide lactique, butyrique, succi-
nique, de tyrosine, de leucine, de ptomaïnes, etc., de substances
signalées par M. Pasteur comme résultant de l'activité vitale des
cellules microscopiques et de produits trouvés par M. le professeur Schützenberger (¹), dans ses travaux remarquables sur le
dédoublement des substances albuminoïdes, par MM. Wurtz,
A. Gautier et par un grand nombre d'autres savants. Je ne peux
que signaler ici ces recherches et faire des vœux pour que
l'action des microbes soit étudiée séparément dans le phénomène si complexe de la dissolution des substances mortes.

Plusieurs auteurs ont parlé de l'altération des milieux nutritifs
par les microbes, en l'absence de signes capables de la trahir, le
protoplasma des bactéries possédant dans ces circonstances
un indice de réfraction identique à celui des milieux où elles
se développent; si cela est possible dans la première ou la dernière période de leur existence (en effet, on éprouve quelquefois de la peine à distinguer nettement certaines bactéries); cet
indice de réfraction change et le microbe ou ses germes deviennent
bien visibles dans les infusions un peu vieilles; d'ailleurs il est
aisé de colorer les bactéries ou de dessécher une goutte du liquide qui en est infesté sur une lamelle mince qu'on examine
alors à sec, ou avec le secours d'un liquide plus ou moins réfringent. Il serait, au contraire, très préjudiciable à l'étude des
schizophytes, si une conserve trouble, examinée avec nos objectifs les plus puissants, n'accusait pas la présence d'un microbe,
s'il pouvait exister en un mot une altération dont le microbe
générateur serait absolument invisible; je ne veux pas assigner
de limite à la petitesse des bactéries, cependant je n'ai jamais
été témoin d'un fait pareil. J'ai toujours pu distinguer, dans
les infusions troubles, l'organisme auteur de ce trouble : s'il
existe des microbes capables de défier le pouvoir grossissant de

---

(¹) Schutzenberger, *Annales de Chimie et de Physique*, 5ᵉ série, t. XVI, 1879.

nos instruments d'optique, ils doivent être très rares; dans un cas semblable, je plaindrais sincèrement le savant livré à la poursuite d'un ferment pathologique de cette espèce.

IV. — De l'altérabilité des liqueurs nutritives.

J'appelle *sensibilité, altérabilité* ou *putrescibilité* d'une liqueur la faculté que possède cette liqueur de faire germer les œufs ou spores errantes des bactéries; un liquide qui reste intact après avoir reçu les poussières d'un volume d'air considérable est d'une sensibilité obtuse; celui qui, au contraire, s'altère sous l'influence des corpuscules tenus en suspension dans un très faible volume du même air est éminemment sensible. Cette définition ne préjuge en rien de l'intensité du phénomène de l'altération des milieux soumis à l'action des schizophytes; elle a pour but unique de limiter le sens très restreint que j'attache à ces trois expressions.

Le degré de sensibilité des liqueurs employées journellement dans les laboratoires est fort variable; il importe grandement au micrographe d'être averti de ce fait et de pouvoir au besoin calculer ce degré, auquel se trouvent évidemment soumis les résultats numériques de toute recherche statistique de germes. Pour obtenir dans les travaux de Micrographie aérienne des chiffres rigoureusement comparables, il est indispensable d'user toujours du même liquide nutritif et de ne passer à l'emploi d'une nouvelle liqueur qu'après avoir déterminé très soigneusement, par de nombreuses expériences, le coefficient qui permet de rapporter les premières recherches aux secondes et *vice versa*. Je ne saurais trop le redire : si l'on néglige cette précaution, on obtient des chiffres sans grande signification et dont l'utilité est dès lors bien contestable.

Il est facile de mesurer le degré de sensibilité d'une liqueur par rapport à une autre liqueur choisie pour type. Jusqu'ici c'est au bouillon Liebig neutralisé, stérilisé à 110° pendant deux heures et de densité égale à 1,024, que j'ai comparé les milieux

divers en suivant la marche suivante. A plusieurs époques,
et quand cela est possible aux diverses saisons de l'année, on
ensemence au même endroit, au même jour et au même instant,
dans les liqueurs dont on veut mesurer le degré de putrescibilité,
un volume d'air calculé de façon à féconder le tiers ou la moitié
des conserves mises en expérience ; plus tard, les résultats statistiques obtenus permettent d'établir, avec une approximation
suffisante, le rapport ou le coefficient cherché. Si le bouillon de
carotte, pris pour exemple, fournit 40 bactéries par mètre cube,
là où le bouillon Liebig accuse 100 bactéries, il est indiscutable
que le bouillon de carotte est deux fois et demie moins altérable
que ce dernier bouillon. Le Tableau ci-joint indique, par ordre
croissant de sensibilité, le degré d'altération des liqueurs stérilisées soumises à mes essais ; les chiffres de la première colonne
expriment ce degré, les chiffres de la deuxième colonne renferment les coefficients qui permettent de rapporter au bouillon Liebig
les résultats des expériences obtenues avec ces diverses liqueurs.

Liqueurs stérilisées à 110°.

Nature des liquides.	Degrés d'altérabilité.	Coefficients.
Infusion de foin neutralisée................	0,03	33,000
Liqueur de Cohn.........................	0,05	20,000
Bouillon de carotte neutralisé.............	0,40	2,500
Urine normale..........................	0,50	2,000
Bouillon Liebig neutralisé................	1,00	1,000
» de choux neutralisé..............	1,40	0,714
» de bœuf neutralisé..............	4,00	0,250
» de bœuf neutr., plâtré et salé au $\frac{1}{100}$..	5,60	0,178
» de bœuf neutralisé et salé au $\frac{1}{100}$....	7,10	0,141

Devant ces données numériques, il est inutile de faire ressortir combien seraient différentes les statistiques de deux observateurs, dont l'un emploierait les infusions de foin et l'autre le
bouillon de bœuf salé : le premier trouverait 1 germe de bactérie
là où le second en compterait 200 ; mais ce qui ne peut échapper
à l'attention du lecteur, c'est l'accroissement de sensibilité que

subit le bouillon de bœuf, quand on l'additionne d'une faible quantité de sel marin cristallisé et parfaitement pur.

Dans mes essais sur la fabrication d'un bouillon type fort sensible aux germes des sédiments atmosphériques, j'ai été appelé à examiner l'action du sel marin sur le rajeunissement des microbes ; ce sel antiseptique à haute dose, utilisé journellement par l'industrie pour la conservation des viandes et des poissons, me paraissait *a priori* devoir diminuer l'altérabilité des liqueurs. L'expérience fut faite néanmoins et ses résultats furent

Fig. 65.

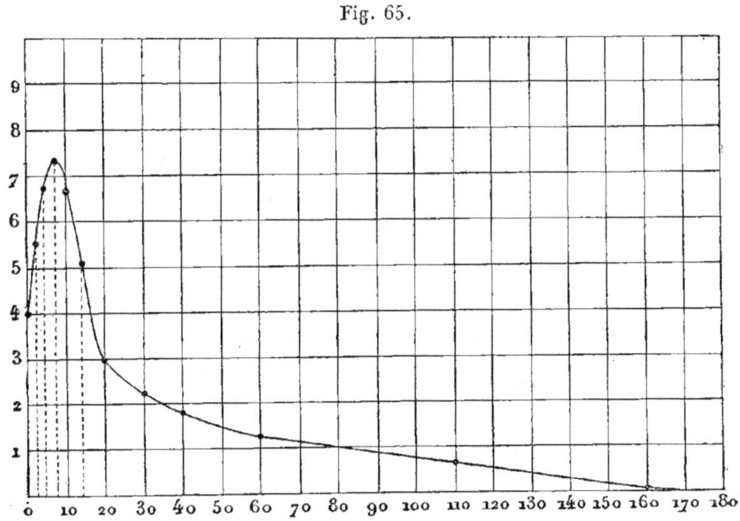

De l'action du sel marin sur la putrescibilité du bouillon de bœuf.

des plus remarquables : le chlorure de sodium, loin de gêner l'évolution des germes microbiques, la favorise à un haut degré. Les schizomycètes, comme les globules du sang et beaucoup d'autres cellules animales, aiment le sel quand il leur est dispensé avec mesure. Après de longues recherches poursuivies pendant quinze mois, je suis parvenu à établir graphiquement la courbe qui indique les variations de sensibilité du bouillon, quand on l'additionne de quantités croissantes de sel. La ligne des abscisses du diagramme (*fig.* 65) représente le poids de sel ajouté par litre au bouillon de bœuf, les ordonnées verticales le degré de sensibilité calculé par rapport au bouillon Liebig, dont la sensibilité est supposée égale à 1. On voit d'abord la sensibilité du bouillon de bœuf, voisine de 4, s'élever promptement jusqu'au delà de 7, quand la dose de sel va de 7^{gr} à 8^{gr} par litre puis décroître rapidement quand le poids du chlorure de sodium est porté à 15^{gr}, 20^{gr} et 30^{gr} par 1000^{cc} de bouillon. Fait qui pouvait être prévu, il existe un bouillon salé dont le degré d'altérabilité égale celui du bouillon de bœuf sans sel : c'est le bouillon de bœuf où l'on a fait dissoudre environ 18^{gr} de chlorure de sodium par litre ; à partir de ce point, le sel agit comme antiseptique, en fournissant un segment de courbe parabolique (?) à convexité dirigée vers le point d'entre-croisement de la ligne des abscisses et des ordonnées.

Les liquides animaux, les substances d'origines animales et végétales, les albumines, les jus de viande, les sucs de fruits et des plantes herbacées ont également un degré de sensibilité fort variable à l'égard des germes des bactéries.

Liqueurs stérilisées par filtration sur le plâtre à la température ordinaire.

Nature des liquides.	Degrés d'altérabilité.	Coefficients.
Albumine d'œufs étendue	0,22	4,543
Urine normale	0,40	2,500
Urine normale neutralisée.	0,90	1,111
Bouillon Liebig stérilisé à 110°.........	1,00	1,000
Urine normale étendue d'eau aux trois quarts.	1,80	0,555
Sérum de sang de bœuf étendu	5,20	0,192
Sucs de fruits (raisins, fraises) neutralisés....	9,50	0,105
Suc de choux dilué	11,00	0,091
Jus de veau	13,30	0,075

Après la liqueur minérale de Cohn et les infusions de foin, l'eau albumineuse préparée en dissolvant un ou deux blancs d'œuf dans 1^{lit} d'eau commune se montre un des milieux les moins sensibles aux germes des schizophytes. Rien ne pouvait faire prévoir à l'avance un semblable résultat, et l'on doit

encore s'étonner de voir une substance d'origine animale, riche
en éléments hydrocarbonés, azotés et minéraux, occuper dans la
liste des liqueurs altérables un rang fort voisin des solutions
minérales absolument dépourvues de principes protéiques. L'albumine d'œuf, cinq fois environ plus putrescible que le liquide de
Cohn, est vingt-cinq fois moins sensible que l'albumine de sang
de bœuf.

Les urines normales non chauffées ne sont jamais bien altérables; en les neutralisant à la soude caustique, on arrive cependant à doubler leur pouvoir nutritif envers les germes des bactéries, pouvoir d'ailleurs fort variable, même quand on prend
la précaution d'employer un mélange d'urines puisées à différentes sources; les chiffres publiés plus haut expriment surtout
les résultats moyens de nombreuses séries d'ensemencements
effectués depuis cinq à six ans. On augmente peu le degré d'altérabilité des urines normales stérilisées à froid en y dissolvant
par litre quelques grammes de plasma sanguin, ce qui paraît tenir
à la persistance dans ces liquides de principes antiseptiques
dont l'action reste toute-puissante. On exalte, au contraire, considérablement la sensibilité de ces mêmes urines en les éten-
dant de plusieurs fois leur poids d'eau. Une urine de densité
voisine de $1,018$, étendue au point d'accuser une densité comprise entre $1,005$ et $1,004$, devient trois et quatre fois plus altérable, ce qui résulte évidemment de la dilution des substances
antiseptiques contenues normalement dans ce liquide animal.

Le sérum du sang, comme on devait s'y attendre, n'est pas doué
d'une grande altérabilité; car, si cette humeur de l'économie est
destinée à porter à la périphérie de l'organisme les produits de
la nutrition, elle est également chargée d'amener dans un groupe
d'appareils excréteurs les produits de désassimilation de nos
tissus, parmi lesquels on compte beaucoup de sels cristallisés et
plusieurs substances vraisemblablement impropres à la nutrition
de cellules, puisque l'organisme se hâte de les expulser. Quoi
qu'il en soit, le bouillon de bœuf salé dépasse en nutritivité le
sérum du sang de bœuf. Les sucs neutralisés des fruits, des plantes
succulentes occupent généralement un rang élevé dans le groupe

des liquides fort sensibles aux bactéries atmosphériques ; le suc de laitue, et surtout le suc de choux que j'ai longtemps étudié, est environ onze fois plus putrescible que le bouillon Liebig, pris pour terme de comparaison. Enfin les jus de viande, notamment le jus de veau, possède un degré d'altérabilité supérieur à ceux des liquides mentionnés plus haut.

La sensibilité des milieux nutritifs à l'égard des germes atmosphériques s'accuse, non seulement en exaltant considérablement les résultats de la statistique des bactéries, mais encore en modifiant les proportions dans lesquelles les divers microphytes sont recueillis. Normalement, le bouillon Liebig décèle dans l'air du parc de Montsouris 74 micrococcus, 18 bacilles et 8 bactériums ; en employant un autre liquide, cette proportion peut changer ou rester sensiblement la même ; les deux Tableaux suivants ont été dressés à l'effet d'établir ces différences.

TABLEAU I. — *De la nature des microbes récoltés avec des liquides de sensibilité généralement obtuse.*

	Urines cuites à 110°.	Urines filtrées au plâtre.	Sérum sanguin.	Bouillon Liebig.
Micrococcus.........	76	72	77	74
Bacilles.............	17	19	13	18
Bactériums..........	7	9	10	8
Totaux.........	100	100	100	100

TABLEAU II. — *De la nature des microbes récoltés avec des liquides pourvus d'un degré d'altérabilité généralement élevé.*

	Suc de choux.	Suc de fraises.	Jus de viande.	Bouillon de bœuf salé.
Micrococcus...........	59	58	68	66
Bacilles..............	9	8	3	13
Bactériums..........	32	34	29	21
Totaux.........	100	100	100	100

La quantité de bactériums indiquée dans le Tableau II est trois ou quatre fois supérieure au chiffre de ces mêmes organismes

inscrits dans le Tableau I ; la caractéristique de la sensibilité
d'une liqueur nutritive paraît donc résider dans la faculté qu'elle
présente de favoriser le rajeunissement d'une classe spéciale de
microbes : les *bactériums,* doués d'une très grande fragilité,
d'une faible résistance à la chaleur, à la dessiccation et aux
antiseptiques.

V. — Des cultures des bactéries à l'état de pureté.

Je parlerai exclusivement ici des cultures à l'état de pureté
des microbes atmosphériques : les préceptes qui s'appliquent
d'ailleurs à cette partie de l'étude des organismes soulevés dans
l'espace par la force du vent s'appliquent avec la même rigueur
à l'étude des bactéries pathologiques. Grâce aux enseignements
de M. Pasteur, la culture d'une espèce microscopique est deve-
nue une opération banale de la Micrographie ; je fais évidemment allusion aux cultures ordinaires, qui ne réclament pas
l'emploi du vide, de températures rigoureusement constantes, de
liquides spéciaux, etc., en un mot, de conditions particulièrement difficiles à réaliser, auxquels cas l'observateur inexpéri-
menté a souvent quelques difficultés à mener à bien une opération de ce genre.

Soit le cas le plus simple : l'observateur est en possession d'une
culture mère absolument exempte d'autres organismes ; il veut
perpétuer cette espèce ou en obtenir plusieurs générations.
Pour cela, il suffit d'introduire une gouttelette de la culture
mère dans des conserves stériles, maintenues à l'abri des impuretés atmosphériques. Plusieurs auteurs transportent le liquide
infecté de l'infusion malade à l'infusion saine au moyen d'un
tube capillaire flambé ; j'emploie pour ma part un simple fil de
platine rougi au préalable ; au bout d'un jour, de douze heures
et même de quatre heures, les bactéries apparaissent en grand
nombre dans le liquide où elles ont été semées ; d'autrefois,
c'est au bout de quarante-huit heures ou même de trois jours que
se manifeste le trouble ou le dépôt, indice certain de la réussite de

l'opération. Les insuccès observés dans ces expériences peuvent tenir à plusieurs causes : à l'infertilité du terrain dans lequel on tente le rajeunissement du microbe, à la mort des organismes dans la culture mère et aux erreurs qui ont pu se glisser à l'insu de l'observateur dans le cours des manipulations.

Il existe beaucoup de liquides où tels bactériens ne peuvent pas se développer; le bacille de la fermentation ammoniacale ne croît pas dans le bouillon Liebig; un grand nombre de bactériums, de microcoques ne peuvent jamais se développer dans le liquide de Cohn, les infusions de foin, de carottes, d'albumine d'œuf, etc.; le moment le plus favorable au succès de ces transplantations d'espèces d'un milieu dans un autre paraît être celui où la bactérie est à l'état adulte dans toute sa vigueur; alors elle continue souvent à se multiplier par scissiparité dans un liquide où ses semences n'auraient germé qu'avec la plus grande difficulté, si même cette germination eût été possible. D'autres fois, quand la culture est un peu vieille et quand une fermentation ou une putréfaction énergique a répandu dans la liqueur des principes toxiques pour les bactéries et leurs graines, l'espèce est promptement tuée; la culture perdue est uniquement peuplée de cadavres : c'est ainsi que périssent fort rapidement les schizomycètes des fermentations ammoniacales, sulfhydriques, les saccharomycètes des fermentations alcooliques, alors que d'autres bactéries peuvent rester ensevelies pendant plusieurs années dans les liquides altérés sans perdre leur vitalité J'ai en ma possession de l'eau de la Seine renfermée depuis 1877 dans des ballons scellés, qui se montre encore aujourd'hui capable de féconder les infusions à la dose d'une simple goutte. M. Pasteur a parlé de corpuscules germes de la bactéridie charbonneuse trouvés pleins de virulence après une période de douze années. Lors du percement de l'avenue de l'Opéra à Paris, j'ai trouvé, dans le canal médullaire du fémur d'un être humain enseveli depuis plusieurs siècles, des bacilles vulgaires dont le développement demanda seulement trente-six à quarante heures; enfin M. le professeur Van Tieghem a découvert de son côté des amylobacters dans des tiges de végétaux pétrifiés; ces bacilles, également pétrifiés, n'étaient pas évidemment rajeunissables, mais on les y voyait aux diverses phases de leur développement, ce qui faisait assister, après plusieurs milliers de siècles, à un phénomène de décomposition des substances organisées, facile à provoquer encore de nos jours avec les mêmes microbes. Cependant il existe plusieurs genres de bactéries communes dont la résistance au temps et à la dessiccation ne dépasse pas une période de six mois. M. Pasteur a vu le *bacillus anthracis* incapable de vivre plus de six jours à une température de $42°$-$43°$. Les conditions de culture ont donc aussi une grande influence sur la vitalité des microbes. Il reste sur ce sujet bien des études intéressantes à entreprendre et de nombreux problèmes à résoudre.

Pour introduire dans un milieu nutritif stérilisé une gouttelette d'une culture mère destinée à le peupler, on est, dans les cas habituels, obligé de laisser la culture au contact de l'air pendant au moins une dizaine de secondes ; à ce moment le liquide, jusque-là vierge de toute impureté atmosphérique, peut recevoir des semences étrangères apportées par les courants d'air, toujours nombreux, déterminés par les mouvements de l'observateur, les appels d'air froid provoqués par les becs de gaz voisins du lieu où l'on opère.

Pour M. le professeur Tyndall, nos plus grands expérimentateurs n'ont pas alors « même la notion du danger que courent les infusion » ; cette notion est fort aisée à calculer : il suffit pour cela de placer auprès des vases à culture, laissés ouverts dix secondes, des vases de même ouverture, qu'on laisse largement béants pendant vingt-quatre ou quarante-huit heures, puis de compter, par un procédé mentionné plus bas, le nombre de microbes qui sont venus se perdre dans le vase. Au laboratoire de Montsouris, c'est à peu près toutes les six minutes qu'un vase à col ouvert, de $0^m,010$ de diamètre, reçoit un microbe rajeunissable dans le bouillon de bœuf salé : on peut donc, dans l'intervalle de la chute de deux germes, ouvrir et refermer quarante vases, sans constater un cas d'infection par les microbes aériens. Si l'ouverture du vase a un diamètre cinq fois moindre, comme cela existe dans mes appareils à culture, la chance d'infection devient de $\frac{1}{1500}$:

telle est la notion exacte du danger que courent les milieux nutritifs. A côté de cette cause d'erreur si faible, il en existe une seconde un peu moins négligeable, mais tout aussi aisée à calculer ;
quand on transporte la gouttelette, attachée au fil de platine, de
la culture mère à la conserve stérilisée, le fil décrit dans l'air un
solide à trois dimensions représentant fort exactement le volume de l'air déplacé par ce fil. Supposons que ce solide ait
$0^m,001$ d'épaisseur, $0^m,02$ de hauteur (longueur du fil supposée
immergée) et $0^m,25$ de largeur ; de plus que tous les germes
contenus dans cet air se soient fixés sur le fil de platine et la
gouttelette et soient semés dans l'infusion : au laboratoire de
Montsouris 1^{lit} d'air renfermant, en chiffre rond, trois microbes
rajeunissables dans le bouillon de bœuf salé, le volume du solide
désigné étant égal à 5^{cc}, l'infection pourra se produire une fois
sur soixante-dix ; si l'on opère dans le parc de Montsouris, ce sera
une fois sur quatre cents. On me pardonnera d'avoir opposé aux
conceptions si hasardées de plusieurs savants ces quelques faits,
pointilleusement exacts.

Les vases à culture des espèces bactériennes à l'état de
pureté peuvent revêtir les formes les plus diverses ; ils doivent
cependant remplir deux conditions essentielles, absolument in-
dispensables : mettre le liquide nutritif à l'abri des poussières
extérieures pendant toute la durée de l'expérience et permettre
à l'observateur de puiser aisément, dans la conserve infestée de
microbes, des fractions de liquide destinées, soit à des examens
microscopiques, soit à des inoculations, soit encore à de nouveaux élevages de microbes, sans exposer le milieu nutritif à
l'action de causes d'erreur plus grandes que celles dont il vient
d'être fait mention. Ordinairement ces vases doivent être construits de façon à permettre à l'air pur d'affluer à la surface du
milieu nutritif.

Dans ses recherches sur la fermentation et les cultures à
l'état de pureté des mucédinées, M. Pasteur a employé le ballon
qui porte son nom, représenté dans la *fig.* 66 : c'est un vase
sphérique de la capacité de $0^{lit},5$, pourvu de deux tubulures ;
l'une est étirée en un long tube capillaire recourbé vers le sol,

l'autre, grosse et rectiligne, est terminée par un bout de tube en
caoutchouc dans lequel glisse un bouchon de verre ; le ballon
chargé de liquide nutritif est porté à l'ébullition ; on laisse pendant plusieurs minutes la vapeur s'échapper par le col droit,
puis on le ferme avec le bouchon de verre flambé : la vapeur privée de cette issue s'élève alors dans la seconde tubulure, parcourt le tube étroit en col de cygne, à l'extrémité duquel elle

Fig. 66.

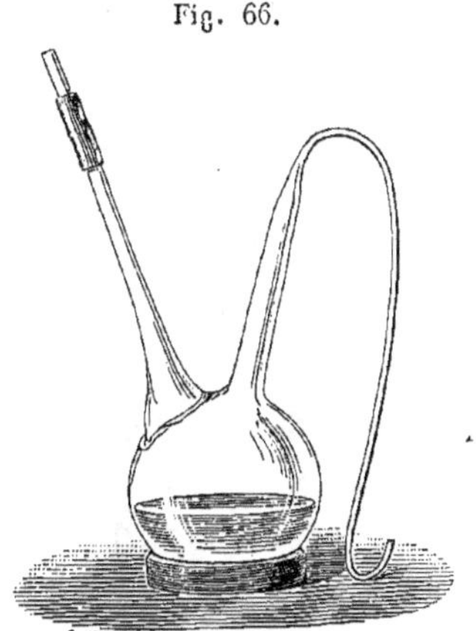

Ballon de M. Pasteur.

s'échappe en sifflant. Au bout de quelques instants, on retire le
feu, l'air rentre en déposant le petit nombre de germes qu'il
renferme, dans le tube capillaire trempé de vapeur d'eau condensée. Cet appareil peut être utilisé avec les liquides stérilisables à l'ébullition sous la pression normale, comme le moût de
raisin, le moût de bière houblonnée, et en général avec les sucs
et les liqueurs fortement acides, c'est-à-dire peu favorables au
développement des schizophytes. Pour semer dans le ballon
Pasteur une espèce microscopique, ou en retirer un organisme
en voie de croissance et de multiplication, on enlève, après l'avoir
rapidement flambé, le bouchon de verre adapté au caoutchouc,
on porte l'espèce au contact du liquide stérilisé au moyen d'un
fil métallique chauffé, ou bien encore on prélève une portion de

liquide du ballon destinée à provoquer de nouvelles fermentations ; puis le bouchon de verre passé par la flamme est de nouveau introduit dans le tube de caoutchouc.

Pour la première fois, en 1876, M. Pasteur a donné la description d'un second vase à culture destiné primitivement à modifier
à l'abri des poussières de l'air les liquides nutritifs stérilisés, par
l'addition d'un principe chimique tenu dissous dans un véhicule
également purgé de germes. Cet instrument, dont le dessin est reproduit dans la *fig.* 67, est fait d'un tube en U renversé dont les

Fig. 67.

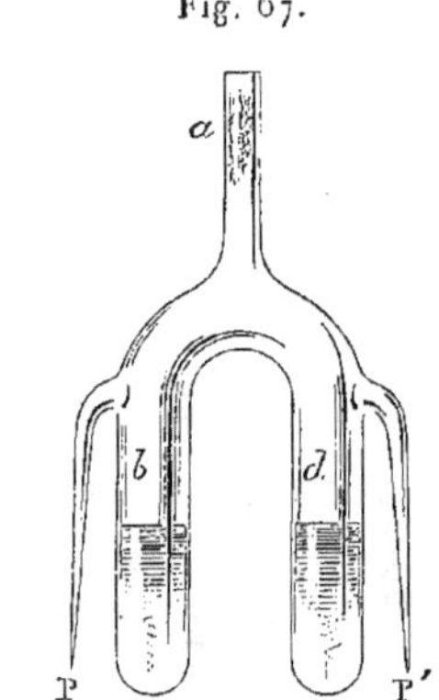

Tube à culture de M. Pasteur.

deux extrémités sont fermées et pourvu à la partie la plus élevée
de sa convexité d'un petit tube ouvert garni d'un tampon de
ouate. A la partie supérieure latérale des branches du tube en
U renversé sont étirées deux pointes effilées et recourbées en bas.
Ces pointes scellées, l'appareil est passé au fourneau à gaz. Plus
tard, alternativement cassées et fondues, elles permettent d'introduire dans l'appareil deux échantillons d'un liquide chauffé au
préalable à 115°. Je ne veux pas médire de cet instrument, mais
il me paraît peu commode pour les expériences courantes : le liquide d'une des branches est affecté à la reproduction des microbes ; l'autre est, à mon avis, bien inutilement conservé comme
témoin, car le tube témoin peut rester limpide, alors que la culture

a été accidentellement infestée, et quelquefois la culture peut être pure, alors qu'un germe apporté par le hasard peut avoir déterminé l'altération du contenu du tube dit témoin.

Pendant quelque temps j'ai fait usage, à l'Observatoire de Montsouris, pour cultiver les microbes, de matras scellés à la pression ordinaire et portés ensuite à 110° avec le liquide nutritif dont ils étaient chargés. Quand je voulais ensemencer une espèce, j'ouvrais la pointe capillaire de ces vases, je portais le microbe dans le liquide et il ne restait plus qu'à fondre de nouveau cette pointe : l'air n'avait pas évidemment un libre accès à la surface de la liqueur, mais il restait toujours assez d'oxygène (le matras étant seulement pourvu du tiers de son volume de liquide stérile) pour favoriser l'éclosion et la multiplication des bactéries.

Autant le tube en U renversé de M. Pasteur est compliqué, fragile, difficile à utiliser dans les opérations usuelles, autant le matras de ce savant, décrit, je crois, pour la première fois dans la thèse de M. Chamberland (*fig.* 68), est simple, commode,

Fig. 68.

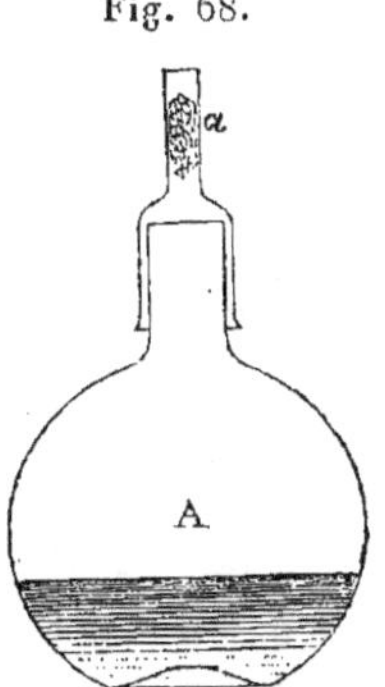

Matras de M. Pasteur.

aisé à manier par les mains les moins expertes : cela explique la vogue dont cet appareil ingénieux jouit aujourd'hui et son adoption dans tous les laboratoires français de micrographie, où l'on s'occupe de l'étude des microbes communs ou pathologiques. Le matras Pasteur a la forme du flacon soufflé employé en Physique pour prendre la densité des corps solides ou des substances pulvérisées; il en diffère seulement par cette particularité que le bouchon, au lieu de s'engager dans le col et d'être usé extérieurement à l'émeri, est usé intérieurement et recouvre ce col à la manière du capuchon d'une lampe à alcool; dans le tube qui surmonte le bouchon, on place un tampon de ouate a. Le maniement de ce petit appareil ne demande pas un long apprentissage; le vase stérilisé est rempli, avec le secours d'une pipette flambée, d'un liquide privé de germes, abandonné à l'étuve et mis en usage, s'il ne présente aucun signe manifeste d'altération après cet essai.

Pour ma part, j'use depuis longtemps du petit ballon soufflé représenté dans la *fig.* 69, formé d'un tube à boule, à branche

Fig. 69.

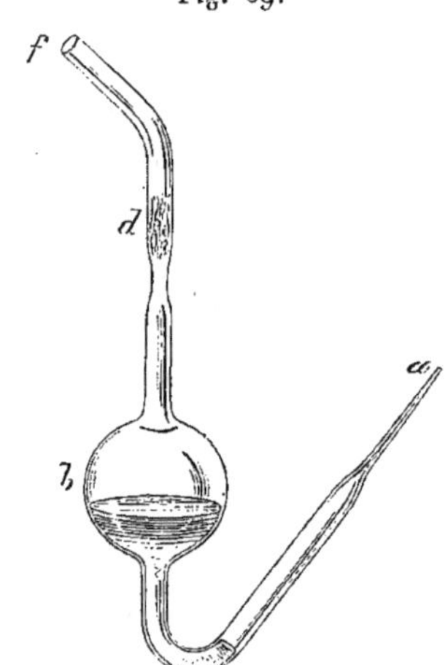

Tube à boule disposé pour la culture des microbes, au ¼ de grandeur.

inférieure relevée en haut et laissée rectiligne : c'est par la pointe a cassée que se font les ensemencements au moyen du fil de platine rougi, les prises et les additions des liquides au moyen de pipettes à extrémités effilées; l'air afflue dans la conserve par la branche ouverte, garnie d'une bourre de coton de verre. La mise en expérience de cet instrument est un peu moins élémentaire que le maniement du matras Pasteur; il a cependant pour avantages de pouvoir être chargé de liqueurs nutritives en un seul temps, de se prêter aux cultures dans le vide ou dans différents gaz, surtout de pouvoir être maintenu à des températures rigoureusement constantes, quand on le plonge dans un bain réglé, après l'avoir lesté d'une masse de plomb, et enfin de diminuer les erreurs dues à la chute des poussières extérieures.

Dans plusieurs laboratoires de l'Allemagne, on emploie des vases à une seule ouverture de la forme de bulles de pipettes de M. Tyndall, utilisées, il y a bien longtemps, par M. Pasteur (¹) pour étudier l'action de l'oxygène de l'air sur le vin. Ces vases cylindriques tubulés sont pourvus de liquide et d'une bourre de coton, puis soumis dans un autoclave à l'ébullition sous la pression d'une demi-atmosphère, c'est-à-dire d'une température voisine de 110°; à ce degré de chaleur, la stérilisation est évidemment parfaite, mais ce qui cesse d'être parfait, c'est l'enlèvement de la bourre, toutes les fois qu'on veut semer une espèce, ou retirer une portion de liquide; les causes d'erreurs viennent alors en foule vicier les résultats; dans ces conditions, je comprends sans peine que M. Buchner, de Munich, ait pu trouver le *bacillus subtilis* là où il avait semé le *bacillus anthracis*. D'ailleurs ce système de ase à culture ne peut être employé à la culture des microbes dans les liqueurs stérilisées à la température ordinaire : ces raisons diverses doivent donc le faire rejeter sans regret.

Quand la culture mère mise à la disposition de l'observateur renferme d'autres bactéries à côté du microbe dont l'obtention à l'état de pureté importe seule, il est souvent nécessaire d'éliminer ces organismes parasites, qui peuvent gêner le développement du microbe principal, l'étouffer et le faire perdre au bout de quelques jours. Le contraire peut évidemment avoir lieu, mais ce n'est pas le cas le plus fréquent; on doit alors recourir à un procédé général de séparation qui donne toujours d'excellents résultats quand il est bien appliqué.

Une goutte de la culture impure est délayée dans 30cc à 40cc d'eau stérilisée, versée dans une espèce de *matras Pasteur* (*fig.* 70) dont la tige du bouchon est pleine, au lieu d'être creuse.

(¹) Pasteur, *Études sur le vin,* 1866.

L'eau est violemment agitée, puis 1^{cc} ou $0^{cc},5$ de cette dilution est ajouté à une nouvelle quantité d'eau stérilisée, également placée dans un second matras : nouvelle agitation du liquide, puis nouvelle addition d'une minime fraction de cette seconde dilution dans un troisième matras chargé de 30^{cc} à 40^{cc} d'eau stérilisée ; enfin cette eau, peuplée de germes très espacés dans sa masse, est ensemencée à la dose d'une goutte ou fraction de goutte dans

Fig. 70.

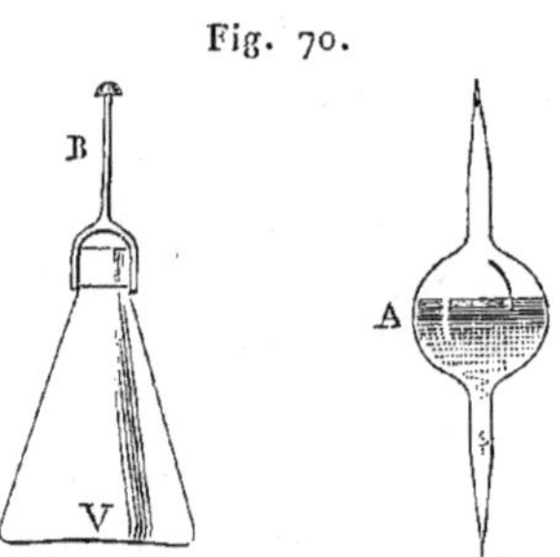

V, matras à diluer les infusions; A, ampoule d'eau stérilisée,
appareil au ¼ de grandeur.

dix, vingt ou trente conserves dont quelques-unes s'infestent sous l'action des microbes de la culture primitive ; souvent ces microbes croissent séparément à l'état de pureté, et alors on se trouve en possession d'un ou plusieurs milieux vierges d'organismes étrangers. Si l'espèce spécialement cultivée est un bacille accompagné de bactériums et de micrococcus, on peut se débarrasser de ces derniers bactériens avec le concours de la chaleur. Une goutte de la culture est introduite dans une ampoule privée de germes, puis maintenue environ pendant une heure vers 100°. Les micrococcus, les bactériums et les spores des moisissures habituellement incapables de résister à cette chaleur sont détruits, à l'exception de la majorité des germes des bacilles qui peuvent alors se rajeunir dans les liqueurs nutritives, en l'absence des schizophytes auxquels ils étaient d'abord mélangés. Il est bien moins aisé de débarrasser les microcoques et les bactériums des bacilles ; la chaleur n'est plus ici utilisable. On a, il est vrai, parlé de favoriser exclusivement la germination d'une espèce au

détriment des autres par l'emploi de liquides spéciaux; mais ce
moyen n'est pas pratique, car une foule de microbes vulgaires
s'accommodent très bien de la même nourriture et du même
genre de culture. On pourrait cependant séparer les êtres anaérobies des êtres aérobies avec le secours du vide, certains microbes
pathologiques des microbes communs, par leur inoculation aux
êtres vivants; je crois même que cela a déjà été fait par M. Pasteur. En tout cas, la méthode générale exposée plus haut paraît
seule à l'abri de tout reproche.

La numération des germes atmosphériques opérée d'après
la méthode décrite à la page 175, c'est-à-dire de façon à déterminer une fois sur deux ou trois l'infection des liquides nutritifs des conserves mises en expérience, semble tout d'abord
garantir, dans la plupart des cas, la pureté des microbes récoltés
dans chaque petit ballon altéré; il n'en est rien cependant, et je
suis loin de conclure à la pureté d'une espèce recueillie dans ces
circonstances, alors même que le microscope accuse une seule
espèce de microbes, et voici pourquoi. Pour fixer les idées, con-
sidérons deux séries de conserves ensemencées par les poussières
aériennes, les unes de bouillon Liebig, les autres de jus de viande;
pour obtenir l'altération du bouillon Liebig, l'expérience démontre qu'il faut introduire dans ces derniers ballons un volume
d'air douze fois plus grand que dans ceux de jus de viande, autrement dit l'espèce qui se développe dans le premier liquide est
accompagnée de onze germes privés de vitalité en apparence
pour un dont la germination est possible et le développement
rapide. Dans ces conditions, une culture ne peut être évidemment considérée comme pure; mais attendons vingt jours ou
un mois : le microbe primitivement si actif a évolué, fourni
plusieurs générations d'organismes, modifié profondément le
bouillon Liebig, et alors quelques-uns des germes d'abord
inertes entrent à leur tour en activité, d'où une source d'illusions
et d'erreurs faciles cependant à prévenir en employant l'artifice
suivant : peu de temps après la germination du microbe facilement rajeunissable dans le bouillon Liebig, et dès l'apparition du
bactérien, caractérisée par un faible louche ou un léger dépôt, on

se hâte de transporter, à l'extrémité d'un fil de platine, l'espèce dans un autre vase à culture, où elle apparaît promptement, puis de la semer dans un troisième où elle se perpétue généralement à l'état de pureté. Le point capital de cette manœuvre consiste donc à laisser dans les conserves directement ensemencées par les poussières atmosphériques tous les germes lents à y éclore; il faudrait, on le conçoit facilement, dans le cas pris pour exemple, un concours de circonstances inimaginables pour arriver ainsi à introduire dans la troisième culture un des onze germes apportés dans la première conserve avec le microbe qui s'est seul multiplié. Cette chance serait, d'après un calcul élémentaire, celle d'une personne qui aurait pris à une loterie de 100 millions de billets un seul numéro dans l'espoir de gagner un des onze lots dont elle se composerait.

Je n'insiste pas plus longuement sur les précautions réclamées pour la culture des microbes à l'état de pureté, et je passe immédiatement à l'exposition de mes recherches statistiques sur les bactéries aériennes.

CHAPITRE VII.

I. — Du chiffre des bactériens trouvés dans l'air au parc de Montsouris.

Avant mes recherches, personne n'avait abordé l'étude statistique des bactéries atmosphériques. Dans son excellent Mémoire *De l'examen microscopique de l'air,* le Dr Cunningham dit bien quelque part « qu'il ne saurait être établi de relations entre les germes des bactéries des poussières de l'atmosphère et la prédominance des maladies épidémiques » ; mais on cherche en vain dans cet Ouvrage l'exposé de travaux effectués sur ce point; on y trouve au contraire l'aveu des difficultés très grandes dont cette étude est entourée, et dans le diagramme publié par ce même auteur on voit uniquement figuré, à côté d'un nombre de décès fort restreint observés aux prisons d'Alipore et de la Présidence à Calcutta, le chiffre des spores des moisissures et des pollens dont le rôle pathogénique est aujourd'hui des plus contestables. Comme j'ai déjà eu l'occasion de le dire, les expériences effectuées dans le but de déterminer la *nature* des bactéries de l'air sont au contraire fort nombreuses. Après les recherches de Pouchet, Thompson,

Pasteur, il faut citer celles de Samuelson, Lemaire, Cohn, Petten-
koffer, Maddox, Schœnauer, et d'une foule d'autres savants. En
compulsant les travaux de micrographie atmosphérique parus de
l'année 1860 à l'année 1879, époque de mes premiers essais sur
l'analyse quantitative des bactéries, je n'ai rien vu qui méritât le
nom de *statistique microbique*. Au contraire, plusieurs auteurs,
guidés jusqu'alors par les seules vues de l'esprit, ont dédaigneu-
sement traité les germes aériens de négligeables ; d'autres, sur la
foi d'expériences mal conduites, ont été effrayés de leur nombre.
L'opinion de M. Pasteur, qui est d'un si grand poids en matière
de micrographie atmosphérique, n'a ici rien de catégorique et
se trouve formulée vaguement dans un Mémoire célèbre publié
en 1878 (^{1}) : « L'observation, dit ce savant, nous montre chaque
jour que le nombre des germes (aériens) des bactéries est pour
ainsi dire insignifiant à côté de ceux qui sont répandus dans les
poussières à la surface des objets ou dans les eaux communes
les plus limpides ». Je regrette de ne pas partager sur ce point
l'avis de M. Pasteur ; car, tout en admettant avec lui qu'à volume
égal l'air renferme infiniment moins de microbes que les eaux
potables, il est certain qu'un Parisien introduit dans ses poumons
plus de germes qu'il n'en boit avec l'eau nécessaire à son alimentation : je crois donc prudent et sage d'accorder une modeste place aux germes atmosphériques, si divers, si difficiles à
atteindre, à côté des bactéries des eaux, des aliments altérés
dont il est si aisé de se débarrasser.

Pour M. le professeur Tyndall, tantôt l'air est d'une pureté
extrême, tantôt il est chargé de germes, si serrés, si nombreux
que les manipulations ayant trait à l'étude des bactéries deviennent d'une difficulté excessive. Dans ses remarques sur la fermeture hermétique des ballons scellés en pleine ébullition :
« Quelquefois, dit ce savant (^{2}), la pression intérieure est supé-

---

(^{1}) PASTEUR, *Théorie des germes et ses applications à la médecine et à la
chirurgie* (*Comptes rendus des séances de l'Académie des Sciences*, t. LXXXVI,
1878).

(^{2}) TYNDALL, *Les Microbes*, p. 255 ; 1882.

rieure à celle du dehors et la vapeur s'échappe librement; mais à un moment donné, par suite de l'adhérence du liquide aux parois de la fiole et de la condensation , la pression peut descendre au-dessous de celle de l'atmosphère et il y a régurgitation. Ce triomphe alternatif des pressions intérieure et extérieure se trouve d'ailleurs mis en évidence par le mouvement de l'eau condensée dans le col de la fiole. Ce liquide agit comme un index qui va et vient suivant que la pression varie. Il est clair que la contamination peut être introduite de cette manière, et elle l'a certainement été dans des fioles réputées libres d'air ». Même dans l'atmosphère de Kew, M. Tyndall a compté 9 pour 100 d'insuccès dus à la rentrée d'une bulle d'air dans des fioles scellées au moment de leur ébullition. J'en demande pardon à l'illustre membre de la Société royale de Londres, ce n'est pas à l'introduction des germes qu'il faut attribuer une fois sur mille l'infection observée dans ces circonstances, mais à la rentrée de l'oxygène capable de favoriser la multiplication des semences des bactéries contenues dans le liquide et non détruites par la température de 100°. En rétablissant la vérité des faits , l'hypothèse de l'infection extrême de l'atmosphère par les microbes s'évanouit comme par enchantement.

En calculant tous les jours le chiffre des bactéries atmosphériques avec les précautions décrites précédemment, on ne tarde pas à s'apercevoir que les nombres obtenus sont variables, beaucoup plus même que ceux des spores cryptogamiques des moisissures. En comparant les résultats moyens trouvés par semaine, par mois et par saison avec la température, l'état de sécheresse et d'humidité, il est facile de saisir des relations constantes entre ces données numériques et divers états météorologiques bien tranchés. En général, le chiffre des bactéries, peu élevé en hiver, croît au printemps, reste haut en été et baisse rapidement à la fin de l'automne : c'est du moins ce qui paraît résulter des moyennes générales déduites des moyennes mensuelles obtenues depuis trois ans à l'Observatoire de Montsouris, où la dépression hivernale du chiffre des microbes s'est toujours accusée avec beaucoup de netteté.

Bactériens récoltés au parc de Montsouris ([1]).

Mois.	Année normale.	
	Microbes par mètre cube.	Température.
Janvier......................	48	2,4
Février......................	33	2,5
Mars	67	6,4
Avril	55	10,0
Mai	105	14,2
Juin.........................	51	17,2
Juillet......................	95	18,9
Août	80	18,5
Septembre.................	103	15,7
Octobre	170	11,3
Novembre.................	128	6,5
Décembre.................	50	3,5

Comme on peut en juger, les moyennes mensuelles triennales obtenues au parc de Montsouris sont loin de présenter ces variations douces, ces augmentations et diminutions graduelles signalées pour les spores des moisissures, quand on part des saisons froides pour aller aux saisons chaudes et quand on part de ces dernières pour revenir à l'époque des frimas ; peut-être au bout d'une dizaine d'années la répartition inconstante des phénomènes météorologiques permettra-t-elle d'obtenir des moyennes mensuelles de bactéries caractérisées par des séries plus harmonieuses de chiffres. Aujourd'hui rien de pareil n'est évident et je dois produire uniquement les données de l'expérimentation sans préjuger de ses résultats futurs.

L'air peut être riche en bactéries en été ; il peut aussi n'en montrer qu'une quantité très faible, comme le prouvent surabondamment les nombres insérés dans le tableau suivant :

([1]) A moins d'une mention spéciale, les résultats de la statistique des germes enregistrés dans ce Chapitre et dans les suivants sont reportés au bouillon Liebig, de densité égale à 1,024, remplacé depuis une année dans mon laboratoire par le bouillon de bœuf salé à 1 pour 100, dont le degré de sensibilité aux microbes est environ sept fois plus élevé.

*Moyennes mensuelles des bactéries récoltées par mètre cube d'air
à l'Observatoire de Montsouris.*

Mois	1880.		1881.		1882.	
	Microbes.	Températ.	Microbes.	Températ.	Microbes.	Températ.
Janvier........	36	0,5	45	1,4	63	2,3
Février........	15	5,4	31	4,9	84	4,6
Mars	93	10,2	74	8,2	35	9,3
Avril.........	56	10,0	48	9,5	60	10,8
Mai	195	13,8	80	13,4	40	13,8
Juin..........	39	15,9	92	16,3	21	15,8
Juillet........	53	19,1	190	20,0	43	19,8
Août	47	19,4	111	17,2	21	17,2
Septembre....	129	16,7	105	94,5	74	14,4
Octobre	142	10,0	104	7,8	23	11,7
Novembre.....	106	5,8	70	8,6	13	8,3
Décembre.....	49	7,0	52	7,5	»	4,9

Pour faciliter au lecteur l'interprétation de ces chiffres, j'ai
construit le diagramme (*fig.* 71) où la quantité des bactéries
est représentée par les espaces ombrés et les températures mensuelles par la ligne brisée ponctuée. On y voit d'abord le nombre
des semences bactériennes très élevé en octobre et novembre 1879
décroître rapidement avec la température, puis se relever jusqu'en mai 1880 avec cette dernière; mais alors, tandis que la
chaleur s'accroît, passe par des maxima fort voisins, le nombre
des bactéries s'amoindrit considérablement et passe par des minima remarquables aux mois de juin, juillet et août. En septembre et octobre de la même année les microbes atmosphériques
deviennent très fréquents, puis leur disparition s'accentue fortement à l'approche de l'hiver. En 1881, la concordance de la
courbe des bactéries et des températures moyennes est manifestement évidente. En 1882, le contraire est absolument vrai : les
microbes atmosphériques diminuent à mesure que la température augmente. En juin, on observe à Montsouris la moyenne
mensuelle minimum des dix mois écoulés.

Ainsi les crues et les décrues des microbes aériens, observées de l'année 1880 à 1882, sont deux fois sur trois en désaccord profond avec la marche de la température. Les variations des bactéries sont évidemment régies par d'autres agents ; l'expérimentation démontre que la sécheresse et la pluie ont sur elles

Fig. 71.

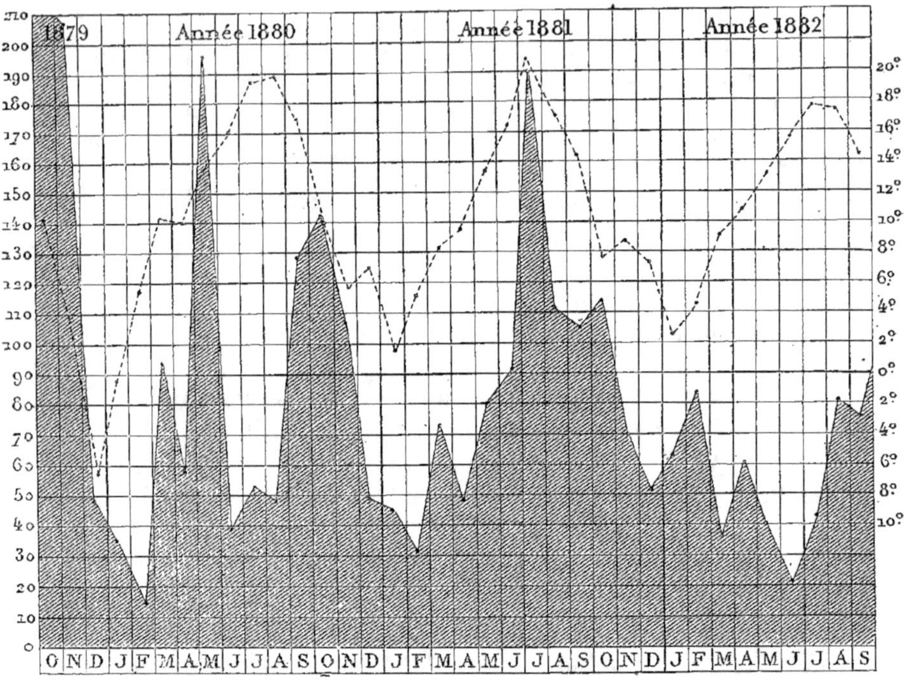

De la relation du nombre des spores bactériennes avec la température
(années 1880-81-82).

une action toute-puissante. Pour mettre en évidence l'action de la pluie sur le chiffre des schizophytes aériens, il me suffit de reproduire ici un diagramme (*fig.* 72) déjà publié dans l'*Annuaire de Montsouris pour l'an* 1881, où les résultats hebdomadaires moyens de la statistique microbique sont représentés par une ligne pleine brisée très anfractueuse, et la tranche de pluie tombée pendant la semaine par des espaces rectangulaires

verticaux, teintés en noir. Chaque intervalle horizontal représente à la fois 2^{mm},5 de pluie et vingt-cinq bactéries par mètre
cube.

Fig. 72.

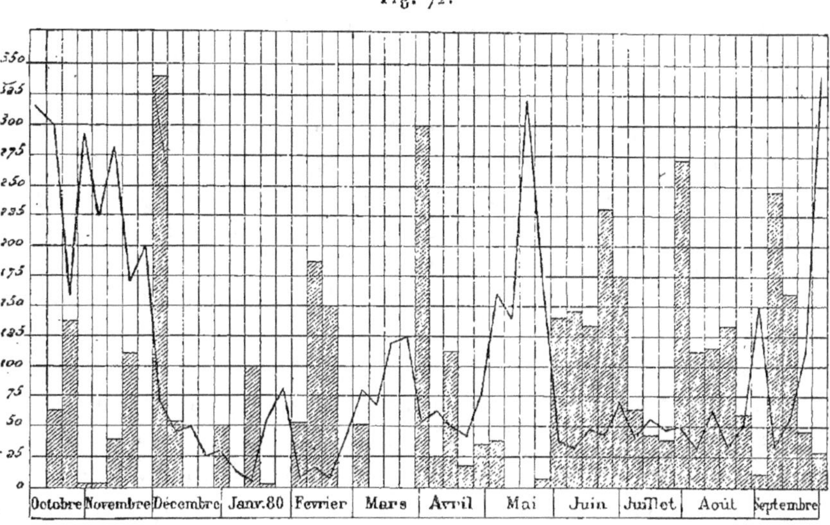

Pluies et bactéries atmosphériques (année 1879-1880).

A l'examen le plus superficiel de ce diagramme, il saute aux
yeux que pendant les périodes pluvieuses le chiffre des bactéries
devient excessivement faible et passe au contraire par des
maxima pendant la sécheresse. Le nombre des schizophytes notablement élevé en octobre et en novembre 1879 a rapidement
baissé en décembre après la chute d'une couche de neige éva-
luée à 34^{mm} de pluie. Le froid est très rigoureux ; on a observé
le 10 décembre la température la plus basse du siècle (— 24°).
Du 1er au 15 janvier la baisse s'est encore accentuée ; vers cette
époque, un minimum de cinq bactéries par mètre cube a été
noté à l'Observatoire ; du 15 au 31, les bactéries sont devenues
de plus en plus fréquentes.

En février, il pleut, les bactéries sont excessivement rares.
Le mois de mars est sec, les schizomycètes deviennent nombreux ; les pluies d'avril les font de nouveau disparaître ; ils

reparaissent en mai pour rester en petit nombre jusqu'à la deuxième quinzaine de septembre; en résumé, cette courbe de bactéries atmosphériques présente, en dehors de quelques inflexions secondaires de faible amplitude, une série d'oscillations très accusées dont les sommets de plus en plus élevés ont été observés aux périodes sèches de fin janvier, de mars, de mai et de fin septembre, et des dépressions de moins en moins profondes correspondant aux périodes pluvieuses de février, d'avril, de juin, de juillet, d'août et de la première quinzaine de septembre; d'où cette loi générale, sans cesse vérifiée depuis trois ans : *Contrairement à ce qui se remarque pour les semences aériennes des moisissures, le chiffre des bactéries, faible en temps de pluie, s'élève quand toute humidité a disparu de la surface du sol.*

J'ai déjà dit pourquoi les semences de plusieurs cryptogames étaient fort abondantes pendant les temps de pluie; il me reste maintenant à expliquer pour quelle raison les microbes sont au contraire très rares durant ces périodes et infiniment plus fréquents pendant la sécheresse; cela tient aux mœurs et au mode de végétation des bactéries; le plus souvent elles vivent dans les milieux humides et pénètrent les substances imbibées des sucs propres à les nourrir; le vent éprouvant alors une très grande difficulté à arracher du sol mouillé les particules de toutes espèces agglutinées par l'imbibition ou retenues par les forces capillaires qui font adhérer les liquides aux solides; les bactériens faisant partie de ces corpuscules restent à ce moment fixés avec force sur le lieu même où ils se sont développés : telle est l'interprétation rationnelle de ce phénomène. Si les schizophytes avaient cependant la faculté de s'élever dans l'atmosphère avec la vapeur d'eau, comme l'ont dit plusieurs auteurs, le contraire devrait être vrai; car tout le monde sait que les bactéries ne peuvent se développer sur le sol et les divers milieux qu'à la condition de les trouver pourvus d'une quantité d'eau suffisante : or, le chiffre des microbes aériens étant faible, quand la terre est mouillée, les bactéries ne jouissent pas de la faculté de s'élever dans l'air avec la vapeur aqueuse qui en émane.

Analysons maintenant de plus près l'influence de la sécheresse sur la richesse de l'air en microphytes. En été, à l'époque
des chaleurs fortes et continues, l'atmosphère se débarrasse, vers
la deuxième ou troisième semaine, des microbes nombreux dont
l'existence était aisée à mettre en évidence durant les premiers
beaux jours ; tout calculé, le nombre des germes diminue et cela
par le fait d'une dessiccation qui leur enlève avec beaucoup
de leur vitalité la faculté d'éclore dans les milieux où on les
ensemence.

Fig. 73.

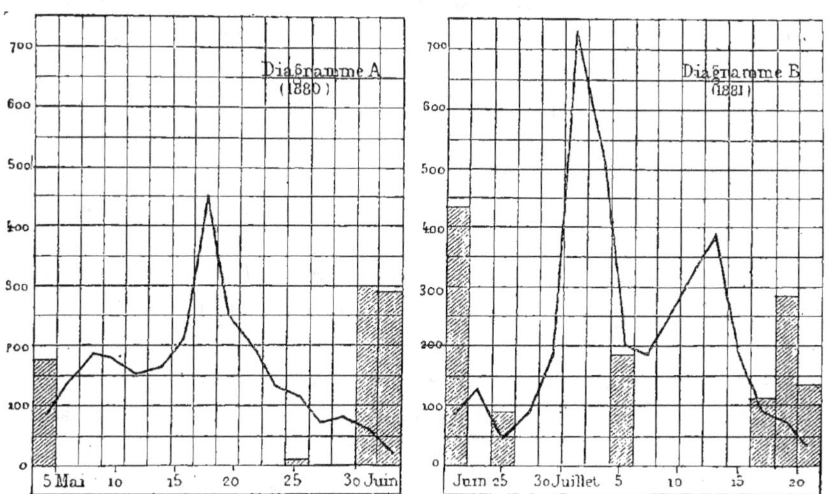

De l'action de la sécheresse sur le nombre des bactéries aériennes.

Le climat de Paris, si différent à ce point de vue de celui du
midi de la France, ne permet pas souvent à l'observateur d'être
témoin de cette disparition des microgermes par excès de sécheresse ; cependant, au mois de mai de l'année 1880 et au mois de
juillet de l'année 1881, nous avons possédé deux séries de jours
sans pluie où le phénomène que je signale s'est présenté avec
netteté.

Dans le premier tronçon du diagramme A (*fig.* 73), on voit
le chiffre des microbes, parti de très bas au commencement du

mois de mai 1880, s'élever graduellement à mesure que le sol se dessèche, d'abord avec lenteur (la température moyenne étant encore inférieure à 10°), puis rapidement et enfin décroître jusqu'aux premiers jours de juin.

La relation donnée par le diagramme B n'est pas moins instructive. La pluie cesse de tomber le 26 juin 1881; dès les jours suivants, la courbe des microbes prend une course rapidement ascendante, passe par un maximum au point de rebroussement vers le 2 juillet, puis s'abaisse le 3 et le 4. Une chute de pluie de 3^{mm}, tombée le 6 juillet, accélère la descente de la courbe; mais cette eau est bientôt évaporée, le chiffre des bactéries s'élève faiblement pour s'abaisser de nouveau sous l'action d'une chaleur sans cesse croissante.

En l'absence d'expériences effectuées dans les pays où la sécheresse règne sans discontinuité pendant plusieurs mois, il est assurément hasardeux d'émettre une opinion sur le chiffre des schizophytes qui peuplent l'air aux époques des fortes chaleurs : néanmoins, les observations précédentes donneraient à penser que ce chiffre peut y devenir plus faible que dans les zones plus tempérées arrosées de pluies à courts intervalles.

La force du vent n'est pas non plus sans influence sur le nombre des bactéries recueillies; son action, faible et peu appréciable quand le sol est humide, devient très manifeste quand le sol est sec et friable : à Montsouris, aux époques où les vents de l'est et de l'ouest balayent avec force le macadam pulvérulent du boulevard Jourdan, très rapproché de notre prise d'air, située à environ 60^{m} de cette voie publique, toute expérience devient impraticable; l'impureté de l'atmosphère est telle que la moindre quantité d'air suffit pour porter l'infection dans les conserves les moins altérables; mais ce sont là des états atmosphériques transitoires assez rares, dont il faut tenir un faible compte, de crainte d'altérer trop profondément les moyennes normales fournies par les expériences courantes.

La direction du vent n'a pas une influence moins nette sur le chiffre des microbes recueillis à Montsouris. Toutes choses égales d'ailleurs, la force du vent étant à peu près la même, l'époque des expériences également distante d'une période humide, les courants qui parviennent à Montsouris (¹) après avoir traversé Paris dans une grande longueur sont toujours fort riches en microbes. Le Tableau suivant reproduit, d'après un relevé portant sur trois années de recherches, les données numériques moyennes résultant de mes observations :

Influence de la direction du vent sur le chiffre des germes récoltés au parc de Montsouris.

Direction du vent.	Microbes récoltés par mètre cube
Nord	124
Nord-Est	152
Est	130
Sud-Est	74
Sud	42
Sud-Ouest	58
Ouest	77
Nord-Ouest	108

La *fig.* 74 représente, sous une forme plus saisissante, les mêmes résultats. On y voit le vent du sud soufflant du côté d'Arcueil arriver au lieu habituel de nos expériences en chassant devant lui quarante-deux microbes par mètre cube. Le vent du sud-ouest, arrivant de Montrouge et de Châtillon, charrier un chiffre de germes plus considérable ; puis celui de l'ouest, traversant Auteuil, Grenelle, Vaugirard, apporter un nombre de microbes plus élevé ; à partir de ce point les vents du nord-ouest, du nord et du nord-est poussent devant eux des atmosphères ayant parcouru Paris dans trois grands diamètres et fortement chargées de microbes. Les vents de l'est provenant du côté d'Ivry et de Charenton amènent un air aussi fortement infesté de microbes que l'air charrié par le vent du nord. Enfin les courants atmosphériques dirigés sur Montsouris par le vent

(¹) L'Observatoire de Montsouris est placé dans l'enceinte de Paris, à une centaine de mètres des fortifications sud, au voisinage du méridien du grand Observatoire.

du sud-est possèdent une richesse en microbes un peu inférieure à la moyenne : ils ont traversé les hauteurs de Gentilly et de Bicêtre. Ainsi l'air le plus pur analysé à l'Observatoire vient du sud; l'air le plus impur arrive des collines de Belleville et de La Villette. Sans tirer de ces observations d'autres conclusions que celles qu'elles peuvent comporter, je signalerai aux hygiénistes

Fig. 74.

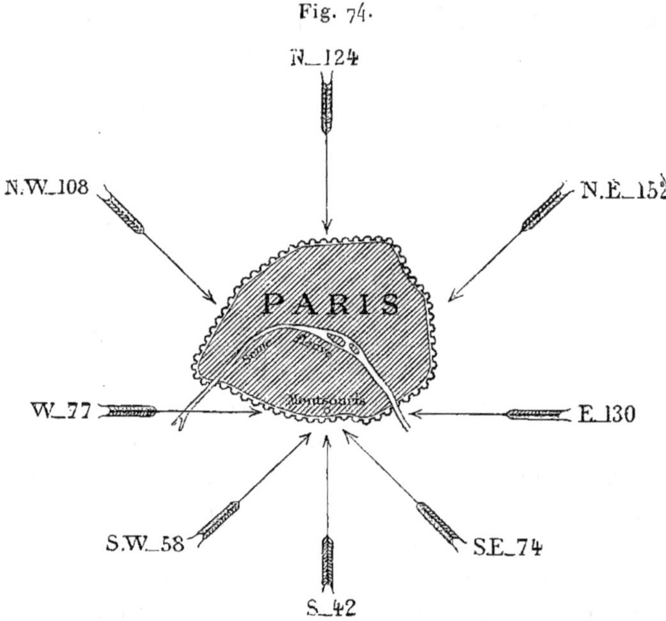

Influence de la direction du vent sur le chiffre des microbes
recueillis à Montsouris.

cet exemple frappant de la contamination de l'air par le seul fait de son passage à travers une vaste agglomération d'habitants.

En supposant la vitesse moyenne du vent égale environ à 4^m par seconde, ce qui est fort voisin de la réalité, une masse d'air parcourt Paris du nord au sud en une demi-heure et se charge pendant ce trajet d'un chiffre de microbes deux fois égal au chiffre de ceux qu'il possède déjà; en un mot, son impureté triple. Cette infection étant permanente, il est aisé de calculer le chiffre des microbes fournis journellement par cette ville aux vents qui ont mission d'épurer. Pour rester au-dessous de la vérité, je supposerai que la couche d'air infestée mesure seulement 20^m de hauteur, et Paris formé par un carré de 8^{km} de côté ; le nombre de germes rajeunissables dans le bouillon salé qui s'en échappent par jour devient environ égal à 40 000 milliards : dans cette hypothèse, l'atmosphère de Paris étant en moyenne sans cesse chargée de 5000 milliards de germes, elle cède à tout instant aux courants d'air épurateurs venus de la campagne la cinquième partie de ses microbes. Au bout de vingt-quatre heures, elle a presque cédé à l'air venu de la campagne ce qu'il peut y avoir de bactéries dans 50^{lit} de bouillon en pleine putréfaction ; cette simple remarque suffira, je l'espère, à expliquer la permanence de l'infection de l'air à ceux auxquels ces chiffres pourraient paraître fantastiques et qui se demanderaient l'origine de ces myriades de microbes.

D'autres causes paraissent exercer une influence appréciable sur la richesse de l'air en bactéries. Je n'en parlerai cependant pas aujourd'hui, me réservant de les signaler le jour où j'aurai en ma possession une surabondance de documents statistiques ; je n'insisterai pas non plus sur le mode d'action le plus efficace de quelques agents épurateurs de l'atmosphère ; les pluies intermittentes qui se succèdent avant la dessiccation du sol ont à cet égard une action effective incomparablement plus puissante que les pluies d'orages copieuses, mais de courte durée, apparaissant à intervalles souvent séparés par plusieurs semaines. Au voisinage des grandes villes, la neige, désignée par plusieurs auteurs comme l'épurateur par excellence de l'atmosphère, n'entrave pas longtemps la course des sédiments cosmiques : si elle peut entraîner dans sa chute les bactéries trouvées sur son passage, elle est loin de les fixer sur le sol avec une grande solidité ; il me paraît certain qu'une rafale capable d'entamer une couche de neige très froide lui enlève une partie des bactéries qu'elle a pu englober et surtout celles qui sont venues former au-dessus d'elle, avec une foule de détritus de tous les règnes, cette poussière jaune noirâtre si facile à distinguer sur la neige vieille de huit à quinze jours.

De toutes les saisons de l'année, l'automne a fourni jusqu'ici la moyenne la plus élevée de microbes, puis vient l'été, ensuite le printemps et l'hiver.

Moyennes trimestrielles des bactéries récoltées par mètre cube d'air au parc de Montsouris.

	Automne.	Hiver.	Printemps.	Été.	Moyenne.
En 1879-1880..........	169	48	97	76	97
En 1880-1881..........	114	50	73	135	93
En 1881-1882..........	79	61	40	66	62
Moyennes générales..	121	53	70	92	84

En somme, l'air du parc de Montsouris renferme par mètre cube 84 bactéries rajeunissables dans le bouillon Liebig, ou 588 microbes capables d'éclore dans le bouillon de bœuf chargé de 10^{gr} de sel par litre.

II. — Expériences de laboratoire tendant à prouver que l'humidité est une des causes les plus puissantes d'affaiblissement du chiffre des germes aériens.

Plusieurs micrographes fort distingués ont affirmé la présence de bactéries dans la vapeur d'eau émanée de la surface des infusions altérées; pour démontrer ce fait, ils plaçaient au-dessus d'un liquide putréfié une plaque de verre qui ne tardait pas à se recouvrir d'une buée, puis de gouttelettes fines, où apparaissaient plus tard des bactéries pour ainsi dire sublimées ou volatilisées : j'ai dû m'occuper de la réfutation de cette assertion, contredite par les résultats de la statistique des bactéries aériennes; en effet, il devenait fort difficile d'expliquer dans ce cas la rareté des microbes en temps de pluie, époque, je le répète, où les bactéries se multiplient activement à la surface du sol. De plus, les chaleurs humides ayant été signalées comme

très favorables à la diffusion des schizomycètes, je me suis vu
obligé d'instituer un groupe d'expériences pour combattre cette
erreur, qui s'est glissée insensiblement dans la science micrographique.

Les vapeurs émanées des eaux les plus impures, du sol humide
sont toujours exemptes de germes. Je n'ai pas à définir ce qu'on
entend en Physique par le phénomène de l'évaporation spontanée : c'est, comme on le sait, le passage lent et tranquille, à l'état
de vapeur, d'un liquide exposé au contact de l'atmosphère. Les
couches d'air les plus voisines de la surface du liquide ou de la
substance imbibée d'eau se chargent d'humidité, sont rempla-
cées par un air plus sec qui se sature à son tour, et ainsi de
suite : l'élément aqueux finit par disparaître. Tout autre phénomène, comme la pulvérisation de l'eau qui s'observe souvent en
temps de vents violents, ne doit pas être confondu avec l'évaporation simple. La pulvérisation est un enlèvement de particules
liquides parfaitement comparables au soulèvement des poussières sèches. Les phénomènes d'infection qui en résultent sont
identiquement les mêmes; les globules aqueux, lancés dans
l'atmosphère, diminuent rapidement de volume, se vaporisent et
laissent bientôt à sec les bactéries et les corpuscules de toute
sorte dont ils sont chargés.

Pour démontrer l'exactitude de ce phénomène, j'ai fait construire le système de boules accouplées représenté dans la *fig*. 75.
C'est un tube à boule A sur la branche duquel vient se souder
un second tube à boule B; l'appareil vide de liquide, garni d'une
bourre en *d* et en *f*, est chauffé à 200° pendant quatre heures;
puis la pointe P, étant brisée et plongée dans un liquide nutritif
stérilisé, on charge chaque boule d'une vingtaine de centimètres
cubes du liquide par un double siphonage, facile à comprendre,
mais un peu plus délicat à pratiquer. On passe alors une bourre
stérilisée (¹) en P. L'appareil ainsi modifié a l'aspect qu'il présente dans la *fig*. 75, moins la pointe effilée. On le place alors à

(¹) Pour le passage des bourres stérilisées, on emploie le *modus faciendi*
décrit dans le Chap. III, § 1, page 85 de cet Ouvrage.

l'étuve pendant un mois et, si les liqueurs gardent la limpidité
la plus parfaite, on fait l'expérience suivante :

Le contenu de la boule A est ensemencé avec une bactérie
quelconque cultivée à l'état de pureté; il ne tarde pas à se troubler et à présenter les signes d'une altération évidente ; le liquide
de la boule B, même après un mois de séjour à l'étuve, se montre
encore absolument intact. On détermine alors le passage d'un
courant d'air rapide à travers l'appareil (2^{lit} à 3^{lit} en dix minutes); l'air est filtré à son entrée par la bourre d, passe en bar-
botant dans la conserve altérée, pénètre dans le col de cygne
et barbote une seconde fois dans l'infusion saine, la branche f

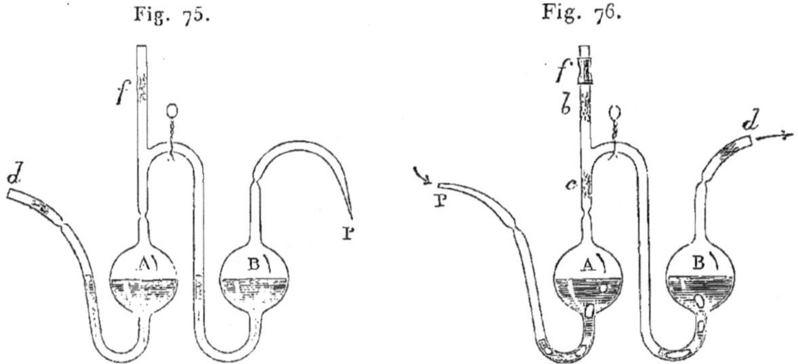

Ballons jumeaux au ⅕ de grandeur.

étant fermée. On place pour la troisième fois le système à l'étuve ;
le contenu de la boule, intact avant le passage du courant d'air,
se trouble et se remplit de l'espèce microbique semée dans la
première boule. Le transport de la bactérie s'effectue assurément dans ces circonstances à travers un tube sinueux, et j'ajouterai en passant que ce transport, plus difficile à réaliser avec les
microbes souterrains producteurs de dépôts denses, s'effectue
avec la plus grande facilité, avec ces bactériums communs qui
viennent former à la surface des infusions des pellicules légères
qui grimpent sur la paroi du vase avec le liquide attiré par la
capillarité. Cette infection transmise à distance est évidemment
due aux germes ou aux bactéries adultes enlevés par les bulles

gazeuses qui viennent crever à la surface du liquide altéré et qui emportent avec elles le brouillard déterminé par la rupture de la lame mince qui forme leur enveloppe.

Pour prouver que c'est bien aux particules solides ou liquides entraînées par l'air qu'est due l'altération du contenu de la seconde boule, on place sur le trajet du col de cygne une bourre c (*fig.* 76), destinée à filtrer l'air venant du liquide putréfié et allant au liquide limpide. C'est ici que le tube cb, d'ailleurs indispensable pour l'aération et le maintien de la pression atmosphérique dans l'appareil, rend d'utiles services ; la bourre b, fortement chauffée, est poussée au-dessous du T formé par la soudure des tubes, et un second tampon stérilisé est mis à sa place ; on peut alors faire barboter pendant une demi-journée 200^{lit} et 300^{lit} d'air dans la conserve putréfiée sans parvenir jamais à déterminer l'altération du liquide placé dans le second vase.

Cette démonstration, à la fois élégante et rigoureuse, établit solidement la première partie de ma proposition, à savoir que la pulvérisation des infusions peut être une cause d'infection de l'air avant le desséchement complet des marais, des flaques d'eau, en un mot des liquides impurs répandus à la surface du sol. A Montsouris, cette cause d'infection est peu appréciable ; cependant, en temps de pluie fine, on constate parfois la présence dans l'atmosphère d'une quantité anormale de bactéries, due au desséchement des gouttelettes avant leur chute sur la terre. Il me reste maintenant à démontrer la pureté microscopique de la vapeur échappée des infusions putrides par le simple phénomène de l'évaporation.

Après plusieurs essais tentés dans le but d'opérer la distillation de liquides à basse température, j'ai adopté l'appareil dessiné dans la *fig.* 77, qui se compose : d'une cloche tritubulée. dont la base, parfaitement rodée, s'applique exactement sur un plateau de verre dépoli et dressé ; d'un ballon A suspendu au centre de la cloche, destiné à produire l'eau de condensation, et enfin d'un cristallisoir VV', destiné à contenir les liquides ou les substances putréfiées. La tubulure H de la cloche est munie d'un tube de verre recourbé, employé à la fois à re-

nouveler l'atmosphère de l'appareil, à introduire le liquide
dans le vase VV', et quelquefois à porter l'infection au sein du
liquide contenu dans le cristallisoir; la tubulure I reçoit un
second tube abducteur et un thermomètre h donnant à tous
les instants la température de l'enceinte. Le thermomètre h'
placé sur le trajet d'un courant d'eau en indique le degré de
froid.

Fig. 77.

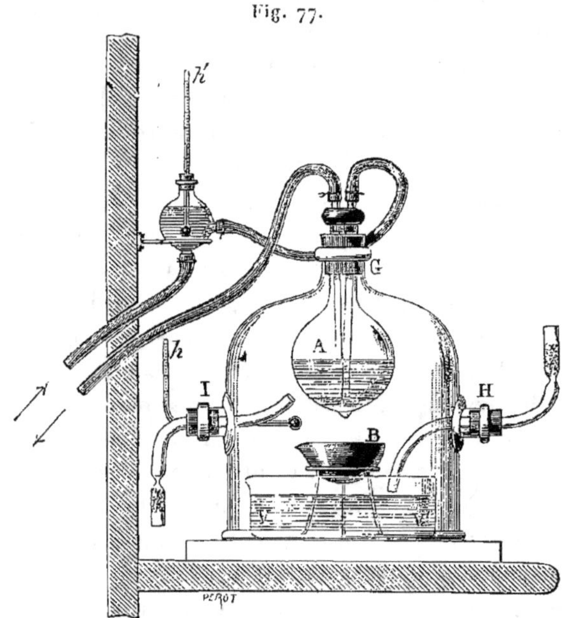

Appareil propre à condenser les vapeurs émanées des infusions, du sol
et des substances putréfiées, au ¼ de grandeur.

Cela connu, il serait superflu d'expliquer comment il est possible d'enlever à une infusion ou à toute substance humide une
quantité d'eau souvent considérable. La *fig.* 77 représente fidèlement l'ensemble de l'appareil disposé sur l'étagère d'une
grande étuve. Un courant d'eau froide parcourt incessamment,
suivant l'indication des flèches, le ballon A, dont la calotte inférieure se recouvre rapidement de fines gouttelettes, puis de
fortes gouttes qui ruissellent à la partie inférieure de la surface

condensante et tombent périodiquement dans une capsule de platine B, placée sur un trépied au-dessus de l'infusion (¹).

De l'eau de la Seine, de l'eau d'égout, des eaux saumâtres, distillées d'abord par ce procédé, de façon à obtenir 50^{cc} et 100^{cc} d'eau condensée, n'ont jamais présenté le moindre bactérien; plus tard, les infusions les plus putrides se sont également montrées impuissantes à fournir une eau de rosée contaminée par les microbes : à ce sujet, je ne citerai qu'une seule expérience.

Le 13 avril 1880, l'appareil condensateur fut mis en marche au-dessus d'une infusion de gélatine dans du bouillon neutralisé, et une putréfaction intense fut provoquée au sein de ce liquide.

Six jours après, le 19 avril, la rosée tombée goutte à goutte dans le récipient flambé s'élevait à 112^{gr}; l'infusion du cristallisoir était infecte et recouverte d'un voile lourd et gras; l'eau condensée avait contracté elle-même une fétidité repoussante, mais se montrait au microscope absolument exempte de bactéries. Cette eau de condensation, parfaitement claire, fut ensemencée à la dose de 60^{cc} dans douze conserves nutritives diverses (lait, bouillon neutralisé, urine neutre et normale, petit-lait et eau de foin); pas une d'elles ne devint le siège de la plus légère

---

(¹) Un seul exemple puisé dans mes registres de laboratoire fera comprendre le parti qu'on peut tirer de ce mode de distillation à basse température.

Le 6 avril 1880, à 6ʰ du soir, l'eau arrive dans le ballon A avec une vitesse d'écoulement de 12^{lit} à l'heure et à 13°. La température de l'étuve est égale à 32°,3; l'air humide de la cloche marque 25°,0. Une capsule de platine portée préalablement au rouge est placée sous le ballon pour recueillir l'eau de rosée émanée d'une infusion de bouillon putréfié.

Le 7 avril, à 3ʰ du soir, fin de l'expérience; l'eau circulant dans l'appareil à condensation marque 12°,8; la température de l'étuve a baissé à 31°,5; le thermomètre placé sous la cloche accuse 24°,2. Le poids de rosée artificielle atteint $28^{gr},6$ (la surface condensante égalant 54^{cmq} environ).

Si l'on songe à la faible différence de température (12°) qui a régné constamment entre l'appareil condensateur et l'infusion, la quantité de rosée recueillie ($28^{gr},6$) paraîtra élevée; elle est, en tout cas, bien supérieure au volume du liquide mis habituellement en expérience par le micrographe, soit pour l'examen direct au microscope, soit pour les ensemencements. Une eau qui, sous le volume de 20^{cc}, ne renferme pas un seul germe de bactérie, est bien près d'être microscopiquement pure.

altération. Cette expérience décisive ne laisse plus le moindre doute sur l'impuissance absolue de la vapeur à soulever des infusions le microbe le plus ténu, même quand son action est secondée par les courants d'air, déterminés par le refroidissement incessant de l'atmosphère d'une enceinte très circonscrite.

Sans insister davantage sur une question qui me paraît résolue, j'ajouterai encore que le lait aigri, les urines fermentées, les macérations anatomiques en pleine putréfaction, donnent toujours un liquide distillé aussi stérile que l'eau surchauffée à 110° pendant deux heures, que cette distillation soit lente ou rapide, effectuée à 25°, 30°, 50°, 60°, 70°, et, quel que soit le bactérien présent dans la liqueur, en voie de décomposition, si l'on néglige d'écarter de l'infusion les cryptogames à fructifications aériennes, la rosée peut se charger de spores de moisissures; cependant, c'est là un fait qui s'observe rarement, quand on use de liquides animaux et d'infusions bactérophiles convenablement infestés; d'où il est permis de tirer cette conséquence : que *l'eau évaporée de la surface du sol n'entraîne jamais de schizophytes.*

Ce fait pouvant être vérifié directement, je n'ai eu garde de laisser passer l'occasion d'en constater la parfaite exactitude. Le cristallisoir VV' de l'appareil (*fig.* 77, p. 226) fut rempli de terre fraîche puisée à une profondeur de 0ᵐ,30 à 0ᵐ,40, accusant par gramme environ 600 000 microbes rajeunissables dans le bouillon Liebig. A la tubulure latérale H de la cloche, j'adaptai un tube entonnoir flambé venant prendre l'eau condensée au-dessous du ballon refroidi, au fur et à mesure de sa production, et la conduire à l'extérieur, dans un petit creuset de platine placé à l'abri des impuretés atmosphériques. Après avoir, comme toujours, brûlé les germes répandus à la surface extérieure du ballon condensateur, enduit de glycérolé d'amidon la paroi intérieure de la cloche, la plaque et la partie extérieure du cristallisoir, le robinet à eau froide fut ouvert, et l'eau d'évaporation ne tarda pas à couler dans le creuset : cette eau fut ensemencée toutes les douze heures, dans plusieurs conserves nutritives, à la dose d'une dizaine de grammes toutes les fois.

Il fut alors facile de constater que l'eau, toujours pure dès le début de la condensation, s'infecte et se charge surtout de bacilles au moment seulement où la couche superficielle de la terre exposée au contact de l'air devient sèche et pulvérulente. Si, utilisant le phénomène d'humectation par capillarité, on prévient la dessiccation de la terre, l'eau de vapeur amenée à tous les instants dans le creuset de platine, sous un volume de 100^{cc}, 200^{cc} et même de $0^{lit}, 5$, ne se présente pas souillée de microbes.

Ces remarques importantes me paraissant devoir introduire des modifications heureuses dans les moyens prophylactiques employés pour fixer les microbes; on voudra bien me permettre de citer encore une autre expérience.

Le 13 mai, plusieurs gros morceaux de filet de bœuf furent abandonnés avec un peu d'eau dans le cristallisoir VV' (*fig.* 77), de façon que la chair musculaire émergeât de plusieurs centimètres au-dessus du niveau du liquide qui la baignait. Quand sa putréfaction fut intense, quand la chair livide et blafarde, distendue par les gaz, répandit une odeur insupportable, une condensation fut commencée, dura deux jours et donna 40^{cc} environ d'une eau louche, infecte, au fond de laquelle on apercevait de nombreuses gouttes huileuses, denses, d'une fétidité excessive. Le microscope, armé d'un fort grossissement, ne put faire découvrir dans cette eau de rosée qu'une foule de sphérules semblables aux globules graisseux du lait, solubles comme eux dans l'éther, mais en différant par leur solubilité instantanée dans les acides, ce qui me fit penser que j'étais en présence de ces ammoniaques composées de la série grasse et aromatique dont la présence a déjà été signalée parmi les produits volatils de la putréfaction des matières animales. Enfin les ensemencements divers pratiqués avec cette même eau décantée furent tous stériles.

Les bactéries sont donc fortement retenues dans les liquides qu'elles infectent et dans les substances qu'elles pénètrent; pour passer à l'état de germes errants, aériens, les liquides qu'elles habitent doivent s'évaporer entièrement, et les substances où elles se sont établies doivent se réduire en poussière fine et sèche.

Là est, suivant moi, toute l'explication de ces recrudescences de bactéries atmosphériques observées pendant la sécheresse. D'un autre côté, il eût été désolant de penser que la simple exposition à l'air d'une plaie de mauvaise nature, de linges souillés de déjections humides, de pièces anatomiques non injectées, eût suffi pour empoisonner l'atmosphère de miasmes figurés redoutables et joindre de nouvelles causes d'infection aux dangers déjà si réels auxquels s'exposent les personnes qui vouent leur existence aux soins des malades. Les dangers causés par les émanations humides sont chimériques; l'expérience ne cesse de le confirmer, mais elle est malheureusement là pour démontrer également, avec la plus grande rigueur, combien sont chargées de nombreux microbes les poussières sèches venues des masses putréfiées, du pus sanieux et des déjections des malades.

III. — Résultats statistiques obtenus au centre de Paris et au sommet du Panthéon.

Quand on quitte la périphérie d'une ville pour se rapprocher de son centre, l'analyse microscopique permet de constater que l'impureté de l'air va croissant. Ce fait, comme bien d'autres, pouvait être prévu, mais il ne suffit pas en matière scientifique de prévoir, il faut encore vérifier l'exactitude des prédictions, toujours peu coûteuses et souvent contraires à la vérité. Après deux années de recherches comparatives exécutées simultanément à l'Observatoire de Montsouris et à la rue de Rivoli, avec de l'air puisé au milieu du parc et pris à la mairie du IVe arrondissement, à 4^m environ au-dessus de la chaussée, je suis arrivé a ce résultat que l'atmosphère de Paris est neuf à dix fois plus chargée de microbes que l'air analysé dans les mêmes conditions et à la même heure au voisinage des fortifications.

Voici d'ailleurs les données numériques déduites des nombreuses expériences pratiquées pendant deux années révolues avec l'atmosphère centrale de Paris. Dans une dernière colonne sont également reproduites les moyennes mensuelles obtenues à Montsouris pendant la même période de temps :

Bactéries trouvées par mètre cube d'air.

Mois.	Rue de Rivoli.			Montsouris.
	1880-1881.	1881-1882.	Moyenne.	Moyenne.
Octobre..............	920	1070	990	128
Novembre............	750	780	760	88
Décembre.....	540	530	535	51
Janvier..............	470	160	320	54
Février...	330	200	265	58
Mars........	750	560	655	55
Avril.......	970	850	910	54
Mai................	1000	970	985	60
Juin................	1540	300	920	57
Juillet............ .	1400	420	910	116
Août...........	960	710	835	96
Septembre...........	990	840	915	89
Moyennes générales..	880	620	750	75

D'où l'on déduit pour les quatre saisons de l'année :

Microbes récoltés par saison.

Saisons.	Rue de Rivoli.	Montsouris.
Automne................	760	89
Hiver.............. .	410	56
Printemps	940	57
Été...........	920	100
Moyennes............	750	75

Faisons encore remarquer que, à volume égal d'air, le chiffre des microbes est environ dix fois plus élevé dans l'intérieur de Paris qu'à Montsouris; puis que ce même chiffre varie également avec les saisons; bas en hiver, on le voit s'accroître au printemps, rester habituellement élevé en été, et enfin diminuer en automne. A côté de ces variations trimestrielles et mensuelles, il en existe de plus curieuses qu'il importe de signaler : je veux parler des crues et des décrues hebdomadaires des bactéries, sur lesquelles l'attention des hygiénistes mérite d'être fixée.

En général, à l'Observatoire de Montsouris, ces variations
sont plus saccadées, ce qui paraît tenir à la position excentrique
de l'Observatoire, par suite à l'action plus brusque et plus
complète des causes qui tendent à augmenter oú à diminuer le
chiffre des bactéries aériennes. A Paris, même en temps de
pluie, il faut toujours compter avec les germes emmagasinés
dans l'intérieur des habitations et jetés journellement au gré du
vent par la toilette des appartements. A la campagne au contraire, l'atmosphère, une fois balayée par la pluie, reste pure
jusqu'à l'instant où les courants peuvent arracher au sol cette
poussière fine et ténue peuplée de microbes vivants. Malgré la
présence dans les villes d'un stock considérable de germes, lent
à s'épuiser, il existe cependant, entre les fluctuations du chiffre
des bactériens récoltés au parc de Montsouris et au centre de
Paris, une relation des plus nettes qui m'a paru mériter une reproduction graphique.

Le diagramme ci-contre (*fig.* 78) montre cette relation. La
ligne ponctuée représente les moyennes hebdomadaires des microbes récoltés par mètre cube d'air à la rue de Rivoli en 1880-81;
la ligne pleine, les moyennes obtenues à l'Observatoire. Pour
faciliter la comparaison, ces dernières ont été multipliées par
dix. Les espaces horizontaux désignent les semaines partant du
vendredi et allant au jeudi; les intervalles verticaux corres-
pondent chacun à 200 bactériens.

Si l'on étudie la distribution des microbes établie par ces
deux lignes brisées, il est aisé de s'apercevoir que toutes les
recrudescences sensibles de germes se sont manifestées à la
même époque aux deux stations. Aucun chiffre ne ferait mieux
ressortir ces belles coïncidences que l'œil saisit instantanément.
Comme l'indique le même diagramme, les moyennes hebdomadaires des germes atmosphériques des bactériens recueillis à la rue de Rivoli sont fort variables. La moyenne la plus
faible, observée pendant l'hiver de l'année 1882, a été trouvée
égale à 45, et la moyenne maximum, située en été 1881, s'est
montrée très voisine de 3000. En considérant les résultats
fournis par les analyses journalières, ces écarts peuvent être

beaucoup plus grands; nous avons pu observer parfois des
minima s'abaissant au delà de 20 germes et des maxima s'élevant
au delà de 5000 microbes par mètre cube. L'infection de l'air
est alors à son comble; cela s'observe en été à Paris, quand,
par suite de la pénurie de l'eau, les voies publiques cessent
d'être arrosées.

Au-dessus des considérations précédentes, domine un fait
digne d'être longtemps médité : je veux parler de l'abondance

Fig. 78.

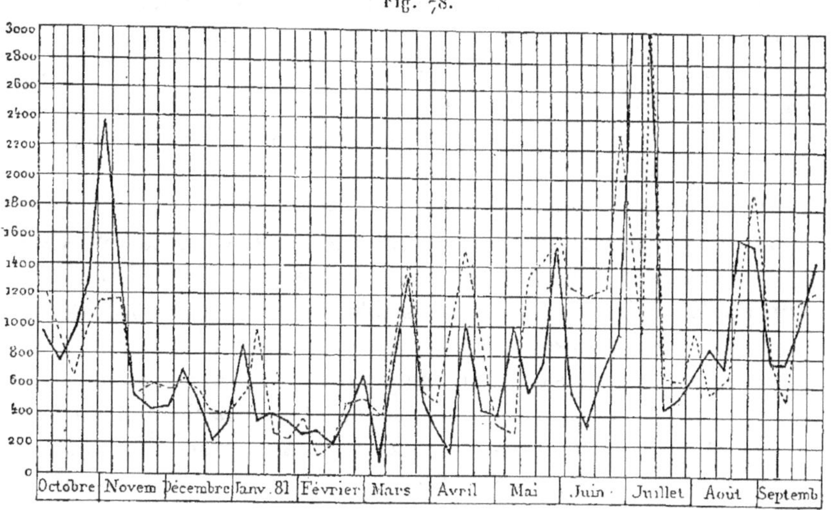

De la relation du nombre de bactériens récoltés à Montsouris et à la mairie
du IV° arrondissement (année 1880-1881).

relativement grande des germes des bactériens présents dans
l'air puisé au centre de Paris. A toutes les saisons, à toutes les
semaines, à tous les instants du jour, le nombre de ces germes y
est environ dix fois plus considérable qu'au voisinage des fortifications. Je n'ai pu encore réunir un assez grand nombre de
documents sur la marche progressive de l'infection que présente
l'atmosphère à mesure qu'on avance de la campagne au sein
d'une vaste agglomération d'habitants, mais tout porte à croire
que cette infection va croissant de la périphérie au centre. En

nous reportant à une série d'analyses microscopiques effectuées en 1880, au milieu du cimetière Montparnasse ([1]), situé, comme on le sait, à quelques kilomètres des fortifications sud de Paris, j'ai trouvé que le nombre des microbes récoltés à ce cimetière, en temps de sécheresse, ne dépasse pas du double celui qu'on observe habituellement au parc de Montsouris. S'il était parfaitement prouvé que le sol auquel on confie de nombreux cadavres est incapable d'émettre jamais des germes nocifs, ces vastes champs de deuil, sur lesquels pèsent tant d'accusations injustifiées, seraient non seulement d'une innocuité absolue, mais deviendraient une cause d'assainissement des grandes villes au même titre que les jardins publics, les larges voies, les places spacieuses, qui permettent aux vents, principaux agents purificateurs des atmosphères infestées, d'accomplir leur mission.

En effet, pour arriver de l'intérieur du sol au contact de l'atmosphère, les bactéries peuvent suivre deux voies principales : s'élever soit avec les gaz qui s'échappent des cadavres en décomposition, soit avec la terre remuée, venue des couches profondes. S'il est toujours possible d'abandonner à lui-même un sol prétendu infesté, il est bien plus difficile d'opposer une barrière infranchissable aux gaz venus des entrailles du sol. Étudions donc avec soin quelle est, en réalité, la richesse en microgermes des éléments aériformes parvenus, grâce à leur faible densité et à leur pouvoir diffusif, du cadavre profondément inhumé à l'atmosphère libre.

Il n'est pas facile de recueillir à la surface du sol les gaz qui se dégagent spontanément des terrains où sont ensevelies des substances putrides; mais on peut, et c'est là une ressource précieuse, établir à travers ces terrains et ces substances un courant d'air artificiel, incomparablement plus rapide que les gaz dégagés spontanément, c'est-à-dire multiplier, en les exagérant, plusieurs millions de fois les chances normales d'infection.

Au centre d'un cristallisoir TT' (*fig.* 79) garni d'une faible

---

([1]) Commission d'assainissement des cimetières, 1881. Rapport de M. P. Miquel.

couche de terre fraîche puisée en n'importe quel lieu et à n'importe quelle profondeur, plaçons sans pression la cloche A enduite de glycérolé d'amidon, munie d'une tubulure latérale ; puis, entre la face interne du cristallisoir TT' et la paroi externe de la cloche, disposons une couche annulaire de la même terre, de $0^m,1$ de hauteur. Enfin, par la tubulure latérale, fixons, au moyen d'un bouchon de caoutchouc glycériné, un tube à boule B, à double bourre i et h, destinée à arrêter et à amener, dans du bouillon neutralisé stérilisé, toutes les poussières entraînées par l'air aspiré. Comme il n'est pas besoin de le faire remarquer, l'air aspiré par l'intermédiaire de la branche ih du

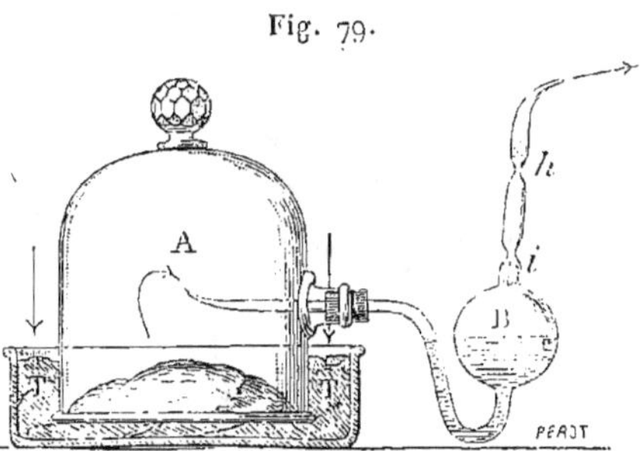

Fig. 79.

ballon tubulé B, dans le sens des flèches indiquées par le dessin, traverse la terre de haut en bas, pénètre dans la cloche et de là dans le bouillon, par la pointe effilée de la conserve. Suivant les saisons et les lieux, l'air dirigé à travers la terre sera chargé d'un nombre plus ou moins élevé de microbes. Ces expériences ayant été effectuées dans mon laboratoire durant le premier semestre de l'année 1880, tous les 100^{lit} d'air aspirés renfermaient 20 bactéries capables de se rajeunir dans le bouillon employé.

A plusieurs reprises, je fis ainsi passer à travers de la terre humide prélevée à $0^m,20$ de profondeur : 40^{lit}, 325^{lit}, 852^{lit}, 910^{lit}, 1150^{lit}, 1805^{lit} sans pouvoir déterminer la moindre altération du liquide du tube à boule B.

Ainsi donc, l'air qui filtre à travers le sol, non seulement n'enlève pas avec lui les microbes-bactéries qu'on y rencontre toujours en quantité innombrable ([1]), mais encore se purifie complètement. En effet, si l'on avait introduit dans des conserves de bouillon, en les fractionnant et sans les filtrer à travers l'humus, les 5^{mc} d'air du laboratoire, utilisés dans les six expériences précédentes, on aurait constaté mille cas d'infection, tandis que l'on vient de voir ces 5000^{lit} se montrer d'une infécondité remarquable.

Une fois en possession d'un dispositif commode, il n'en coûte pas beaucoup à l'observateur d'exagérer les chances d'infection à un degré qui ne saurait être conçu dans les cas ordinaires.

Dans ce but, la terre plus ou moins impure mise jusque-là en expérience fut remplacée par de l'humus frais, haché avec de la viande infecte et corrompue, puis on dirigea successivement à travers ce sol saturé de matières putrides, où se mouvaient de longs vers, 297^{lit}, 735^{lit}, 1130^{lit}, 2088^{lit} d'air du laboratoire, qui se montrèrent aussi vierges de germes que l'air soigneusement filtré à travers une longue bourre de coton stérilisé.

Devant ces faits on ne saurait supposer un instant que les gaz, qui sourdent pour ainsi dire à travers le sol généralement tassé, soient capables d'élever de quelques centimètres de hauteur un seul germe de bactérie. Aussi, s'il est des microbes qu'on doive redouter, ce ne sont pas ceux qui accomplissent leur action destructive à plusieurs mètres de profondeur, mais ceux que les mouvements des terrains amènent à la surface ([2]); même à ce moment l'hygiéniste n'est pas désarmé vis-à-vis des êtres infiniment petits, car il peut à volonté les fixer et les immobiliser à la surface du sol par l'humidité, jusqu'à ce que la pluie, ou mieux, un épais gazon, vienne plus tard les soustraire aux courants de l'atmosphère.

([1]) Un gramme de poussière sèche déposée sur les meubles des habitations renferme environ 1 million de bactériens. Un égal poids d'humus sec et dépouillé par le tamisage des grains de gravier, dépassant la grosseur d'une tête d'épingle, en renferme souvent davantage.

([2]) M. Pasteur, dont le talent d'investigation est vraiment remarquable, a montré depuis peu que les vers de terre apportent à la surface du sol, avec

Puisqu'il est démontré que les gaz qui émanent des cimetières, des voiries, ne sauraient augmenter le chiffre des bactéries des atmosphères urbaines, il nous reste maintenant à parler de l'origine des microbes répandus en si grand nombre dans l'air des quartiers situés au centre de Paris.

Les bactériens de l'air des villes peuvent avoir trois sources : venir de la campagne, de l'intérieur des habitations ou du sol des rues. Le contingent des germes entraînés de la campagne à Paris par la masse atmosphérique est toujours très faible; il atteint à peine la dixième partie de ceux qu'on observe dans la rue de Rivoli : les neuf dixièmes restants ont donc une autre source et proviennent sans contredit de l'intérieur des maisons et de la boue des rues, quand cette dernière est desséchée, pulvérisée par le roulage et le va-et-vient des passants. Si le temps est pluvieux, si le sol est humide, toute diffusion de bactériens est suspendue de ce côté ; or, comme, à ces époques, l'air analysé au IVe arrondissement reste constamment plus chargé de microbes que celui de Montsouris, les germes doivent évidemment venir à ce moment des maisons et des abris où la poussière sèche offre une prise facile aux courants de l'atmosphère.

Les germes accumulés dans l'intérieur des appartements peuvent avoir eux-mêmes plusieurs origines et venir soit de la rue, soit des débris des substances alimentaires que la négligence des habitants laisse putréfier à domicile, soit encore de cabinets mal tenus et manquant d'eau. Les maisons où se trouvent des malades se peuplent évidemment des desquamations épithéliales, des virus figurés qui s'échappent du corps humain. Le séjour de ces éléments morbides dans l'intérieur des habitations est d'une durée plus ou moins longue; mais, au

---

leurs excréments, les germes de la bactéridie charbonneuse, qu'ils ont évidemment ingérés en se repaissant du cadavre des animaux morts du charbon. C'est là un mode de diffusion des bactéries incontestable; cependant il n'est rien à côté de ceux qui peuvent avoir pour origine le mouvement des terres par la pelle du fossoyeur, ou encore la multiplication à travers l'humus, de proche en proche et de bas en haut, des microbes aérobies, venus instinctivement respirer l'air, là où il abonde, c'est-à-dire aux couches les plus superficielles du sol.

moment des nettoyages, rien ne s'oppose à leur diffusion, et ils finissent, comme les particules de toute nature, par gagner le *réservoir commun,* le sol ou l'atmosphère.

Je n'insisterais pas sur le fait de l'emmagasinage des poussières des voies publiques dans l'intérieur des maisons : tout le monde sait que, en temps de grand vent, il suffit de laisser une fenêtre ouverte pendant quelques heures pour voir les meubles des appartements se recouvrir d'une couche de poussière visible à l'œil nu. Cette poussière, chassée par le frottage, gagne le plancher, s'insère dans les fentes des parquets, ou se loge dans les lieux les moins accessibles, pour y former ce stock de germes qui rend d'abord l'air des appartements d'une extrême impureté et qui plus tard enrichit considérablement l'air des rues, quand la pluie retient avec ténacité les microbes fixés au sol. Ainsi s'effectue, à mon avis, le perpétuel échange des bactériens entre l'atmosphère libre et les atmosphères confinées. Je veux cependant faire connaître exactement ma pensée sur la source première des innombrables légions de bactériens qui sillonnent, en tous sens, l'air de Paris. Pour moi, la majeure partie d'entre eux viennent de la boue triturée de la chaussée ; les locaux habités, quand ils sont bien tenus, ne font guère que rendre des bactériens qu'ils ont reçus de l'extérieur. S'il était donc possible de supprimer, dans une grande proportion, les microbes du sol, l'atmosphère des villes se purifierait considérablement. Supprimer le sol des villes, c'est supprimer la boue des rues, et l'on supprime les bactéries des boues en les privant de toutes les substances organiques pouvant leur servir d'aliments. A l'exemple de ce qui existe dans les maisons construites dans de bonnes conditions hygiéniques, les eaux ménagères, les déjections de toute nature, doivent être conduites à couvert et directement à l'égout, sous l'impulsion d'une masse d'eau suffisante. Paris possède malheureusement beaucoup de vieilles constructions où les choses ne se passent pas ainsi. Les eaux de vaisselle, amenées le long des rues, laissent après elles, dans l'interstice du pavé, une vase infecte que le balayage à grande eau, d'ailleurs momentané, n'enlève jamais complètement. Si

les microbes des maladies infectieuses trouvent dans ce sol
saturé de débris organisés, d'eaux grasses putrescibles, un
milieu favorable à leur génération, il n'est pas besoin d'aller
chercher ailleurs le terrain où ils peuvent naître, croître et se
multiplier indéfiniment.

Quand on veut débarrasser l'atmosphère des microbes qui
peuvent s'y répandre, il faut brûler ou noyer les foyers d'où
ils émanent. Si le premier moyen est le plus sûr, le second reste
seul pratique; aussi faudra-t-il, je crois, se contenter de mener
encore longtemps aux égouts, par la voie la plus courte, les
liquides et substances d'origine animale, les débris de toute
sorte, vastes déchets de l'alimentation et de l'industrie des villes.
Reste à savoir quel traitement devra être appliqué aux substances putrides vomies journellement par le drain épurateur
des centres habités pour les rendre inoffensives. Plusieurs auteurs ont parlé de les désinfecter directement : les essais tentés
jusqu'à ce jour n'ont donné que des résultats partiels et ineffi-
cace; ils laissent dans les eaux la plupart des microgermes.
D'autres veulent calciner les boues qu'elles charrient et même
porter toute leur masse à l'ébullition : cette dernière solution
est impraticable et, pût-elle être effectuée, elle serait insuffi-
sante; la calcination des boues exigerait la filtration rapide de
plus de 100 millions de mètres cubes d'eau d'égout par an, et
les eaux filtrées conserveraient toutes leurs spores microbiques.
D'autres enfin veulent employer le sol cultivé à l'épuration de
ces eaux et arriver progressivement à l'utilisation agricole des
engrais qu'elles renferment. L'expérience seule peut démontrer si cette pratique est absolument exempte de dangers.
Elle est cependant séduisante à de nombreux points de vue,
et les résultats obtenus jusqu'à ce jour à la presqu'île de Gennevilliers par les savants adonnés à ces essais de purification des
eaux d'égout donnent les plus belles espérances. En répandant
les eaux vannes sur le sol, on l'enrichit en azote, on évite l'en-
vasement de la Seine, la diffusion des microbes par cet important cours d'eau, etc. L'on peut, il est vrai, objecter à ce procédé
l'infection possible en microbes morbides des terrains où on les

déverse, mais rien n'est encore prouvé à cet égard, et, avant
d'abandonner ce système d'épuration si rationnel et si peu malfaisant jusqu'à ce jour pour les habitants de la contrée où il est
tenté, il serait indispensable d'établir le côté défectueux ou
dangereux qu'il présente; jusqu'à la preuve du contraire, j'admettrai que les microbes pathologiques sont étouffés par les organismes de la putréfaction, ainsi que l'expérience le démontre
pour la plupart des maladies virulentes dont le ferment a été isolé.
Je puis ajouter, de plus, d'après mes travaux personnels, qu'une
eau d'égout titrant 20 000 microbes par centimètre cube, jetée
sur le sol de Gennevilliers, en ressort par les tuyaux de drainage
2000 fois plus pure, autrement dit, chargée seulement de 12 bactéries. Ce résultat me semble digne d'être médité, et, avant d'engager les municipalités dans les folles dépenses de l'épuration
chimique des eaux d'égout, j'exhorte les hygiénistes à rechercher ce qu'il y a de vrai dans cette infection du sol par les
déjections de quelques centaines de typhiques noyées dans plusieurs millions de mètres cubes d'eau.

Pour moi, qui étudie spécialement ici les mesures à prendre
pour diminuer, autant que faire se peut, le nombre des germes
organisés de l'atmosphère des villes, je répète que le moyen le
plus efficace pour atteindre ce but consiste à conduire sans délai
à l'égout tout ce qui est déjà putréfié ou susceptible d'entrer en
putréfaction.

On a vu plus haut que, sous un égal volume d'air, le chiffre
des bactéries récoltées à l'Observatoire de Montsouris est dix
fois plus faible qu'à la mairie du IVe arrondissement; il reste à
savoir si, toute proportion gardée, la qualité des bactériens est
la même. Au point de vue botanique, l'expérience répond affir-
mativement : les microbes de la rue de Rivoli consistent en
micrococcus, bacilles et bactériums vulgaires; on y rencontre une
ou deux fois sur mille des vibrions ondulants; mais l'espèce
microscopique qui domine surtout dans l'atmosphère puisée au
centre de Paris est le micrococcus, après vient le bacille quand
on emploie pour la statistique des germes le bouillon Liebig, ou
le bactérium quand on se sert du bouillon de bœuf.

De la qualité de bactériens récoltés avec le bouillon Liebig.

	IVᵉ arrondissement.	Montsouris.
Micrococcus	93	79
Bacilles	5	14
Bactériums	2	7
Total	100	100

Enfin jusqu'ici ces divers organismes cultivés dans le bouillon, le lait, l'urine, l'albumine de sang et le jus de viande, inoculés aux animaux vivants se sont montrés parfaitement innocents.

Avec l'autorisation de M. le Ministre de l'Instruction publique et des Beaux-Arts, j'ai entrepris depuis le mois de juin, avec le concours dévoué de M. Benoist, mon préparateur, une série d'analyses microscopiques au sommet du Panthéon : deux à trois fois par semaine, les microbes de l'air sont dosés avec les précautions d'usage au voisinage de la lanterne qui surmonte ce monument; en rapprochant les nombres obtenus de ceux fournis simultanément par les analyses pratiquées à la rue de Rivoli et à Montsouris, on obtient les chiffres suivants :

Stations.	Bactériens par mètre cube
Sommet du Panthéon	28
Parc de Montsouris	45
Mairie du IVᵉ arrondissement	462

Même dans l'intérieur de Paris les couches supérieures de l'atmosphère sont relativement d'une grande pureté : l'air puisé environ à 74^m au-dessus de la montagne Sainte-Geneviève est beaucoup plus pur que celui de Montsouris, et environ seize fois moins chargé de microbes que celui de la rue de Rivoli pris à une différence de niveau égale à 100^m de hauteur.

On pouvait se demander si à cette altitude les couches atmosphériques étaient altérées dans leur composition microscopique normale, ou si elles glissaient au-dessus de Paris sans participer à l'épuration de l'air de cette grande cité. Pour résoudre cette question, il était indispensable de calculer, en tenant compte des conditions météorologiques régnantes, la quantité des microbes

chassés au sommet du Panthéon par les vents venus des divers
points de l'horizon. Ce travail est encore bien incomplet, mais
néanmoins, dès aujourd'hui, on peut juger, par les chiffres donnés ci-après, de la réalité du rôle épurateur de l'air des hautes
régions, par le degré d'infection qu'il peut acquérir suivant que
le vent souffle dans telle ou telle direction.

Direction des vents.	Microbes récoltés au sommet du Panthéon.
Secteur nord-est	64
» sud-est	43
» sud-ouest	26
» nord-ouest	50

C'est encore des collines de Belleville, de la Villette et de
Ménilmontant que proviennent les atmosphères les plus impures, puis de Montmartre et des hauteurs de l'arc de Triomphe ;
l'air du sud, qui a traversé les quartiers de la Glacière, est relativement moins pur qu'à Montsouris ; mais c'est surtout du Point-
du-Jour, du bois de Boulogne, d'Auteuil et de Passy que les
courants atmosphériques arrivent au Panthéon dans le plus
grand état de pureté.

IV. — Bactéries et maladies épidémiques.

D'après beaucoup d'auteurs, les maladies infectieuses et épidémiques se transmettent le plus habituellement par les eaux
potables et les rivières. Dans l'Inde anglaise, a-t-il été dit, le
choléra frappe de préférence les riverains des fleuves, et la marche
de la peste suit le trajet du cours d'eau jusqu'à la mer. Dans nos
pays les eaux sont également accusées de transmettre la fièvre
typhoïde, la dyssenterie et les maladies dont le siège affecte une
partie plus ou moins étendue de l'intestin. Il ne saurait être surprenant que les déjections des typhoïdiques et des cholériques
livrées au courant d'une rivière ou jetées dans la bouche d'un
égout ne puissent aller semer en aval la contagion. Tout cela
est parfaitement évident et parfaitement incontestable. Mais
cette théorie, appliquée exclusivement à la transmission des

poisons morbides, est loin d'expliquer tous les cas d'invasion du choléra en Europe et de la fièvre typhoïde dans des localités depuis longtemps indemnes de ces fléaux. Souvent, en effet, le choléra est allé porter la mort et la désolation au sein de villages perdus dans les montagnes, desservis par l'eau fondue des glaciers et des neiges, l'eau la plus pure et la moins contaminée par l'atmosphère; la maladie a éclaté sur les lieux les plus arides et les plus élevés, alors que plusieurs villes placées au bord des rivières étaient épargnées ou moins maltraitées. Les épidémies meurtrières venues de l'Orient ont traversé les mers et les versants sans nul souci des faibles barrières que les fleuves les plus larges et les steppes les plus désertes pouvaient leur opposer. Enfin une multitude de faits viennent démontrer que les poussières sèches sont souvent pour beaucoup dans la transmission à distance des maladies contagieuses et épidémiques. Pour soutenir cette thèse, j'ai choisi deux maladies caractérisées par des flux diarrhéiques, par la raison que personne ne conteste plus aujourd'hui la contagion, par l'atmosphère, des fièvres éruptives, de l'érysipèle, de l'infection puerpérale, des affections diphtériques, etc... Cependant je sens la nécessité de limiter la part que l'air libre peut avoir dans le transport des microbes pathologiques. Le transport par l'air ne s'effectue, à mon avis, qu'à de faibles distances; je voudrais, par une comparaison, le définir et en marquer les limites autant que peuvent me permettre de le faire mes connaissances acquises en micrographie aérienne.

Une peste sévit dans une ville placée aux confins de contrées très peuplées; ses habitants, frappés tous les jours dans des proportions effrayantes, remplissent les maisons de morts et de mourants; la ville devient un foyer pestilentiel s'irradiant dans les campagnes voisines avec la propension d'étendre de proche en proche son champ de dévastation; sur l'ordre des gouvernements un cordon sanitaire serré, capable d'interrompre toute communication d'objets et de personnes, circonscrit le foyer, où bientôt la peste s'éteint faute d'aliments. Un pareil résultat serait assurément plus difficile à atteindre si les courants de l'atmosphère, dont il est impossible de contrarier la direction, portaient au loin le *contagium* répandu en abondance dans la ville pestiférée ; les cordons sanitaires les mieux établis seraient impuissants à ralentir un instant la marche du fléau, que l'on verrait avancer rapidement à la manière des cyclones, en ravageant les pays placés sur son parcours. Or, chacun le sait, le choléra envahit d'abord les grands centres, puis les villes de moyenne importance et enfin les campagnes ; il n'est pas rare de le voir apparaître simultanément aux points les plus opposés d'une même contrée ; enfin les courants atmosphériques ne semblent entrer pour rien dans son extension. Cela ne me paraît pas difficile à expliquer. En effet, quelque considérable que soit le nombre des germes morbides accumulés sur un point de notre globe, l'air en mouvement n'en emporte toujours qu'une faible partie, et ces germes, après une course de quelques lieues, ne voyageant bientôt plus par légions, vont en divergeant dans des directions différentes, se perdent dans l'espace, retombent sur le sol, entraînés par la pluie, qui les amène avec elle à la surface de la terre où ils trouvent de nombreux schizophytes vulgaires, établis depuis des siècles, plutôt disposés à les étouffer qu'à céder leur place. La théorie de la non-transmissibilité par l'air, à de grandes distances, des poisons figurés morbides, a de plus pour elle quelques faits, parmi lesquels on peut citer la difficulté qu'éprouvent les microbes des fièvres intermittentes de porter la maladie loin des districts malsains et marécageux. La raison se refuse d'ailleurs à croire qu'un germe ainsi entraîné par les vents loin de son origine, affaibli par le temps, la sécheresse, soit, par le plus grand des hasards, respiré par un être vivant et puisse devenir le point de départ d'un foyer pestilentiel. Mieux vaut, il me semble, admettre avec les médecins de tous les siècles que les germes des épidémies lointaines sont apportés par les voyageurs, les vaisseaux et les objets arrivant des localités infestées. Une fois établie dans une cité, la maladie contagieuse ne tarde pas à faire des progrès en rapport avec les relations fréquentes des habitants. La toilette journalière des maisons, le balayage, le nettoyage, le battage des tapis, etc., livrent à l'atmosphère une partie des poussières qui y sont accumulées, au nombre desquelles on doit évidemment comprendre les microbes contagieux que le vent sème sur sa route, dans les lieux les moins accessibles et les appartements les plus hygiéniques. C'est alors, suivant toute vraisemblance, que l'atmosphère joue un rôle actif en portant la cause du mal de maison en maison et d'étage en étage. La peste atteint bientôt son apogée, puis décroît et s'éteint après avoir exercé son action meurtrière sur les êtres qu'elle a trouvés vulnérables. Plus tard encore, les germes morbides répandus dans les poussières des rues, l'intérieur des habitations, vieillissent, perdent de leur vitalité, diminuent de jour en jour et la cause du mal disparaît avec eux. Cette théorie de la marche des épidémies venues à plusieurs reprises frapper les contrées européennes me semble conforme avec l'idée qu'on doit se faire de la diffusion des ferments pathologiques ; mais, si elle puise sa vraisemblance dans les faits journellement observés, n'oublions pas que les microbes délictueux, auteurs du choléra, de la fièvre jaune, de la dothiénentérie, etc., demandent à être découverts et que cette théorie reste basée sur des faits probablement exacts, mais non sanctionnés directement par l'expérience.

Cette déclaration faite, je demanderai au lecteur de supposer provisoirement avec moi l'existence de microbes autonomes, agents premiers des maladies dites spécifiques, supposition d'ailleurs en accord avec les récentes découvertes de MM. Davaine, Pasteur, Obermeier et Klebs sur les organismes si bien étudiés du charbon, du choléra des poules, des fièvres à rechutes et intermittentes, hypothèse, dis-je, féconde en beaux résultats et propre à stimuler le savant dans la recherche de l'origine des maladies. D'autre part, je suis loin de blâmer le scepticisme des médecins mis en présence de faits probables ou à moitié démontrés; ce scepticisme, je le partage également, en déplorant le temps perdu par plusieurs auteurs, souvent étrangers aux choses de la médecine, à éditer pour la centième fois les conceptions fort anciennes et parfaitement justes de médecins illustres sur la réalité du contage ; mieux vaudraient pour la Science la

découverte, l'isolement et l'étude bien faite du plus petit microbe. En admettant parmi les poussières de l'air l'existence de
ferments figurés, quel peut être leur mode d'attaque à l'égard de
l'organisme humain et quelles sont les barrières qu'il peut leur
présenter?

Notre organisme présente, surtout aux microbes, deux grandes
surfaces de faible résistance, qui sont : la muqueuse respiratoire,
constamment baignée par l'air atmosphérique toujours chargé
d'impuretés et de germes, et la muqueuse du tube digestif, par
où sont introduits, digérés et expulsés les produits de l'alimentation constamment peuplés de microbes. Le traumatisme
accidentel ou chirurgical ouvre également un troisième accès
aux germes extérieurs en détruisant la continuité des téguments.
A moins d'être partisan de la génération spontanée des bactéries
dans l'intérieur des tissus des êtres vivants, il est difficile de
comprendre par quelle autre voie les microbes peuvent s'y
introduire. Pour être exact, citons encore quelques barrières
faciles à franchir : les muqueuses des sens de la vision, de l'au-
dition et des organes génito-urinaires.

La peau, ou enveloppe protectrice par excellence du corps
humain, est considérée avec juste raison comme capable de
lutter efficacement contre les attaques des êtres microscopiques. Il existe bien un groupe d'affections parasitaires contre
lesquelles elle est parfois impuissante à nous défendre, mais
ces maladies lui sont spéciales et n'ont rien de commun avec
les maladies générales dont l'envahissement est rapide et
l'action trop souvent meurtrière. Les muqueuses pulmonaires,
digestives et des organes génito-urinaires sont bien moins protec-
trices; aussi voit-on une classe d'affections très graves, l'érysipèle, la diphtérie, l'infection purulente, la septicémie, etc...,
y prendre journellement naissance; la scarlatine, la rougeole qui
s'annoncent par le catarrhe des voies pharyngiennes et pulmonaires n'ont peut-être pas d'autre point de départ. Quant
aux maladies infectieuses dont l'étiologie est moins bien
connue, on peut, si l'on veut, discuter inutilement sur le point
précis de leur introduction dans l'économie ; mais ce qui reste

évident pour tous, c'est le peu de vraisemblance de la doctrine de l'hétérogénèse appliquée au développement des fièvres exanthémateuses, des fièvres putrides, intermittentes, rémittentes, de la fièvre jaune, du choléra. Ici l'invasion de la maladie suppose son inoculation, et son inoculation suppose le transport d'un ferment. Que ce ferment (je l'ai supposé microbique) soit ou non trouvé, il existe aussi réellement que les virus de la variole, de la vaccine, de la syphilis, de la rage, de la morve, sur la nature desquels le premier mot reste encore à dire.

D'après les données de l'observation, les ferments organisés appartiennent tous à une classe d'êtres inférieurs, formés de cellules de dimensions variables, mais échappant toujours par leur petitesse à la perception de nos sens. Les méthodes mises en usage pour discerner les uns des autres les germes aériens qui nous entourent sont encore trop imparfaites pour nous éclairer sur le degré de nocivité des espèces voyageant dans l'atmosphère; aussi, quand on isole, dans les hôpitaux, les malades atteints de variole, de diphtérie ou d'érysipèle, le seul but visé est de circonscrire le foyer d'infection dont les émanations morbides, du reste parfaitement inconnues, sont seulement pressenties et surtout démontrées par le contage.

Les ferments organisés peuvent être transmis, d'après nos connaissances actuelles sur ce sujet, par l'inoculation directe à travers la peau, comme le prouve cet exemple célèbre des habitants d'un village devenus syphilitiques par l'inoculation d'un vaccin impur, et les nombreux cas de septicémie survenus à la suite d'une simple piqûre faite avec des instruments malpropres, ou encore les cas de charbon produits par la piqûre d'une mouche, et les cas de rage provenant d'une légère morsure.

Les ferments peuvent aussi, et c'est le mode qui paraît le plus fréquent, être transmis par inoculation indirecte; ils ont alors pour véhicule l'atmosphère, les boissons et les aliments. Le contage devient à cet instant plus incertain; car, outre la prédisposition individuelle à contracter la maladie, il faut une lésion par où le ferment transporté par le hasard puisse s'introduire. La lésion ou le point vulnérable de l'organisme n'est pas toujours visible : dans la majorité des cas, elle échappe aux médecins; le hasard est servi par l'abondance du ferment dans l'eau impure que l'on boit, dans les aliments déjà altérés dont on se nourrit et dans l'air vicié que l'on respire. Pour se préserver des organismes de l'eau, on les tue par la chaleur, comme cela réussit dans les pays chauds. Pour se débarrasser des microbes des viandes de boucherie, on les cuit fortement; quant à se soustraire aux microbes de l'air, la difficulté devient plus grande, car sa purification est loin d'être un problème résolu.

Ces généralités énoncées, je demanderai au savant le plus habile et le plus au fait des choses de la micrographie d'accepter la mission, en apparence fort simple et fort naturelle pour certains esprits, de découvrir dans l'air les germes des maladies infectieuses. Beaucoup d'auteurs, lui dirai-je, sont persuadés qu'il faut attribuer telles maladies à des poisons telluriques, telles autres à des microbes répandus dans les desquamations épithéliales, furfuracées, etc., et à la multiplication de ces poisons dans les eaux potables, les fleuves, les mares, les égouts, les ruisseaux fangeux; à vrai dire, tout cela est encore un mystère, mais il vous appartient de résoudre scientifiquement ces problèmes obscurs. Je doute fort qu'un savant raisonnable acceptât une semblable tâche.

En effet, en présence de données si vagues sur la cause première des maladies zymotiques, le labeur du micrographe chargé d'explorer l'atmosphère au point de vue des germes infectieux présente évidemment des difficultés insurmontables; comment trouver dans l'air un microbe que personne n'a pu encore apercevoir dans le sang des malades ou des cadavres des malheureux qui ont succombé à sa funeste action? Ce serait se faire une idée peu précise de l'immensité des recherches qu'exigeraient la découverte et la détermination d'un ferment morbide perdu au sein de millions d'organismes microscopiques de même aspect, que de ne pas apprécier le vague et l'incertain d'un travail entrepris avec cet espoir.

En l'absence de moyens d'investigation suffisamment puissants, il faut donc aborder la question par un côté plus général et baser sur une hypothèse vraisemblable un ensemble de recherches dont les résultats moins brillants puissent permettre de s'avancer lentement, mais sûrement, vers une solution plus pratique.

Pour qui a étudié les infiniment petits, il est évident que les bactéries, meurtrières ou non, possèdent toutes le même mode de diffusion, que le vent ou la pluie, qui soulève dans l'air ou fixe sur le sol telle bactérie inoffensive, jette dans l'atmosphère ou immobilise de même les ferments morbides, surtout si ces ferments ont la faculté de croître en dehors du corps humain, dans les eaux communes, les boues des rues, etc. Comme l'observation le fait pressentir, les recrudescences des bactéries vulgaires doivent coïncider avec les recrudescences des bactéries infectieuses, et alors les considérations générales qui s'appliquent aux premiers êtres doivent aussi s'appliquer aux seconds ; en un mot, la statistique des schizomycètes atmosphériques, effectuée en bloc, peut donner des indications utiles sur le nombre relativement grand ou faible des ferments morbides. Quand ces ferments seront absents, l'air ne sera pas pour cela privé d'organismes vivants ; peut-être même le chiffre des bactéries aériennes sera-t-il à peine diminué, et en cela on peut comparer les microbes infectieux aux faibles quantités de gaz ou de vapeur qui peuvent se répandre dans une atmosphère, l'empoisonner, et en disparaître sans en augmenter ou en diminuer sensiblement le volume.

Jusqu'ici mon but n'a donc pas été de saisir au vol les germes des bactéries pathologiques, mais d'étudier le rapport existant entre le chiffre des microbes atmosphériques et le total des décès causés à Paris par les maladies dites *zymotiques*. En effet, puisque l'air est accusé de répandre autour de lui l'infection, le premier acte du micrographe était de constater si à chaque recrudescence de décès correspondait une crue bien évidente de microbes atmosphériques, au sein desquels on suppose encore gratuitement les poisons figurés morbides, doués de caractères botaniques à peu près identiques. Envisagé sous ce point de vue, le problème se simplifie, se transforme et devient facile à résoudre. Il ne s'agit plus de prouver directement dans l'air la présence individuelle de toutes les bactéries pathologiques, mais d'examiner si les fluctuations du chiffre des décès se comportent comme si l'atmosphère est réellement chargée d'organismes malfaisants.

Le diagramme (*fig*. 80) représente la relation trouvée entre le nombre moyen hebdomadaire des bactéries récoltées à Mont-

Fig. 80

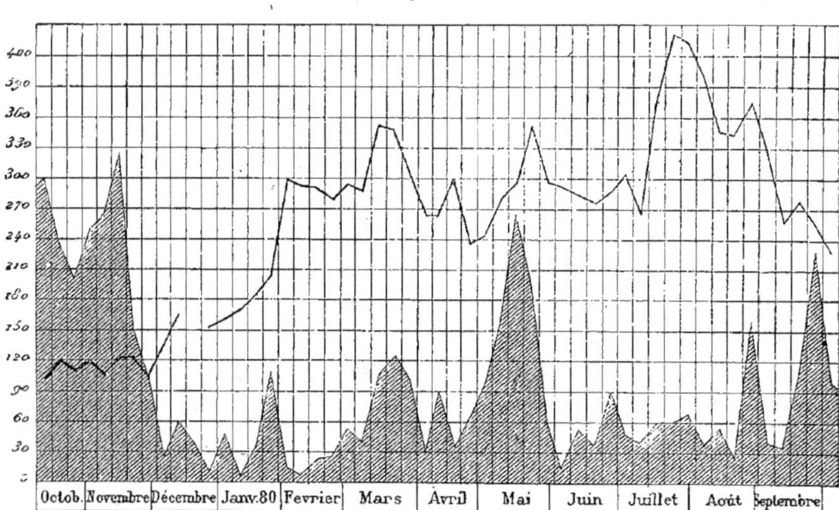

Maladies épidémiques et bactéries (années 1879-1880).

souris du mois d'octobre 1879 à la fin de septembre 1880, et la courbe des décès causés par les maladies zymotiques enregistrées à Paris durant la même période annuelle. Les moyennes hebdomadaires des bactéries calculées du vendredi au jeudi sont représentées dans la *fig*. 80 et dans les deux suivantes par les espaces teintés, enfin les chiffres des décès, pris dès le commencement de l'année 1880 dans le *Bulletin démographique* publié par les soins de M. le Dr Bertillon, sont donnés par la ligne pleine brisée. Les maladies qui entrent en ligne de compte sont : la fièvre typhoïde, la variole, la rougeole, la scarlatine, la coqueluche, les affections diphtéritiques, la dyssenterie, l'éry-sipèle, l'infection puerpérale, et la gastro-entérite ou diarrhée cholériforme des jeunes enfants. On range habituellement cette dernière maladie parmi les affections saisonnières ; cependant les fluctuations si concordantes qu'elle présente avec la courbe des bactéries me la font comprendre aujourd'hui parmi les maladies zymotiques, sans discuter les objections, d'ailleurs assez faibles, qui militent en faveur de son exclusion.

En laissant de côté la première partie de la courbe des décès (dernier trimestre 1879), dont les données numériques m'ont été très difficiles à contrôler, le *Bulletin démographique* n'étant pas encore fondé, on voit, dans la dernière quinzaine de janvier 1880, la quantité des bactéries s'accroître rapidement et une aggravation des décès y correspondre à courte échéance ; en mars, avril et mai, le même fait se présente d'une façon remarquable ; en juin nouvelle recrudescence des bactéries, nouvelle crue de décès ; puis, vers la fin de juillet la mortalité s'accroît fort rapidement, tandis que les bactéries restent rares à Mont-souris. A la même époque, au cimetière du sud, station située plus avant dans le cœur de Paris, on constate une recrudescence bien accusée de microgermes. Enfin, à partir des premiers jours d'août, la courbe des décès par les maladies épidémiques et contagieuses va en se rapprochant constamment de la ligne des abscisses en présentant deux crochets (fin août, milieu sep-tembre), qui coïncident avec deux crues de bactéries.

Dès le mois d'octobre de la même année, une nouvelle sta-tion d'analyse fut créée au centre de Paris, l'Observatoire de Montsouris me paraissant par sa situation un lieu mal choisi pour obtenir avec exactitude les variations des microbes tenus en suspension dans l'atmosphère des quartiers populeux. L'ex-périence permit alors d'établir la relation reproduite par le dia-gramme (*fig.* 81), où, sauf une seule exception, chaque recru-descence de décès est suivie d'une recrudescence de microbes.

Cette année, les rapprochements effectués à ce sujet sont également confirmatifs. La courbe des décès (voir *fig.* 82), peu accidentée, est loin de se prêter à une comparaison aisée ; ce-

pendant, en l'examinant avec attention, on voit toutes les aggravations de la mortalité correspondre, sauf un cas, à une augmentation de schizophytes aériens. En novembre et décembre 1881,
ce rapport est frappant ; en avril, juin, juillet et août 1882, on
observe de même des coïncidences indéniables. Presque toujours les crues des bactéries précèdent d'une semaine l'augmentation du chiffre des décès.

Fig. 81.

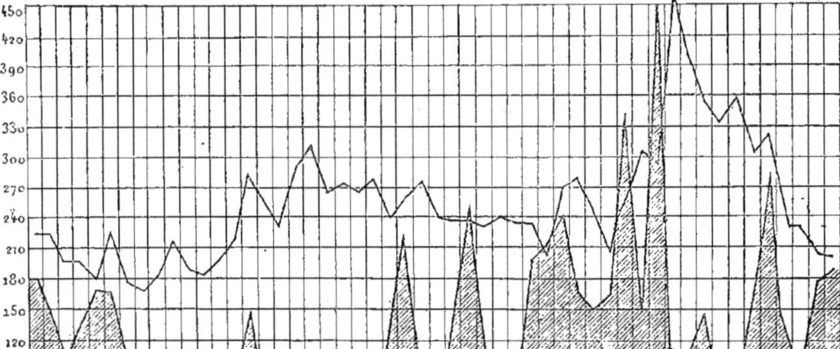

Maladies épidémiques et bactéries (années 1880-1881).

Cependant, si les lignes brisées des diagrammes précédents
donnent une idée très exacte des oscillations du chiffre total
des décès par les maladies zymotiques, elles nous renseignent
fort peu sur la nature des affections qui ont provoqué ces crues
aux diverses saisons de l'année. En étudiant de très près ces
aggravations de la mortalité, on remarque qu'elles sont dues
presque toujours à l'explosion isolée d'une épidémie de fièvres
éruptives, d'atrepsie ou de fièvre typhoïde ; en d'autres termes,
que les recrudescences de la mortalité sont gouvernées le plus
habituellement par un seul groupe de maladies, tandis que les
autres règnent endémiquement.

Prenons, en effet, pour exemple l'année 1882, qui vient de s'écouler. La crue des microbes qu'on y observe aux mois de mars et d'avril semble favoriser l'extension des fièvres exanthémateuses; celle du mois de mai est suivie à un court intervalle d'une augmentation de victimes par l'atrepsie; la crue de juillet et d'août provoque à la fois une aggravation regrettable de décès par la même maladie et par la fièvre typhoïde. Bientôt la diarrhée cholériforme des jeunes enfants devient moins

Fig. 82.

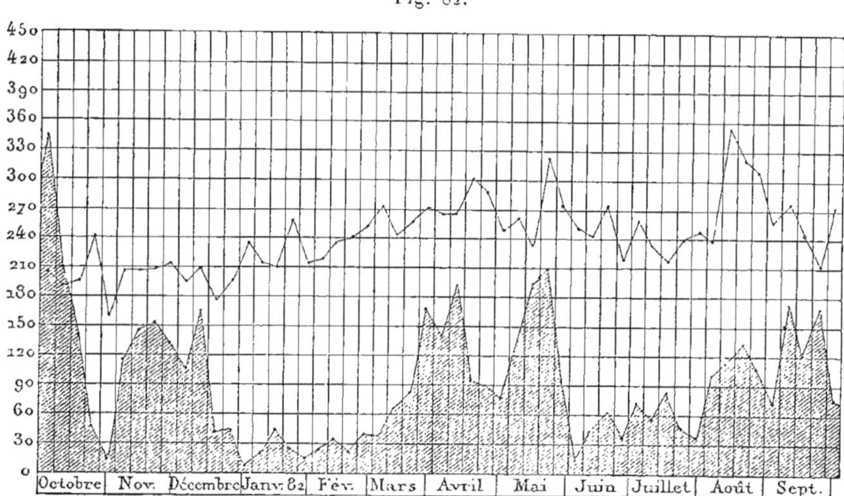

Maladies épidémiques et bactéries (années 1081-1882).

meurtrière; le chiffre des bactéries augmente toujours. Le mois de septembre est remarquable par la richesse de son atmosphère en microbes; la population parisienne tombe alors sous le coup de l'intoxication typhoïdique, et la dothiénentérie éclate avec une violence inusitée, en fournissant un taux de décès maximum, trois semaines après un maximum fort élevé de microbes. Les pluies d'octobre et de novembre jugulent l'épidémie.

Néanmoins, avant de me prononcer définitivement sur la constance des faits qui viennent d'être signalés, je demande à poursuivre encore longtemps ces recherches intéressantes, afin de pouvoir appuyer mes affirmations sur une surabondance de résultats positifs. Comme on me l'a fait dire à tort, je n'ai jamais prétendu qu'il existât de rapport direct entre le chiffre des bactéries et celui des décès, mais uniquement une coïncidence de recrudescences.

CHAPITRE VIII.

I. — Des bactéries qui peuplent l'intérieur des habitations.

Les courants de l'atmosphère entraînent dans l'intérieur des habitations une quantité de spores de bactéries d'autant plus grande, que le temps est chaud et sec ; mais, à côté de ces organismes apportés du dehors, il peut arriver que diverses enceintes renferment des foyers producteurs de microphytes dont les germes viennent naturellement se joindre aux microbes venus de l'extérieur. Dans les maisons bien tenues, il ne paraît pas exister, je le répète, de sources permanentes de bactéries ; pour constater, dans l'intérieur des habitations, l'existence de foyers pestilentiels, il faut visiter les appartements insalubres, où la négligence et la malpropreté des habitants laissent exposés au contact de l'air des débris d'aliments ou des déjections de toute sorte.

Dans la majorité des cas, c'est l'atmosphère extérieure qui peuple de microbes les habitations réputées saines et hygiéniques ; en effet, les organismes qu'on rencontre le plus souvent dans les appartements ont les formes et les mœurs des microbes atmosphériques ; cependant, plus vieux et plus desséchés, en un mot doués d'une vitalité inférieure aux spores fraîches et jeunes récemment émises des foyers putrides, ils germent avec plus de difficulté dans les liqueurs où on les ensemence et n'apparaissent manifestement aux yeux de l'observateur qu'au bout d'une période d'incubation de trois à six jours ; tandis que, pour choisir un exemple, les microbes des égouts infestent visiblement les liqueurs nutritives vers le deuxième et presque toujours au troisième ou au quatrième jour.

Quand on supprime les causes mécaniques, le va-et-vient, le frottage qui tendent à restituer à l'air des salles closes les particules de nature variée déposées en grand nombre à la surface des parquets, des meubles et de tous les objets, l'air se purifie rapidement et tend à devenir microscopiquement pur ou optiquement pur, pour employer l'expression de M. Tyndall. Je fais allusion ici aux maisons isolées dans la campagne : dans l'intérieur de Paris, où le roulage ébranle incessamment le sol et communique des trépidations aux constructions les plus massives, l'air qui les remplit se montre toujours prodigieusement fécond : le contraire s'observe au palais du Bardo, placé dans le parc de Montsouris, à une distance respectable de toute voie publique très fréquentée.

Durant le premier trimestre de l'année 1880, une longue suite d'ensemencements furent effectués dans l'intérieur de la bibliothèque située au premier étage de l'Observatoire de Montsouris ; les conserves de bouillon Liebig tenues par une pince à $1^m,50$ du sol furent lentement parcourues par un courant d'air après que l'agitation provoquée par les pas de l'expérimentateur et la fermeture des portes fut jugée calmée ([1]).

La moyenne générale des microbes trouvés présents au sein de l'atmosphère confinée de la bibliothèque atteignit le chiffre de 20 par mètre cube d'air analysé. Pendant les temps calmes, ce chiffre pouvait descendre au-dessous de 10 ; mais, quand un vent violent ébranlait les murs boisés de l'Observatoire, il pou-

---

([1]) Dans ces expériences et les suivantes, l'aspiration était déterminée par l'intermédiaire d'un tube de plomb de petit calibre serpentant extérieurement le long des murs de l'Observatoire, traversant le châssis des fenêtres et dont une extrémité arrivait au milieu de la salle où l'ensemencement avait lieu, et l'autre extrémité dans mon laboratoire à laquelle on adaptait le tuyau de caoutchouc d'une trompe aspirante.

vait atteindre 60. Quelles que fussent d'ailleurs les causes de ces variations, elles ne présentèrent jamais de coïncidence avec celles qu'il était permis d'observer au dehors, où le chiffre moyen des microgermes se montre égal à 46.

Au second trimestre de la même année, l'air fut puisé avec les mêmes précautions dans celle des caves de l'Observatoire qui sert d'atelier de photographie à mon excellent ami et collègue, M. de Vaulabelle. Cette pièce, vaste, sèche et voûtée, reçoit le jour d'en haut par un simple châssis qui, une fois fermé, interrompt toute communication directe avec l'atmosphère extérieure; il résulta, d'une série interrompue d'expériences journalières pratiquées en l'absence de toute personne dans cette pièce, qu'en moyenne l'air de cette cave tenait en suspension 27 germes de schizophytes par mètre cube, quand l'air extérieur en accusait 96, soit trois fois davantage.

Une atmosphère qu'il m'a paru utile d'examiner avec beaucoup de soin est celle du laboratoire où mes aides et moi manipulons depuis six ans toute sorte de microbes et toute espèce de substances putréfiées. M. Tyndall, si malheureux dans son incursion sur le domaine de la micrographie atmosphérique, a été encore victime d'une illusion, en prétendant que le nombre des bactériens répandus dans les laboratoires de culture des microphytes devient incalculable; il n'est pas, d'après lui, d'infusion qui ait la chance d'échapper au degré d'infection qui y règne: à un moment donné, l'atmosphère de ces salles est tellement impure que la moindre bulle d'air se montre chargée de plusieurs organismes vivants. « Dans le remplissage des tubes à essais (renfermés dans des cloches de verre contenant de l'air calciné), je m'aperçus, dit M. Tyndall, que quelques petites bulles d'air étaient entraînées par l'infusion; j'en conclus qu'à leur arrivée à l'extrémité inférieure de la pipette ces bulles se brisaient et répandaient, dans l'intérieur de la chambre, les germes dont elles étaient chargées. L'année dernière, j'aurais trouvé difficile à croire qu'une cause aussi faible pût être la base des anomalies observées; mais cette année j'ai appris à tenir compte de ces petites causes, et c'est pourquoi j'ai pris des mesures pour éviter la rentrée de l'air (¹). » Cependant « ce ne fut que dans des cas exceptionnels, dépendant de l'état de l'air, que des précautions telles que celles décrites plus haut se montrent suffisantes pour assurer l'exemption de contamination (²). » M. Tyndall se transporta alors dans les jardins de Kew, où le nombre des insuccès fut encore évalué à 33 pour 100. Revenu à Londres, le même savant fit construire, sur le toit de son laboratoire, une baraque où il continua ses expériences; mais là aussi « le résultat ne fut pas celui attendu; pas un seul tube des deux premières chambres à air optiquement pur n'échappa à la contamination; ils se conduisirent tous comme dans le laboratoire, devenant en trois jours entièrement troubles et chargés d'écume graisseuse ». M. Tyndall se creusa alors l'esprit pour deviner d'où pouvait venir l'infection. « Le fait, avance-t-il, de secouer une botte de foin dans l'air de la cabane suffit pour le rendre aussi infectieux que l'air du laboratoire. Dans quelques cas, la circonstance que la tête de mon préparateur était découverte, quoique son corps fût soigneusement revêtu d'habits nouveaux, amena l'infection dans notre baraque (³). » Si je tenais à paraître malicieux, je demanderais à M. Tyndall si, lors de ses expériences sur les nuages bactéridiques avec le plateau des cent tubes, la tête de son préparateur était plus soigneusement désinfectée et s'il ne craignait pas alors de voir la contamination, venue de la chevelure de son assistant, troubler les résultats de ses expériences. M. Tyndall, dont j'admire le talent et la probité scientifique, s'est trompé, je le dis pour la dernière fois, et toutes les illusions qui se sont déroulées devant ses yeux pendant plusieurs années ont tenu à des idées arrêtées sur la possibilité de stériliser les liquides par l'ébullition sous la pression normale. Si j'ai mis quelque insistance à combattre les vues de M. Tyndall sur la question des microbes, c'est uniquement pour contrebalancer l'influence re-

---

(¹) TYNDALL, *Les Microbes*, p. 189; 1882.

(²) TYNDALL, *loc. cit.*, p. 192.

(³) TYNDALL, *loc. cit.*, p. 197.

grettable que ses écrits panspermistes pourraient exercer en France, où l'on estime à la plus haute valeur les travaux publiés par ce savant illustre.

L'air de mon laboratoire, analysé systématiquement pendant les premiers mois de l'année 1880, dans le but de calculer le nombre des microbes soulevés par le va-et-vient de mes aides occupés à leur besogne journalière, les courants d'air déterminés par les becs allumés, les fourneaux en activité, accusa, en moyenne, par mètre cube, 215 microbes rajeunissables dans le bouillon Liebig; l'air extérieur, seulement 71.

L'année suivante, c'est-à-dire pendant le premier semestre de l'année 1881, je constatai, non sans regret, que le degré d'infection de la principale pièce de mon laboratoire s'était accru et atteignait 348 microbes par mètre cube ; cette année il est parvenu à 550. Rien n'ayant été changé à la nature du liquide employé pour les numérations des bactéries et aux conditions des expériences, il est certain que l'impureté de l'air de mes salles va croissant d'année en année, suivant une progression arithmétique, dont la raison est supérieure à la moitié du premier terme, calculé primitivement en 1880 ; à ce compte, il faudra cependant trente ans avant que l'infection de l'air des laboratoires de Montsouris devienne égale à l'infection constatée actuellement dans l'atmosphère des appartements situés au centre de Paris. Peut-être une sorte d'équilibre finira-t-il par s'établir entre ces germes et ceux de l'atmosphère extérieure, comme cela paraît exister dans les hôpitaux parisiens, mais rien ne peut encore me fixer sur le degré d'impureté qui pourra régner plus tard dans l'air de mes salles ; s'il est aujourd'hui une chose bien visible, c'est le défaut de concordance entre cette impureté et celle de l'atmosphère libre.

Bactéries trouvées par mètre cube.

Dates.		Laboratoire.	Parc de Montsouris.
1880 (1er semestre)	....	215	71
1881	»	348	62
1882	»	550	51

On le voit, le chiffre des microbes des habitations semblerait croître en raison inverse de la richesse en germes de l'atmosphère libre ; ce fait, constant et facile à mettre en évidence, dans les lieux les plus divers pendant les périodes froides, paraît tenir au défaut d'aération des atmosphères confinées. Pendant l'hiver, les habitants soustraient volontiers leurs appartements à l'action épuratrice des courants d'air, se calfeutrent chez eux avec une foule de microbes qui restent, dès lors, leurs prisonniers jusqu'à la belle saison.

Pour donner un exemple de la quantité énorme des bactéries qui peut ainsi s'accumuler dans les habitations situées dans les centres très peuplés et dans les maisons dont l'état hygiénique paraît satisfaisant, je rapporterai le résultat d'expériences effectuées dans une chambre à coucher située au troisième étage d'une maison de la rue Monge, construite depuis peu d'années sur une voie, comme on le sait, très large, très aérée, et dans un local habité à peine douze heures sur vingt-quatre et où les éviers ne sont pas souillés par les eaux ménagères, les débris d'aliments résultant toujours de la préparation des repas, etc. Pendant six mois, je me suis astreint à analyser, à mon lever, avant toute ouverture de portes et de fenêtres, l'air de la chambre précitée ; voici les nombres moyens qui ont résulté de ces dosages systématiques :

Saisons.	Nombre par mètre cube.
Hiver 1882	6500
Printemps 1882	3830
Moyenne	5260

Avec les mêmes précautions, l'air a été analysé aux mêmes jours, dans mon cabinet, à l'Observatoire de Montsouris, où jamais il ne s'opère de manipulations de microbes et qui ne diffère, à la vue, de ma chambre à coucher que par l'absence d'un lit.

Comme on peut en juger, les nombres de microbes obtenus ont été tout autres.

Saisons.	Nombre par mètre cube.
Hiver 1882	380
Printemps 1882	270
Moyenne	325

A la rue Monge, l'air de la chambre a été trouvé seize fois plus impur que l'air de mon cabinet à l'Observatoire de Montsouris, et, fait qui vient à l'appui d'une proposition énoncée plus haut, le chiffre de germes a diminué à la fois, dans ces deux locaux, en allant de l'hiver au printemps.

II. — Bactéries des hôpitaux, expériences effectuées à l'Hôtel-Dieu et à Notre-Dame de la Pitié.

L'intérêt qui s'attache à la détermination de la composition micrographique des atmosphères hospitalières a déterminé un grand nombre d'auteurs à s'occuper de l'étude des bactériens répandus dans les salles des malades. Depuis les travaux de Pouchet, de Dundas Thompson, de Chalvet, de Réveil, de Samuelson, de Lemaire, Nepveu en France, Miflet en Allemagne et plusieurs autres savants ont institué à ce sujet quelques expériences qualitatives dont les résultats sont à peu près tous semblables. Pouchet et Eiselt, de Prague, trouvèrent des globules de pus parmi les poussières des hôpitaux ; Chalvet, Thompson, Lemaire, Nepveu et Miflet y ont constaté la présence d'abondantes bactéries; mais, comme toujours, le zèle des observateurs s'est bientôt heurté contre les difficultés pratiques qui entourent l'étude des microbes infiniment petits.

La détermination des bactéries répandues à profusion dans les salles des malades demandera encore longtemps de pénibles et patientes recherches ; il ne sera pas aisé de mettre en évidence, parmi les milliards de microbes qui hantent l'air de ces salles, les germes de la rougeole, de la variole, de la diphtérie, de la septicémie, de l'infection purulente, etc., restés jusqu'à ce jour insaisissables. Nonobstant cette impuissance bien avérée à découvrir les microbes agents présumés de la plupart des affections contagieuses, l'on cherche avec raison à se défendre de ces ferments encore hypothétiques. Quelques esprits caustiques, bien mal inspirés à mon sens, ont fait, sur cette classe d'organismes, des plaisanteries dont je goûte fort peu le sel, car enfin ces affections, dont on est en droit de soupçonner l'origine microbique, frappent constamment fort et sans pitié et prélèvent chaque année sur la population parisienne un tribut de 20 000 enfants ou personnes dans la force de l'âge. Les médecins les plus incrédules finissent par être quelque peu ébranlés, et leur attention est forcément appelée sur ces ennemis invisibles qu'il serait si humain d'anéantir si l'on pouvait découvrir les milieux où ils habitent et où ils peuvent se perpétuer. D'autres praticiens plus endurcis, le chiffre en est cependant peu élevé, voient dans les idées actuelles sur le *contagium vivum*, né de la théorie des germes, un engouement momentané, appelé à disparaître spontanément comme ces théories séduisantes qui appartiennent déjà à l'histoire de la médecine. Je trouve en effet, avec eux, qu'on devrait moins parler des microbes et mieux les étudier, qu'il en est dont l'existence fort improbable est déjà à tort proclamée comme réelle ; mais, à côté de ceux-là, il en est d'autres qui ne passeront certainement pas, si l'on ne parvient pas à les détruire ou à modifier leurs effets désastreux sur notre économie. Pour sortir d'un domaine où la contradiction est aisée, je rappellerai que nous sommes incontestablement entourés d'organismes microscopiques, parmi lesquels beaucoup restent suspendus au-dessus de nos têtes comme autant d'épées de Damoclès, dont il n'est pas facile de distinguer la nature du tranchant, mousse ou acéré. Il est toujours prudent de se défier de l'inconnu et très peu sage de mépriser un ennemi dont on ignore la force et le nombre : mieux vaut envoyer à sa rencontre d'habiles éclaireurs. Je peux tout au plus, quant à moi, donner sur le chiffre de ces êtres microscopiques quelques renseignements préliminaires qui me paraissent mériter d'être pris en considération.

Mes premières recherches sur les germes des hôpitaux remontent à une époque déjà éloignée. Dès l'année 1878, plusieurs aéroscopes à aspiration furent installés à l'Hôtel-Dieu, dans le service de mon excellent maître, M. le professeur Germain Sée ; l'air des salles de ce savant clinicien fut d'abord étudié au point de vue des microbes-moisissures, qu'on y trouve très fréquents, mais en moins grand nombre qu'à l'air libre. Une année plus tard, j'abordai l'étude des bactériens répandus dans les mêmes locaux. Au travers de petits tubes à boule renfermant de l'eau stérilisée, je dirigeai une quantité d'air parfaitement déterminée, puis cette eau fut distribuée en totalité dans des conserves diverses de lait, de bouillon, d'urine, etc. ; parallèlement à ces expériences, je répétai au parc de Montsouris la même opération, mais avec une quantité d'air cinquante fois et soixante fois plus considérable : c'était le seul moyen d'obtenir au voisinage des fortifications une eau dont l'impureté à l'égard des germes atteignît celle de l'hôpital. En un mot, si 5^{lit} d'air puisé dans les salles de l'Hôtel-Dieu donnaient dix microbes, à Montsouris, le même chiffre d'organismes était fourni par 300^{lit} [1].

A la fin de l'année 1879, le procédé de numération des bactéries, employé depuis cette époque à l'Observatoire, ayant été définitivement adopté, l'air des salles Saint-Christophe et Sainte-Jeanne, comprises dans le service hospitalier de M. Germain Sée, fut alternativement analysé ; l'air de la salle des femmes le matin avant la visite, l'air de la salle des hommes une demi-heure environ après le passage du chef de service et de sa nombreuse assistance, alors que l'atmosphère était seulement troublée par les allées et venues d'un petit nombre de malades et d'infirmiers : les portes et les fenêtres étaient à ce moment parfaitement closes et tout frottage et nettoyage renvoyés après les expériences.

Voici, par moyennes mensuelles, les résultats bruts de ces analyses, continuées pendant trois mois et demi, puis interrompues pour des raisons de santé.

---

[1] Au mois de décembre de l'année 1879, j'ai rendu compte du résultat de ces recherches dans l'*Annuaire de Montsouris* pour l'an 1880.

Microbes recueillis par mètre cube d'air.

	A l'Hôtel-Dieu.	
Année 1880.	Salle Saint-Christophe (hommes).	Salle Sainte-Jeanne (femmes).
Juin........................	5850	5200
Juillet....................	6640	4530
Août......................	5220	3970
Septembre.............	7510	6750
Moyenne...........	6300	5120

Pendant l'été de l'année 1880, l'air des égouts de la rue de Rivoli ayant accusé environ 850 germes, et l'air extérieur examiné au parc de Montsouris 82, l'atmosphère confinée des salles de l'Hôtel-Dieu fut donc trouvée environ six fois plus chargée de microbes que l'air humide des égouts, et soixante-dix fois plus impure que l'air de Montsouris ; l'Hôtel-Dieu était pourtant à cette époque de construction récente, entretenu comme toujours avec la plus grande vigilance, ventilé par un air filtré à travers d'immenses couches d'ouate et, malgré ces précautions, les salles se montraient pleines de microbes.

Quand il s'agit de calculer le chiffre des bactéries répandues dans l'air de la campagne par l'ensemencement fractionné des poussières atmosphériques, l'usage des trompes à débit relativement élevé est fort commode, le volume d'air aspiré dans une journée devant parfois s'élever à 200^{lit} et même 300^{lit}. Dans l'intérieur de Paris, les aspirateurs destinés aux mêmes analyses doivent être beaucoup plus précis et gradués au 10e et au 20e de litre, surtout si l'on opère avec des liqueurs nutritives fort sensibles aux bactéries. Au sommet de Panthéon, où l'air est assez pur, j'ai été forcé d'employer de grands flacons de Mariotte, accouplés, garnis d'un liquide incongelable, formé d'un mélange d'alcool et de glycérine ; mais, chose moins aisée à prévenir, c'est la congélation des liqueurs destinées aux ensemencements. Lors des grands froids de l'année 1879, il suffisait, je me rappelle, de placer à l'air extérieur pendant quelques minutes les ballons destinés à recueillir les microbes pour voir leur contenu se

prendre en totalité en une masse de glace ; la marche de l'expérience n'en était pas pour cela suspendue, l'air pénétrait
dans le ballon à travers la brèche produite par l'aspiration
ininterrompue, se filtrait sur la bourre, qu'on projetait dans
la conserve après la fusion du liquide nutritif solidifié par le
froid : sur cinq à six cents expériences pratiquées dans ces conditions désavantageuses, je ne me souviens pas d'avoir eu à
déplorer la perte d'un seul tube à boule et d'avoir été obligé
d'interrompre une seule journée mes recherches statistiques.
Pour opérer des numérations de germes fort exactes, il faut,

Fig. 83.

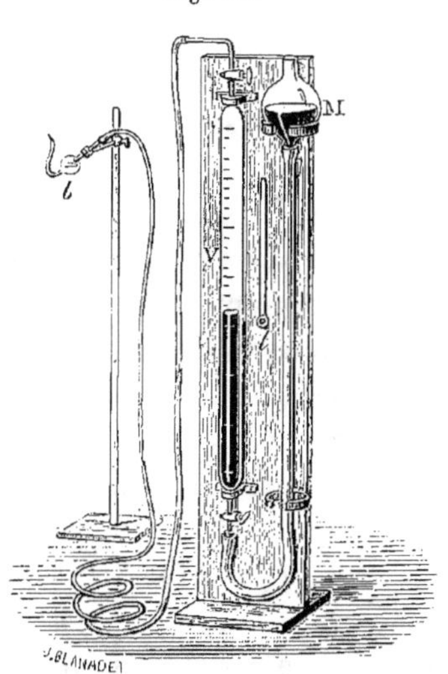

Aspirateur à mercure au $\frac{1}{12}$ de grandeur.

dis-je, employer des aspirateurs gradués avec le plus grand soin ;
c'est surtout dans les hôpitaux que le besoin s'en fait le plus
sentir, là où la quantité d'air ensemencée doit descendre à
$\frac{1}{30}$ et $\frac{1}{40}$ de litre avec le bouillon Liebig et à $\frac{1}{150}$ ou $\frac{1}{300}$ avec le
bouillon de bœuf pourvu d'une sensibilité exaltée par le sel marin.
A cet effet, M. Alvergniat m'a construit une petite pompe à
mercure (*fig.* 83) permettant de distribuer dans chaque ballon

une fraction d'air des plus minimes et de transmettre par l'intermédiaire d'un tube de caoutchouc une aspiration énergique à
l'appareil conserve b, placé loin de la pompe manipulée par l'expérimentateur.

A l'hôpital de la Pitié, où mes expériences ont commencé vers
la fin de février 1881, l'ordre des analyses a été interverti : l'air
de la salle Michon (hommes) a été examiné de 8^h à 9^h du
matin, celui de la salle Lisfranc (femmes), vers 10^h du matin,
après la visite de M. le professeur Verneuil.

Les salles de clinique de ce savant chirurgien sont sises au
rez-de-chaussée, dans deux corps de bâtiment se coupant à angle
droit, et sont placées entre deux jardins et la rue Geoffroy-Saint-
Hilaire, qui longe le côté Ouest du Jardin des Plantes ; il est
aisé d'établir dans ces salles, percées de nombreuses fenêtres,
un renouvellement d'air dépassant en efficacité ceux que peuvent produire les appareils de ventilation imaginés pour enlever
les poussières accumulées dans les locaux habités.

Principalement à la salle Michon, l'encombrement est considérable : il est rare que le nombre des patients venus chercher
un soulagement ou la guérison de la main habile de M. le chirurgien Verneuil n'y dépasse pas de dix à quinze le chiffre
normal des lits disponibles ; cette affluence oblige à installer
des lits supplémentaires entre lesquels on a parfois peine à se
mouvoir : aussi un semblable entassement de malades nécessite-
t-il, même durant les mois les plus froids de l'année, l'ouverture de quelques fenêtres.

A la salle Lisfranc, les malades sont plus à l'aise, le nombre
des brancards y est beaucoup plus restreint ; aussi le besoin
d'aération s'y fait-il moins sentir. Je devais entrer dans ces détails, afin de bien préciser les conditions qui ont présidé à ces
recherches microscopiques. Les prises d'air effectuées à cet
hôpital ont eu lieu également en l'absence des frottages, des
balayages ou de toute autre cause capable de restituer violemment aux atmosphères confinées les corpuscules et les débris
divers déposés sur le parquet, les meubles, les lits, etc. Les fenêtres trouvées ouvertes à mon arrivée ont été fermées pendant

les expériences ; enfin l'air a été puisé à $1^m,50$ du parquet, au moyen de l'aspirateur gradué. Même quand on s'entoure des précautions les plus constantes, les analyses par ensemencements fractionnés des poussières répandues dans l'air d'une enceinte habitée sont rarement comparables ; il arrive très fréquemment qu'un balayage récent, un va-et-vient anormal, introduisent des éléments discordants dans les résultats obtenus, d'où une suite de variations journalières dont la signification doit, à mon avis, fort peu préoccuper l'observateur; mais il ne saurait en être de même des variations hebdomadaires ou mensuelles calculées sur un grand nombre d'ensemencements pratiqués journellement ou toutes les quarante-huit heures, comme cela a eu lieu à la Pitié. Actuellement, ce sont les seules moyennes dont je sois disposé à tenir compte.

Les recherches de statistique microscopique, commencées dans les salles de chirurgie de la Pitié le 1er mars 1881, ont été continuées jusqu'à la fin de mai de l'année 1882; le Tableau donné ci-après résume l'ensemble des analyses effectuées durant cette période de quinze mois avec le secours du bouillon Liebig.

Bactéries récoltées par mètre cube d'air.

| | À la Pitié | | |
	Salle Michon (hommes).	Salle Lisfranc (femmes).	Au IVe arrondissement.
Mars 1881...... .	11100	10700	750
Avril...........	10000	10200	970
Mai........... .	10000	11400	1000
Juin........... ..	4500	5700	1540
Juillet..........	5800	7000	1400
Août...........	5540	6600	960
Septembre.......	10500	8400	990
Octobre.........	12400	12700	1070
Novembre..... ..	15000	15600	780
Décembre........	21300	28900	525
Janvier 1882.....	16100	12800	160
Février..........	14400	11100	200
Mars...........	14800	10550	560
Avril...........	11120	7560	850
Mai...........	6300	5930	970
Moy. générales.	11100		850

Ainsi, le chiffre des bactéries, très voisin de 11 000 par mètre cube d'air en mars, avril et mai 1881, a presque subitement décru de moitié en juin dans les salles Michon et Lisfranc, différemment orientées et éloignées l'une de l'autre d'une soixantaine de mètres. Ce chiffre, resté bas en juin, juillet et août, s'est relevé à partir de septembre, a atteint un maximum en décembre,

Fig. 84.

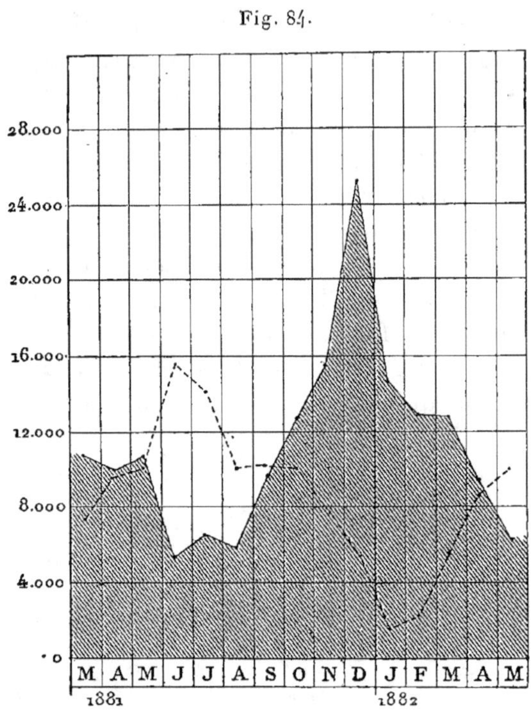

Bactéries des hôpitaux comparées aux bactéries récoltées à la rue de Rivoli.

puis a décru jusqu'au mois de mai de l'année 1882. A la rue de Rivoli, le contraire a été observé, comme le démontrent les moyennes mensuelles inscrites dans la troisième colonne du Tableau et la représentation graphique de ces moyennes dans le diagramme (*fig*. 84), où les espaces parcourus par des hachures indiquent la distribution des microbes dans ces salles, et la ligne brisée la distribution des bactéries dans les rues de Paris. Pour faciliter cette comparaison, ces dernières moyennes ont été multipliées par dix.

On ne manquerait pas d'être surpris de la diminution du chiffre des bactéries observée à la Pitié à la fin du printemps, quand l'air des rues se charge d'une quantité croissante de microbes, si je n'avais pas déjà établi qu'en hiver la quantité des microphytes devient très élevée dans l'intérieur des maisons. A l'hôpital, les malades sont-ils devenus plus nombreux, les salles ont-elles subi une désinfection spéciale? Non, rien de tout cela n'est arrivé : la ventilation seule s'est accrue et voici comment. En été, durant la majeure partie de la journée et jusqu'à une heure assez avancée de la nuit, les malades, pour échapper à l'action de la chaleur et aux émanations putrides, laissent grandement ouvertes les fenêtres, qu'ils tiennent closes aux saisons froides autant que l'air leur paraît respirable. L'atmosphère des hôpitaux se purifie assurément toujours, mais principalement en été, aux dépens de l'air extérieur. Si les hôpitaux sont construits au centre d'une ville, les quartiers environnants reçoivent, sous la forme de corpuscules vivants invisibles, de nombreux ferments dont l'innocuité n'est peut-être pas nulle, quand ils proviennent des déjections des typhoïdiques, des desquamations des érysipélateux, des scarlatineux, des varioleux, etc. Je ne saurais mieux faire que de laisser un instant la parole à un de nos savants statisticiens, M. le Dr Bertillon, pour nous édifier sur le danger que peut faire courir à la population environnante la présence d'un hôpital rempli de malades atteints de fièvres infectieuses : «..... Mais ce que je veux surtout établir aujourd'hui, dit M. le Dr Bertillon, c'est la baisse successive de semaine en semaine et la disparition, pour la dix-septième semaine de l'année 1880, des décès par la variole dans ce quartier de la Sorbonne, si exceptionnellement frappé pendant les mois de janvier, février et mars ; car le dégrèvement, non moins que les aggravations signalées, nous servira à déterminer la cause des sévices exceptionnels de la variole dans ce quartier.

» En effet, en distribuant les décès varioleux en leurs domiciles respectifs, là où la maladie a été contractée, on les a trouvés se groupant autour de l'*annexe* de l'Hôtel-Dieu et formant comme un noyau épidémique resserré entre la Seine et le boulevard Saint-Germain. Dans ce champ circonscrit, ne contenant que 10 000 habitants, on a relevé pour les deux mois de janvier et de février jusqu'à 49 décès par la variole, alors que, proportionnellement à la population et à l'intensité de l'épidémie, il aurait dû en fournir moins de 3! Ainsi, dans ce petit coin du Ve arrondissement, plus de 46 décès se sont rencontrés en surcroît des influences encore peu connues qui ont répandu l'épidémie variolique sur la population parisienne; mais cette formidable aggravation et ce singulier groupement de maisons envahies autour de l'annexe s'expliquent lorsqu'on sait que, pendant ce temps, cette annexe de l'Hôtel-Dieu a été un dépôt où l'on a dirigé tous les varioleux se présentant dans les services hospitaliers, dans le but, sans doute très louable, d'empêcher la contagion de se répandre de lit en lit dans chacun de ces services. Cette mesure paraît donc avoir déplacé plutôt que supprimé les voies de transmission; au lieu de se propager de lit en lit, la contagion s'est répandue de maison en maison autour du dépôt varioleux, et aujourd'hui que ce dépôt a été supprimé, la variole tend à disparaître de ce quartier ([1]). »

L'annexe de l'Hôtel-Dieu ayant été évacuée, quelque temps avant sa démolition, nécessitée par la construction d'un nouveau pont sur la Seine, les varioleux furent dirigés sur un autre hôpital; mais laissons encore parler ici M. le Dr Bertillon : « Nous appelons de nouveau l'attention sur les sévices exceptionnels de la variole dans le quartier des Quinze-Vingts et les quartiers contigus de Sainte-Marguerite et de la Roquette; ces quartiers continuent à enregistrer trois à quatre décès de plus par la variole que ne le comporte leur population. Ces sévices si cruellement exceptionnels s'expliquent trop bien, d'après nos recherches spéciales sur ce sujet, par la présence de l'hôpital

---

([1]) BERTILLON, *Bulletin de statistique démographique pour l'année* 1880, n° 17.

Saint-Antoine qui a remplacé le dépôt varioleux de *l'annexe* et qui, comme lui, pendant le premier trimestre, renferme plus de cent varioleux. Ainsi ont été transportés dans ces trois quartiers contigus les contages dont l'annexe empoisonnait le bas quartier de la Sorbonne. L'administration les a charriés avec les varioleux; c'est là une démonstration que l'on peut dire expérimentale de nos précédentes conclusions : quand l'épidémie aura pris fin, nous essayerons de dresser le bilan des Parisiens morts en surcroît par suite de la présence de ces dangereux dépôts en pleine ville ([1]) ».

Pour remédier au mal signalé par M. Bertillon, il suffit d'éloigner de Paris les malades atteints d'affections contagieuses. Cependant la majeure partie des habitants d'une ville recevant des soins à domicile, la suppression des hôpitaux situés dans l'enceinte des cités constitue un progrès qui n'a pas évidemment la valeur d'une mesure radicale propre à éteindre les foyers répandus un peu partout, dans les divers quartiers, et d'où peuvent s'échapper des miasmes malfaisants. Après le déplacement des hôpitaux et leur installation en plein air, mesures réclamées depuis longtemps par le bon sens et exigées impérieusement par les faits, il restera encore beaucoup à faire pour atténuer les dangers de la contagion. Les praticiens du corps médical en entier, les familles elles-mêmes devront concourir pour une large part à l'extinction de ces foyers isolés de coqueluche, de diphtérite, de scarlatine, qui font de si grands ravages et enlèvent tous les ans à Paris plusieurs milliers d'enfants.

Dans l'intérieur des hôpitaux, on rencontre, mêlés aux microbes venus de l'extérieur, de nombreux germes échappés aux plaies purulentes qui, à défaut d'une ventilation suffisante, capable de pousser devant elle la totalité des ferments figurés, séjournent dans les salles et y rendent l'air de plus en plus impur; cette accumulation de microbes se constate malheureusement trop souvent dans les asiles des femmes en couches, qu'il

---

([1]) BERTILLON, *Bulletin de statistique démographique pour l'année* 1880, n° 22.

faut parfois évacuer sans délai, puis désinfecter minutieusement sous peine de voir l'infection puerpérale y produire de véritables hécatombes. Enfin, pour ne parler ici que d'une affection nettement contagieuse, il est des époques où l'érysipèle sévit avec tant de fréquence dans les salles des hôpitaux, que les chirurgiens hésitent à pratiquer les opérations les plus légères.

Les bactéries tenues en suspension dans l'atmosphère des salles de chirurgie appartiennent surtout au genre micrococcus. A la Pitié, sur 100 bactériens récoltés avec le secours du bouillon Liebig neutralisé, on compte 91 micrococcus, 5 bacilles et 4 bactériums : c'est, à peu de chose près, les proportions dans lesquelles se montrent les microbes recueillis dans l'air à la rue de Rivoli, avec cette différence qu'à la Pitié ils sont dix fois plus nombreux.

Les bactéries récoltées dans les salles des hôpitaux, cultivées et inoculées aux animaux vivants, sont presque toutes inoffensives ; injectées dans le sang, les tissus divers, elles sont résorbées rapidement sans laisser de traces de leur passage. Pour pousser le plus loin possible ce genre d'investigations, j'ai amené dans du sérum de sang les liquides albumineux épanchés dans l'économie humaine (liquides hydrocélique et pleurétique), le jus de viande stérilisés à la température ordinaire, les poussières des salles de chirurgie, et là encore les microbes développés se sont montrés le plus habituellement tout à fait innocents pour les espèces animales mises à ma disposition. Dans quelques cas, fort rares au contraire, j'ai pu communiquer des affections fort graves à des lapins et à des cobayes.

Le premier organisme meurtrier tombé sous ma main est un micrococcus d'apparence commune, un peu plus petit cependant ; injecté sous la peau des lapins et des cochons d'Inde, il y produit rapidement un abcès : c'est la lésion constante ; cet abcès s'ouvre toujours à l'extérieur, dans le voisinage du point où l'aiguille de la seringue de Pravaz a apporté le ferment. Mais, tandis que chez les jeunes animaux cet abcès et la plaie qui résulte de son ouverture spontanée ou faite au bistouri guérissent habituellement avec rapidité, chez les vieux lapins et cobayes la terminaison est très souvent fatale : les animaux périssent d'infection puru-

lente déterminée par le microbe ou contractée peut-être pendant
la maladie. Quand j'ai cherché à cultiver le micrococcus phlogogène présent dans les abcès métastatiques du foie et de la
rate, je l'ai toujours trouvé accompagné d'une infinité d'autres
espèces qui, au bout de quelques cultures, finissaient par l'étouffer
entièrement. Le second organisme pathologique trouvé dans les
salles des malades est un bacille grêle, produisant une adéno-
pathie dont les suites ont toujours été bénignes ; au bout de huit
jours les animaux reprenaient leur appétit et leurs allures habi-
tuelles. D'autres micrococcus produisent des lésions plus incon-
stantes, des inflammations passagères des tissus où on les injecte,
des chancres rongeurs ; mais malheureusement, quand on est
arrivé à constater la virulence faible ou énergique de tel ou
tel microbe, la tâche du micrographe est presque achevée ; il
lui devient difficile de pousser plus avant ses expériences et
de les étendre sans danger à l'espèce humaine.

III. — Composition micrographique de l'air des égouts.

L'atmosphère des égouts, toujours saturée d'humidité et en
contact permanent avec une eau plus ou moins bourbeuse, char-
riant des substances en putréfaction, est fortement chargée de
bactéries. D'après une série de recherches effectuées dans l'égout
de la rue de Rivoli, au voisinage du point où cette conduite se
jette dans le grand collecteur du boulevard Sébastopol, on
compte dans l'air circulant dans cette galerie 800 à 900 bactéries par mètre cube, chiffre fort voisin de celui que j'ai déjà
signalé pour l'air puisé à la mairie du IVe arrondissement, avec
cette différence cependant que l'air de la rue se montre peuplé
d'un nombre de germes très variables et l'air de l'égout d'un
chiffre de germes à peu près constant. En été, l'atmosphère de
la rue de Rivoli peut dépasser cinq à six fois en impureté l'atmosphère de l'égout. En hiver, le contraire peut avoir lieu : l'air de
la voie publique peut dépasser cinq à six fois en pureté l'atmosphère de l'égout sous-jacent.

Les égouts étant destinés à recevoir les immondices de toute sorte, les eaux de vaisselle, la majeure partie de l'urine humaine, la totalité de l'urine des chevaux et des animaux utilisés dans une grande ville, la fange infecte des ruisseaux, etc., reçoivent aussi, en dehors d'une partie des déjections humaines conduites directement à l'égout, les eaux de lavage du linge souillé par les malades, le contenu des intestins et les liquides provenant des cadavres autopsiés dans les hôpitaux, matières toujours peuplées de microbes dont la virulence est certainement à redouter, des débris de viandes corrompues, les eaux de tannage des peaux, enlevées à des animaux sains ou malades, etc., etc., en un mot, une foule de substances qui tendent toutes à augmenter le chiffre et la nature des microbes dans les égouts, à rendre les eaux circulant dans ces souterrains aptes à fermenter des façons les plus diverses. Aussi il est aisé de s'assurer que l'eau d'égout, puisée à un grand collecteur, renferme un nombre prodigieux de microbes, environ 20 000 à 30 000 par centimètre cube. Je parle des eaux courantes d'égout, presque inodores, prélevées dans les collecteurs, débarrassées par décantation de tous débris solides et analysées avant leur entrée en putréfaction, phénomène qui s'observe quand ces mêmes eaux sont abandonnées quelques jours à elles-mêmes en vases clos ou ouverts.

Voici d'ailleurs les résultats de mes analyses effectuées avec des eaux de diverses provenances et rapportées au bouillon de bœuf neutralisé ordinaire, quatre fois plus altérable que le bouillon Liebig.

Provenance des eaux.	Microbes par litre.
Vapeur condensée de l'atmosphère	900
Eau du drain d'Asnières	48 000
Eau de pluie	64 000
Eau de la Vanne (bassin de Montrouge)	248 000
Eau de la Seine (puisée à Bercy)	4 800 000
Eau de la Seine (puisée à Asnières)	12 800 000
Eau d'égout (puisée à Clichy)	80 000 000

L'eau d'égout est donc la plus infestée de toutes, et, je le remarque encore, elle possède sur les autres le triste privilège de se putréfier spontanément et de donner naissance, au bout de quelques jours de repos, à une quantité de microbes mille fois supérieure à celle que l'on trouve indiquée dans le Tableau précédent. L'hygiène publique est évidemment intéressée à l'écoulement rapide du contenu des égouts : c'est la théorie de la non-stagnation admise par les hygiénistes de tous les pays. Les égouts ayant précisément pour but de débarrasser les rues et les maisons de toute substance putrescible, est-il exempt de danger d'y évacuer les déjections d'une population de plusieurs millions d'habitants? Ce point est très sérieusement discuté. Est-il préférable de conserver les fosses fixes, ces vastes cuves à fermentations putrides, établies dans la majeure partie des vieilles constructions parisiennes, qu'on vient nettoyer périodiquement en infectant au moins l'odorat des habitants? Je ne le crois pas, si les égouts sont construits de façon à retenir toutes les émanations qui peuvent y prendre naissance. Dans le cas contraire, les fosses à demeure possèdent au moins l'avantage de laisser échapper peu de microbes, quand on s'en sépare par des fermetures hydrauliques ou autres, et quand, loin de les aérer, on conduit simplement, par un tube de petit calibre, au faîte des maisons les gaz divers qui peuvent s'y développer. Une fosse fixe, bien construite, fournit à l'air extérieur peu ou pas de microbes; cependant les infiltrations à travers le sol des liquides qu'elle renferme, les manipulations qu'exigent son curage périodique, son entretien, etc... sont peut-être moins inoffensives ; en tous cas, la permanence, dans le sein même des maisons, d'un vaste foyer de putréfaction doit la faire bannir des nouvelles constructions d'une grande ville. L'un des progrès les plus marquants de l'hygiène consistera à débarrasser les populations, sans dommages pour la santé générale, des matières excrémentitielles, résidus inévitables de la vie animale. La voie des égouts est alors naturellement indiquée.

Les excréments humains ajoutés aux immondices, déjà si nombreux et si divers, qui voyagent dans ces conduites, vont-

ils, par le seul fait de leur présence, ajouter beaucoup au degré
actuel d'infection des égouts? Cela ne me paraît pas probable,
car chaque animal est, pendant son existence, soumis à l'action
de microbes nombreux, se multipliant dans la dernière portion
de son intestin et qu'il porte avec lui, jusqu'à la fin de la vie,
sans grand préjudice pour sa santé. Une fois dans les égouts,
ces microbes auront-ils sur lui une action plus redoutable?
Cela n'est pas admissible; d'autre part, si, comme le fait remarquer M. Warentrapp, les déjections des malades vont habituellement à l'égout sans passer par les fosses d'aisances, avec
les fèces de la population du premier âge, les microbes contagieux et beaucoup de substances stercorales voyagent paisible-
ment dans les égouts, alors que chacun prend soin, pour éviter
ce mal, de retenir chez soi une substance encombrante, d'abord
inoffensive par elle-même, mais capable de le devenir par suite
de fermentations ultérieures et d'ensemencements typhoïdiques,
dysentériques ou autres. Craindrait-on en envoyant les selles à
l'égout, de changer la composition normale des eaux vannes,
de les transformer en milieux nutritifs, si l'on peut s'exprimer
ainsi, où les microbes infectieux vont trouver une nourriture
plus substantielle et plus apte à leur développement? C'est peut-
être devancer l'expérience : les microbes communs établis dans
un milieu qui leur convient, et où ils y sont les maîtres, cèdent
difficilement leur place aux nouveaux venus ; dès lors personne
ne peut nier que c'est peut-être à eux qu'est due la destruction
de la majeure partie des germes morbides. La Science, sur ce
point, n'est pas sans exemples : le virus septique étouffe le virus
charbonneux, le cerveau putréfié d'un animal enragé ne transmet plus la rage ; les cadavres dans un état avancé de décomposition transmettent plus difficilement la septicémie que les
cadavres frais, etc. Cependant, devant l'obscurité, lente à s'éva-
nouir, sur le rôle des microbes, plusieurs savants hygiénistes,
M. le professeur Brouardel est de ce nombre, craignent avec
raison que les égouts des villes, construits pour un autre usage,
ne puissent se prêter commodément à l'évacuation des vidanges ;
s'il en était ainsi, si les matières fécales amenées dans les égouts

les transformaient en immenses fosses fixes, se ramifiant dans toutes les directions, respirant par toutes les bouches s'ouvrant dans les rues et dans les maisons, le remède proposé serait pire que le mal. Je n'ai pas à entrer dans les questions techniques du ressort des ingénieurs chargés de la construction et de l'entretien de ces voies souterraines. Cependant MM. Durand-Claye et Émile Trélat, qui se sont distingués dans les savantes discussions sur le *tout à l'égout,* assurent que, moyennant une quantité d'eau suffisante, on peut vaincre aisément toutes les difficultés pratiques, et s'opposer à la stagnation des substances solides et liquides dans les égouts parisiens ; nous devons les croire et supposer avec eux que cela est réellement possible ([1]).

Laissant de côté cette question des vidanges, par trop exclusive, je me permettrai cependant de critiquer, au point de vue de la diffusion des germes, la construction des égouts de la ville de Paris. Un égout, à mon sens, ne doit pas avoir de bouches communiquant librement avec l'air extérieur; il doit prendre tout ce qu'on lui confie et ne rien rendre de ce qu'il renferme, qu'à son extrémité terminale. Séparé de la rue et des maisons, par des siphons, des soupapes, etc., d'un fonctionnement automatique irréprochable, il ne devrait pas même être muni de regards dont la fermeture ne fût pas hermétique; alors, les microbes et les gaz n'en pouvant sortir par aucune issue, il serait à l'abri de toute accusation. Les égouts ayant besoin d'une ventilation incessante, il serait utile d'y établir des machines

---

([1]) A consulter :

Revue d'hygiène et de police sanitaire (les discussions sur l'évacuation des vidanges), années 1880-1881-1882.

Les projets d'assainissement de Paris, 1881, par M. Vallin.

Bulletin de la Société française d'hygiène, 1882.

L'assainissement des villes, par M. le Dr Arnould, 1882.

État de la question des eaux d'égout en France et à l'étranger, 1882, par M. Durand-Claye.

Comptes rendus des séances de la troisième session du Congrès international de Genève en 1882 (Discours de MM. Durand-Claye, Brouardel, Émile Trélat, Teissier, Vidal, Duverdy, Warentrapp, Smith, Van Overbeck, de Meijer, Layet, Soyka, Loiseau, Amoudruz, Villième, Henrot, Coverton, Hauser, Bourrit, Juillard et de Valcourt).

aspirantes amenant l'air pompé à travers des colonnes de coke incandescent ou à travers plusieurs filtres capables de retenir tous les germes qu'on détruirait plus tard par le feu. Il me semble qu'un égout possédant des bouches par lesquelles l'air qu'il renferme peut se répandre dans la rue ne remplira jamais les conditions d'un égout parfait sur l'innocuité duquel on doive se reposer, à moins toutefois qu'on n'arrive à prouver que les microbes qui en émanent soient absolument inoffensifs. Il faut bien peu connaître les microbes pour penser qu'un courant d'eau, même rapide, suffit à les emporter au loin ; les uns grimpent sur les parois humides des murs, d'autres s'arrêtent et s'éternisent dans un peu de vase, retenue par une aspérité. D'ailleurs, les égouts doivent être construits pour recevoir, avec les immondices, tous les microbes et, une fois qu'ils y sont amenés, l'essentiel est qu'ils y restent, ou, plus exactement, qu'ils soient détruits au fur et à mesure de leur sortie par la bouche des collecteurs.

On a parlé de systèmes spéciaux : des systèmes Liernur, Berlier, etc., propres à entraîner rapidement, par le secours du vide, les matières fécales qu'on parle de jeter directement à l'égout ; ce sont là, à mon avis, des demi-mesures, car, si les égouts, tels qu'on les construit actuellement, sont des causes d'insalubrité, ces systèmes, fonctionnant parallèlement à eux, ne remédieront pas au mal existant. Il faut sans doute se méfier des égouts, des cimetières, des foyers où pourrissent des amas de substances en voie de décomposition ; cependant, avant de porter sur les égouts, les cimetières et les foyers de putréfaction, les plus graves accusations, il faudrait avoir en main quelques preuves d'une solidité reconnue ; or, aujourd'hui, ces accusations sont basées sur de simples conjectures, sur l'horreur des microbes, sur des craintes fort respectables, j'en conviens, mais peut-être exagérées.

Les bactériens récoltés dans l'air des égouts diffèrent essentiellement des bactériens récoltés à l'air libre, à l'intérieur des maisons et des hôpitaux ; les germes qu'on y rencontre sont remarquables par leur jeunesse et la facilité qu'ils possèdent d'envahir et de corrompre en peu de jours les infusions les moins sensibles. Très souvent, vingt à trente fois sur cent, ils déterminent des putréfactions intenses et fétides, chose bien plus rarement observée à l'air libre et à l'intérieur des habitations ; les bactériums sont fort nombreux dans l'air des égouts : beaucoup d'entre eux sont anaérobies ; en un mot, les microbes répandus dans ces lieux humides forment un monde nouveau avec lequel il serait utile et intéressant de faire plus ample connaissance ; inoculés à des cobayes et à des lapins, je dois à la vérité de déclarer qu'ils se sont montrés de l'innocuité la plus parfaite.

Je terminerai ce paragraphe en disant un mot de la composition qualitative des atmosphères dont nous avons déjà pu apprécier la teneur en microbes.

Nature des microbes recueillis.

Atmosphères considérées.	Micrococcus.	Bacilles.	Bactériums.	Totaux.
Air puisé au IVe arrondissement....	93	5	2	100
» du parc de Montsouris... .	73	19	8	100
» des hôpitaux..............	86	9	5	100
» des habitations parisiennes.	84	10	6	100
» du laboratoire de Monsouris.	81	16	3	100
» des salles inhabitées.......	54	47	1	100
» des égouts	60	14	26	100

Les micrococcus, en très grand nombre dans l'air puisé au centre de Paris, encore très fréquents dans l'air des hôpitaux, des appartements parisiens, et généralement dans les lieux habités, se font plus rares au parc de Montsouris et sont surtout en faible nombre dans l'air des égouts et des salles inhabitées. Au contraire, les bacilles, peu nombreux à la rue de Rivoli, dans les hôpitaux, les maisons parisiennes, reparaissent plus nombreux au parc de Montsouris et dans les salles inhabitées, comme l'indique l'avant-dernière colonne du Tableau précédent ; le bouillon Liebig accuse généralement peu de bactériums dans ces atmosphères diverses, sauf dans celle des égouts, où ils sont toujours fort fréquents. Avec le bouillon de bœuf préparé avec soin, ces chiffres diffèrent profondément, mais le sens de ces proportions reste toujours le même : la quantité

des bactériums s'élève au détriment des micrococcus et des
bacilles, dont le chiffre décroît alors dans les compositions
centésimales données.

IV. — Bactéries des poussières sèches.

On a vu dans le Chapitre III comment on arrive, par un
procédé fort simple, à compter le nombre des spores de moisissures répandues dans les poussières déposées en couche plus ou
moins épaisse dans les fentes des portes, sur les meubles, les
consoles des appartements; je vais faire connaître en peu de
mots la méthode qui permet d'y compter également les germes
infiniment plus petits des bactéries, fort difficiles à caractériser
avec le seul secours du microscope. Il faut, pour arriver à ce but,
user encore du procédé indirect des ensemencements fractionnés, susceptible d'acquérir une grande précision quand on se
donne la peine de l'appliquer dans toute sa rigueur.

Prenons le cas le plus simple : voici une feuille de papier
glacé abandonnée sur un meuble depuis plusieurs mois ou plusieurs années ; sa couleur blanche disparaît plus ou moins complètement sous une couche de poussières formée d'éléments de
toute sorte : de silex, de calcaire, de plâtre, de roches finement
pulvérisées, de charbon, de fibres textiles, de débris végétaux,
d'amidon, de pollens, de cellules épithéliales, etc. ; cette poussière sèche, presque toujours feutrée, lorsqu'elle se forme dans
l'intérieur des maisons, est amenée, par une manœuvre facile à
saisir, dans une nacelle de platine purgée de germes. La nacelle ainsi chargée, recouverte d'une plaque de même métal,
est pesée, puis son contenu est vidé dans un ballon d'eau stérilisée à $110°$; le poids exact de la nacelle débarrassée de son
contenu permet de connaître le poids des poussières introduites
dans le ballon. Pour fixer les idées, supposons que ce poids
soit égal à $0^{gr},135$; supposons encore que le ballon où viennent
d'être versées les poussières renferme 250^{cc} d'eau.

En agitant vivement pendant un quart d'heure le liquide du

vase, on parvient sans peine à produire un liquide uniformément trouble, autrement dit une véritable émulsion de poussière, renfermant en moyenne, par centimètre cube, $0^{mgr},54$ de détritus de toute espèce.

Avec le secours d'une pipette bien flambée et garnie à sa branche supérieure d'une bourre de coton de verre, on prélève alors 10^{cc} de cette eau louche, que l'on dilue immédiatement dans un nouveau ballon contenant 240^{cc} d'eau commune également stérilisée à 110°; chaque centimètre cube de cette nouvelle dilution ne renferme plus que $0^{mgr},0216$ des poussières primitivement pesées ; aussi le liquide ainsi obtenu paraît-il habituellement limpide.

Quand il s'agit des sédiments atmosphériques déposés spontanément à la surface des objets, il ne reste plus qu'à procéder aux ensemencements, car les bactériens sont à ce moment généralement assez espacés dans le milieu liquide pour en rencontrer seulement un dans deux ou trois gouttes.

A cet effet, une série de conserves de bouillon neutralisé reçoivent chacune une goutte de la dernière dilution ; dans les cas ordinaires, 60 à 80 conserves suffisent pour donner des nombres convenablement approximatifs; mais il est évident que, plus le nombre des ensemencements sera grand, plus précis seront les chiffres sur lesquels on basera le calcul des microbes. N'abandonnons pas les données numériques adoptées plus haut et reprenons cet exemple de dosage des bactériens. 2^{cc} de la dilution titrant $0^{mgr},0216$ de poussière brute par centimètre cube sont distribués goutte à goutte dans 66 conserves de bouillon stérilisé qu'on place à l'étuve maintenue à 30°. Le liquide de plusieurs d'entre elles ne tarde pas à s'altérer ; chaque jour amène de nouveaux cas d'infection; mais, si l'expérience a réussi, le bouillon de la moitié ou des deux tiers des conserves ensemencées doit encore garder au bout d'un mois une limpidité parfaite; à partir de ce moment, il devient probable que cette limpidité sera permanente et qu'il n'a pas été introduit dans les vases de bouillon encore inaltéré d'espèces microscopiques capables de s'y multiplier. On met fin à l'expérience.

Sur ces 66 conserves ensemencées, admettons que 32 d'entre elles aient montré des schizophytes à l'état de pureté, autant du moins qu'un examen attentif au microscope permet d'en juger; il devient certain que 2^{cc} de la deuxième dilution, ou $0^{mgr},0432$ de poussière, ont fourni 32 bactériens, soit 750 000 bactériens par gramme de l'échantillon des poussières considérées.

Ce procédé ne possède pas évidemment la rigueur des analyses chimiques effectuées avec les précieuses ressources qu'offrent l'eudiométrie, les dosages volumétriques, les méthodes employées pour détruire les corps et peser ensuite avec précision l'eau, l'acide carbonique, l'ammoniaque, les combinaisons salines ou haloïdes qui en résultent. Cependant il ne faut pas oublier qu'il s'agit ici pour le micrographe de doser un chiffre d'œufs ou de spores dont le poids collectif d'un million n'atteint pas $\frac{1}{1000}$ de milligramme; d'ailleurs, comme dans les dosages les mieux faits, il existe, dans le cas qui nous occupe, une limite d'approximation et un nombre de chiffres négligeable. Dans mes analyses de poussières, cette approximation varie du $\frac{1}{10}$ au $\frac{1}{15}$ du nombre moyen des bactéries; elle peut être beaucoup plus grande, mais tout dosage dont l'écart dépasse les limites fixées doit être tenu pour mauvais, incertain et par conséquent recommencé.

Un échantillon de poussière prélevé sur un meuble d'un appartement situé au troisième étage d'une maison de la rue de Rennes, voisine de bâtiments en voie de construction, fut partagé en deux portions : la première pesait $0^{gr},194$, la seconde $0^{gr},210$; deux dosages méthodiques exécutés le même jour fournirent :

> Pour la première portion.......   1 330 000 bactériens.
> Pour la seconde portion........   1 340 000   »

Cette précision tient du hasard, et l'on doit s'estimer heureux quand le second chiffre diffère seulement du premier d'une unité de l'ordre immédiatement inférieur.

Un autre échantillon de poussière sèche, recueilli sur une feuille de papier abandonnée dans le casier d'une bibliothèque de l'Observatoire de Montsouris, décela, par gramme, une fois

760 000 bactériens et une autre fois 740 000. Ces résultats justifient du degré de précision de ce procédé.

Les poussières récoltées en différents lieux présentent rarement le même nombre de bactéries ; si à Montsouris leur chiffre atteint environ 750 000 par gramme de poussière, dans l'intérieur de Paris ce nombre peut devenir double et triple, comme le prouvent les données numériques suivantes, obtenues avec l'emploi du bouillon Liebig neutre :

Bactériens récoltés par gramme de poussière.

A l'Observatoire de Montsouris.............	750 000
A la rue de Rennes.......................	1 300 000
A la rue Monge..........................	2 100 000

Il paraît donc démontré que, là où l'atmosphère est plus chargée de microbes, là aussi les sédiments qu'elle abandonne sont plus riches en microphytes.

D'après les recherches de M. Gaston Tissandier sur les poussières atmosphériques, le poids des corpuscules de toute espèce contenus dans 1^{mc} d'air de Paris est très voisin de $0^{gr},007$; ayant démontré, d'autre part, qu'un semblable volume d'air puisé à la rue de Rivoli est peuplé en moyenne de 900 microbes rajeunissables dans le bouillon, 1^{gr} de poussière en mouvement dans les rues de Paris renferme environ 130 000 bactériens, c'est-à-dire dix fois moins que les sédiments apportés dans l'intérieur des appartements par les courants atmosphériques, ce qui est peut-être dû au transport, dans l'intérieur des maisons, d'une poussière débarrassée de grains de silex volumineux, de détritus lourds dont la course dans l'air est toujours limitée.

La nature des organismes bactériens varie aussi suivant les lieux :

Nature des bactériens répandus dans les poussières.

	Micrococcus.	Bacilles.	Bactériums.	Totaux.
A Montsouris.......	25	70	5	100
A la rue de Rennes..	60	34	6	100
A la rue Monge.....	75	18	7	100

Ainsi, à Montsouris, les bacilles dominent ; ces êtres se font plus rares à la rue de Rennes et deviennent encore moins fréquents à la rue Monge. Le nombre des micrococcus trouvés dans les mêmes poussières augmente au contraire dans un sens opposé, ce qui s'accorde parfaitement avec les analyses d'air pratiquées en même temps au voisinage des fortifications et au centre de Paris. La quantité relativement grande des corpuscules-germes des bacilles trouvés dans les poussières de toute provenance tient à une cause déjà signalée plus haut, à la résistance à la sécheresse de cette classe d'êtres, alors que les semences des bactériums et des micrococcus perdent plus rapidement la faculté de se rajeunir dans les liqueurs nutritives ; aussi, pour rendre comparables entre elles les analyses de poussières récoltées à différents lieux, il faut expressément soumettre à des dosages simultanés des poussières d'un même âge, ce que l'on réalise aisément en plaçant en même temps dans les appartements des récepteurs faits d'une feuille mince de clinquant ou de platine, promenés, au préalable, dans la flamme d'une lampe à alcool.

Un avenir important semble réservé à ces sortes de dosages à la fois qualitatifs et quantitatifs, bien suffisamment exacts pour renseigner l'observateur sur le nombre et la nature des microbes répandus dans l'intérieur des habitations.

D'après les chiffres qui précèdent, il est malheureusement vrai que le degré d'impureté de l'air extérieur contribue pour beaucoup à infester l'air des appartements réputés hygiéniques ; si l'atmosphère des hôpitaux présente en moyenne de 7000 à 8000 germes par mètre cube, l'air des maisons de Paris en montre de 3000 à 4000 ; cinq fois plus environ que l'air des rues, tandis que l'air de notre laboratoire, voisin des fortifications, accuse seulement 200 à 300 bactériens, c'est-à-dire dix fois moins. On le voit, tout nous amène à établir entre le degré d'impureté des poussières des villes et des poussières de la campagne un parallèle sans cesse défavorable à l'atmosphère des vastes agglomérations urbaines.

De cet ensemble de remarques, il ne faudrait pas cependant

conclure à la pauvreté, en bactéries, du sol des campagnes : cette déduction serait contraire aux faits de l'expérience. La pureté de l'air des districts éloignés des cités tient surtout au mode pénible de diffusion des bactéries qu'on y observe, et vraisemblablement aussi à la nature des organismes microscopiques répandus dans les terres arables. Les régions boisées, la végétation, la terre non triturée, encroûtée pendant les chaleurs et humide en temps de pluie, soustraient aux courants atmosphériques les seuls agents de la diffusion des bactériens dans l'espace, les microbes perdus dans l'herbe ou incorporés aux blocs d'humus pris en masse consistante. L'absence de foyers capables d'entretenir la vie et de favoriser la multiplication d'espèces particulièrement virulentes donne assurément à l'air de la campagne, ce degré élevé de pureté qu'on ne retrouve plus dans les atmosphères confinées des habitations.

L'examen du sol, au point de vue du nombre et de la nature des bactériens qui s'y développent et s'y perpétuent, n'est pas dénué d'intérêt. Dans les pays où le charbon fait annuellement de nombreux ravages, M. Pasteur est parvenu à isoler des microbes vivant dans la terre les spores de la bactéridie charbonneuse. Plusieurs moutons, retenus par une claire-voie sur un terrain où l'on avait enfoui des cadavres d'animaux morts du sang de rate ne tardèrent pas à contracter la même maladie en broutant l'herbe poussée sur ce sol infesté.

Au point de vue quantitatif, les analyses microscopiques du sol s'exécutent comme les analyses des poussières déposées spontanément dans l'intérieur des maisons ou sous les abris. Cependant, pour rendre comparables les résultats de ces dosages, il est utile de soumettre la terre à analyser à quelques préparations préliminaires, dont les principales sont la dessiccation et la pulvérisation. On opère la dessiccation de la terre en la plaçant en couches minces au fond de boîtes métalliques percées d'ouvertures latérales pour permettre à la vapeur d'eau de s'échapper. Après l'action, prolongée durant vingt-quatre heures, d'une température voisine de 3o°, la terre devient friable; elle est alors désagrégée par un cylindre métallique roulant sur une feuille de clinquant; la poussière résultant de cette trituration est de nouveau placée à l'étuve à 3o° pendant un jour et une nuit, puis tamisée à travers une toile métallique à mailles très fines, et ensuite pesée et dosée, comme cela a été indiqué pour les sédiments atmosphériques. Il reste bien entendu que les boîtes, les feuilles de clinquant, le cylindre, les nacelles, etc., employés à ces manipulations doivent subir au préalable un flambage scrupuleux (¹).

Les analyses microscopiques des terres pratiquées à l'Observatoire de Montsouris sont encore trop peu nombreuses pour me permettre d'établir avec certitude les lois qui régissent l'apparition et la disparition des bactéries dans le sol; d'après quelques essais préliminaires, leur nombre y serait sous la dépendance des saisons, de la pluie, de la sécheresse, etc. Suivant la profondeur et la nature des couches de terrain, apparaîtrait telle ou telle classe de microbes; bref, il reste sur ce sujet de nombreux faits intéressants à mettre en lumière; je n'épargnerai rien pour porter mes investigations de ce côté.

Voici quelques chiffres auxquels se rattache plus de curiosité que d'importance. Le sol est généralement riche en schizophytes. Les analyses effectuées sur plusieurs échantillons d'humus puisés sous une pelouse du parc de Montsouris et à Genne-

---

(¹) Personne ne songe évidemment à me reprocher de négliger, dans ces diverses opérations effectuées au contact de l'air, les causes d'erreur survenues de l'extérieur; elles sont, comme on le pense, trop faibles pour préoccuper l'observateur. En effet, en supposant la chute de 100 et même de 1000 germes de bactéries sur la terre en voie de dosage (en réalité, il serait excessif de supposer leur nombre égal à 5o), ce chiffre ne peut fausser les données numériques d'un essai dont les unités négligées sont de l'ordre des dizaines et des centaines de mille. La cause d'erreur qui pourrait invalider très sérieusement les résultats obtenus serait la pullulation des bactéries des poussières et du sol dans l'eau stérilisée employée à les émulsionner; or, en une heure, et même en deux heures, il n'est pas de semence desséchée de bactérien qui puisse, dans l'eau et à la température ordinaire, fournir un nouvel être doué d'une vitalité indépendante de la cellule-germe. La durée d'incubation d'une spore de bactérie desséchée, placée à l'étuve à 3o°, dans des liqueurs éminemment nutritives, est beaucoup plus longue; dans les cas les plus favorables, elle paraît exiger de cinq à six heures.

villiers démontre que le nombre des microbes rajeunissables dans le bouillon Liebig neutralisé s'y trouve voisin de 800 000 à 1 000 000 par gramme de terre desséchée à 30° pendant quarante-huit heures.

Les organismes les plus répandus dans le sol appartiennent à la tribu des bacilles. En réunissant en bloc les données qualitatives de ces essais préliminaires, ces êtres s'y rencontrent dans une proportion énorme ; sur 100 schizomycètes enfouis dans les terres arables, on compte, avec le bouillon Liebig, peu favorable à la germination des nématogènes, 90 bacilles, et tout au plus un contingent de 10 autres espèces de bactériens. A la surface de l'humus, les micrococcus reparaissent plus nombreux. Quoi qu'il en soit, il est d'ores et déjà permis d'affirmer que les bacilles vulgaires jouent dans la nature un rôle fort important dans les phénomènes de décomposition de la matière organique en éléments assimilables par les végétaux.

A côté du procédé de dosage qui vient d'être décrit, il en est

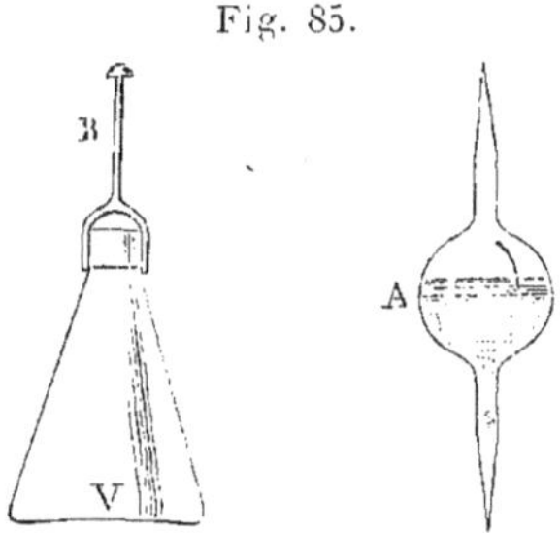

Fig. 85.

Flacon à poussières, au ¼ de grandeur.

un autre des plus simples, également capable de faire connaître rapidement la nature et l'abondance approximative des microbes répandus dans l'air extérieur et l'air confiné ; il consiste à exposer pendant un, deux et plusieurs jours sans pluie à l'atmosphère libre, ou pendant quelques heures seulement dans les lieux où les germes sont très fréquents, un flacon conique à large ouverture de 0^m,01 à 0^m,005 de diamètre intérieur (*fig*.85). Fortement chauffé à l'étuve au préalable, le vase, laissé plus lard ouvert sur le lieu de l'expérience, emmagasine les poussières qu'il ne cède plus aux courants; la durée d'exposition jugée suffisante, le flacon est revêtu de son bouchon rodé intérieurement, porté au laboratoire où il reçoit 30^{cc} à 40^{cc} d'eau stérilisée qu'on distribue, après une vive agitation, dans un grand nombre de conserves de bouillon; ce qui permet de calculer très exactement le chiffre des microbes que le hasard y a introduits. Au laboratoire de micrographie de l'Observatoire de Montsouris il tombe en moyenne, par jour et par mètre carré, 2 400 000 bactériens; au dehors, dans le parc de Montsouris, seulement 23 000, soit cent fois moins; à l'intérieur des hôpitaux et des habitations de Paris, ces chiffres doivent être fort élevés, mais ces essais n'ont pas encore été faits. Ce mode d'investigation, à la fois rapide, exact et non dépourvu d'élégance, peut rendre de véritables services, en faisant connaître le rapport des germes voltigeant dans l'intérieur des habitations; il peut aussi, et c'est là l'usage auquel je le destine spécialement, donner une idée très exacte sur la quantité des germes jetés momentanément dans les appartements et les salles des hôpitaux, par les frottages, les balayages et les nettoyages; prochainement je publierai à ce sujet quelques résultats intéressants.

On doit également à M. le professeur Koch, de Berlin, un appareil de ce genre, une sorte d'*aéroscope à pomme de terre*, formé d'un tube au fond duquel se trouve placée une tranche fraîche de ce tubercule. Le tube bouché est ouvert dans le lieu qu'on désire explorer au point de vue des microphytes, puis refermé, et les bactéries tombées dans l'intervalle se développent si elles sont friandes de l'aliment assez grossier qu'on leur offre : tel est succinctement la description de ce procédé par trop primitif, sans contrôle expérimental, qui laisse l'observateur sans indication aucune sur le chiffre des microbes tombés dans l'unité de temps.

CHAPITRE IX.

I. — Des substances antiseptiques.

Dans le cours de mes travaux sur les organismes microscopiques, j'ai eu bien souvent l'occasion d'étudier l'action des substances chimiques sur le développement des bactéries et de leurs germes. J'exposerai brièvement ici quelques faits relatifs à l'influence des antiseptiques sur la germination des spores aériennes des microbes.

On donne le nom de substances *antiseptiques* ou *aseptiques* à un groupe de corps simples ou composés capables de s'opposer à la putréfaction des liqueurs ou des matières altérables ; les antiseptiques, dont le mode d'action est peu connu et fort variable, doivent, pour être déclarés efficaces, s'opposer à la vie des ferments organisés ; si une putréfaction est en marche, ils doivent être assez puissants pour la suspendre ; si elle n'est pas encore déclarée, ils doivent la prévenir ; dans le premier cas, ils agissent en détruisant ou en paralysant les bactéries déjà en activité ; dans le second, en s'opposant à la multiplication des germes répandus dans les milieux putrescibles. Un antiseptique peut donc produire une désinfection parfaite (¹), en suspendant

---

(¹) On emploie généralement le même mot pour exprimer la désinfection parasitaire et la désinfection des odeurs fétides ; il reste bien entendu qu'il s'agit uniquement dans ce Chapitre des substances *bactéricides* et non *désodorantes ;* beaucoup d'antiseptiques énergiques, le bichlorure de mercure, par exemple, tuent rapidement les microbes d'une putréfaction en marche sans exercer une action bien appréciable sur les produits nauséabonds déjà formés, mais dont ils arrêtent la production ultérieure. Si une putréfaction n'a pas

brusquement la vie des bactéries adultes ou en gênant l'éclosion de leurs germes. L'aseptique parfait serait cependant celui qui tuerait directement la graine ; malheureusement la liste des corps doués de cette faculté est fort peu étendue, ou plutôt leur usage est impossible dans les pansements usités pour détruire les poisons figurés développés sur les plaies et dans les cavités naturelles ou accidentelles de l'économie.

On peut diviser les agents chimiques bactéricides en agents tuant irrévocablement les germes et en agents destructeurs seulement des bactéries adultes, à côté desquels on peut grouper une troisième classe de substances qui ne tuent ni germes ni bactéries, mais qui ont le pouvoir de paralyser la spore et l'espèce adulte. Je parlerai plus particulièrement aujourd'hui de ces désinfectants anodins d'un usage très pratique, très répandu et très fructueux, quand leur application est faite avec intelligence. En effet, si l'on immobilise un germe sur une plaie, si on l'empêche de pulluler, ce germe devient inerte, inoffensif, aussi peu malfaisant que s'il avait été sûrement détruit ; sans doute, il serait préférable de le tuer une fois pour toutes, mais détruire un germe tombé sur nos tissus est une opération fort difficile ; on ne peut guère espérer y parvenir qu'en détruisant les cellules organisées où il est déposé : c'est le procédé des cautérisations au fer rouge, à l'acide sulfurique, à l'acide azotique, à l'acide chromique, à la pâte de Canquoin, à la poudre de Vienne, etc., procédé applicable quand il s'agit de faire disparaître à tout jamais un poison septique, très virulent, répandu sur une très petite surface.

Les travaux entrepris sur le pouvoir bactéricide des antiseptiques sont si nombreux qu'il serait trop long d'en faire ici l'historique : Lemaire, Bouchardat, Demaux, Ozanam, Pasteur, Lister, Bochefontaine, P. Bert, Arloing, Bergeron, Gosselin et

---

commencé. ils s'opposent à la formation des odeurs fétides ; tandis qu'il existe à côté d'eux plusieurs corps parmi lesquels je citerai l'oxygène, bien connu pour détruire rapidement le gaz hydrogène sulfuré et pour favoriser en même temps la vie de la grande majorité des bactéries.

une foule d'auteurs français et étrangers ont abordé ces questions importantes à divers points de vue et obtenu parfois des résultats contradictoires. Les recherches longues et fastidieuses que j'ai entreprises depuis deux ans sur cette matière me paraissent assez avancées pour qu'on puisse déjà en retirer quelques indications utiles.

J'ai cru devoir diviser les substances bactéricides, suivant leur degré de force, en éminemment, très fortement, fortement, modérément, faiblement et très faiblement antiseptiques. Dans cette classification, absolument basée sur l'efficacité des composés considérés, un corps est éminement antiseptique, quand il s'oppose à la putréfaction de 1^{lit} de bouillon de bœuf neutralisé à la dose comprise entre $0^{gr},01$ et $0^{gr},1$ (*voir* d'ailleurs le Tableau suivant) :

Degrés d'aseptie.	Doses efficaces.	
	gr	gr
1° Éminemment............	0,01 à	0,10
2° Très fortement.........	0,10 à	1,00
3° Fortement.............	1,00 à	5,00
4° Modérément............	5,00 à	20,00
5° Faiblement............	20,00 à	100,00
6° Très faiblement........	100,00 à	300,00

Au delà de 300 parties, il paraît peu rationnel d'appliquer la dénomination d'antiseptiques aux substances qui veulent être employées à doses plus massives pour exercer une action antiputride complète ; à ce titre, toutes les substances connues des chimistes pourraient prendre ce nom, y compris les substances les plus fermentescibles. Le sucre, sous le poids de 2^{kg}, conserve indéfiniment 1^{lit} de bouillon, etc.

Les microbes ayant une énergie vitale fort inégale, il serait désirable de multiplier, à l'exemple des travaux de MM. Arloing, Cornevin et Thomas et de plusieurs autres expérimentateurs habiles, des recherches sur le pouvoir destructeur qu'exercent les divers antiseptiques sur les germes de chaque virus figuré en particulier. Quant à moi, fidèle au plan adopté dès le principe, je traiterai ce sujet dans ce qu'il a de plus général, en faisan connaître simplement le poids minimum des substances capables de s'opposer à l'évolution de n'importe quel germe et quelle bactérie.

Le programme des expériences à effectuer dans ce but est fort simple : à un liquide toujours comparable à lui-même, il suffit d'ajouter d'abord un poids connu d'antiseptique, puis des germes atmosphériques ou des bactéries adultes, de faire varier la quantité du corps microbicide, jusqu'au moment où la liqueur reste indéfiniment imputrescible. Pour se procurer des germes de toute sorte à l'état sec, il suffit de les prendre là où ils abondent : par exemple, dans les poussières répandues à l'intérieur des habitations parisiennes, des hôpitaux ; et, pour se procurer des bactéries adultes, de les chercher dans l'eau d'égout. Quand l'antiseptique est volatil, il convient, pour éviter toute perte de poids, de le placer avec la liqueur putrescible dans des vases scellés, en laissant au-dessus du mélange un volume d'air ou d'oxygène assez considérable pour favoriser le développement des microphytes.

Voici les résultats fournis par ce mode d'expérimentation :

DOSES MINIMA DE QUELQUES ANTISEPTIQUES CAPABLES DE S'OPPOSER A LA PUTRÉFACTION D'UN LITRE DE BOUILLON DE BŒUF NEUTRALISÉ.

1° *Substances éminemment antiseptiques.*

	gr
Eau oxygénée, H^2O^2	0,05
Bichlorure de mercure, $HgCl^2$	0,07
Azotate d'argent, AzO^3Ag	0,08

2° *Substances très fortement antiseptiques.*

Iode, I	0,25
Chlorure d'or, $AuCl^6$	0,25
Bichlorure de platine, $PtCl^4$	0,30
Acide cyanhydrique, HC^2Az	0,40
Brome, Br	0,60
Sulfate de cuivre, $SO^4Cu + 5H^2O$	0,90

3° *Substances fortement antiseptiques.*

	gr
Cyanure de potassium, $K^2 Cy$	1,20
Bichromate de potasse, $K^2 O, 2 CrO^3$	1,20
Gaz ammoniac, $Az H^3$	1,40
Chlorure d'aluminium, $Al^2 Cl^6$	1,40
Chloroforme, $C H Cl^3$	1,50
Chlorure de zinc, $Zn Cl^2$	1,90
Acide thymique, $C^{10} H^{14} O$	2,00
Chlorure de plomb, $Pb Cl^2$	2,00
Azotate de cobalt, $Co(AzO^3)^2 + 6 H^2 O$	2,10
Sulfate de nickel, $S O^3 Ni + 7 H^2 O$	2,50
Azotate d'urane, $U O, Az O^3,$	2,80
Acide phénique, $C^6 H^6 O$	3,20
Permanganate de potasse, $Mn O^4 K$	3,50
Azotate de plomb, $Pb(Az O^3)^2$	3,60
Alun, $(SO^4)^3 Al^2 + SO^4 K^2 + 24 H^2 O$	4,50
Tannin, $C^{14} H^{10} O^9$	4,80

4° *Substances modérément antiseptiques.*

Bromhydrate de quinine, $C^{20} H^{24} Az^2 O^2, (H Cl) + 4 H^2 O$.	5,50
Acide arsénieux, $As^2 O^3$	6,00
Sulfate du strychnine, $(C^{21} H^{22} Az^2 O^2) S O^4 H^2 + 7 H^2 O$	7,00
Acide borique, $Bo O^3 H^3$	7,50
Arsénite de soude, $Na^2 H As O^3$	9,00
Hydrate de chloral, $C^2 H Cl^3 O + H^2 O$	9,30
Salicylate de soude, $C^6 H^5 (OH) C O^2 Na + H^2 O$	10,00
Sulfate de protoxyde de fer, $SO^4 Fe + 7 H^2 O$	11,00
Soude caustique, $Na^2 O$	18,00

5° *Substances faiblement antiseptiques.*

Protochlorure de manganèse, $Mn Cl^2 + 4 H^2 O$	25,00
Chlorure de calcium. $Ca Cl^2 + 2 H^2 O$	40,00
Borate de soude, $Na^2 O, 2 Bo O^3 + 10 H^2 O$	70,00
Chlorhydrate de morphine, $C^{17} H^{19} Az O^3, H Cl + 3 H^2 O$.	75,00
Chlorure de strontium, $Sr Cl^2 + 6 H^2 O$	85,00
Chlorure de lithium, $Li Cl + 2 H^2 O$	90,00
Chlorure de baryum, $Ba Cl^2 + 2 H^2 O$	95,00
Alcool, $C^2 H^6 O$	95,00

6° *Substances très faiblement antiseptiques.*

		gr
Chlorure d'ammonium, AzH^4Cl	....	115,00
Arséniate de potasse, K^3AsO^4	....	125,00
Iodure de potassium, K^2I	....	150,00
Sel marin, Na^2Cl	....	165,00
Glycérine (densité $= 1,25$)	....	225,00
Sulfate d'ammoniaque, $SO^4(AzH^4)^2$	....	250,00
Hyposulfite de soude, $S^2O^3Na^3 + 5H^2O$	....	275,00

Plusieurs autres sels de soude et de potasse, les sulfates et azotates notamment, dissous à saturation dans le bouillon de bœuf, sont incapables, à la dose de plus de 500^{gr}, d'empêcher la germination des bactéries.

Ainsi, dans le groupe des antiseptiques les plus puissants, on remarque jusqu'ici trois corps : l'eau oxygénée dont l'action désinfectante a été signalée et étudiée récemment par MM. P. Bert et Regnard, puis le bichlorure de mercure dont la vertu aseptique a été reconnue depuis longtemps par beaucoup de savants ; généralement on considère ce sel comme produisant une action efficace au $\frac{1}{10\,000}$; dans les conditions où je me suis placé, elle est parfaite au $\frac{7}{100\,000}$, et enfin l'azotate d'argent, dont le pouvoir microbicide est des plus énergiques : il est au moins étrange de voir l'eau oxygénée, différant si profondément du bichlorure de mercure et de l'azotate d'argent par sa constitution chimique, s'en rapprocher autant par ses facultés parasiticides.

Dans le second groupe des antiseptiques, on trouve surtout une substance très employée en Médecine, l'iode, préconisé par Marchal de Calvi, dont la réputation est bien méritée ; le chlorure d'or, dont la vogue paraît épuisée ; le bichlorure de platine, l'acide cyanhydrique, seulement toxique pour les bactéries à la dose de $\frac{4}{10\,000}$; le brome, deux à trois fois moins antiputride que l'iode, jadis employé par Ozanam pour combattre le développement des fausses membranes dans le croup, et enfin le sulfate de cuivre, contenant 5 équivalents d'eau de cristallisation.

Dans le troisième groupe, on voit les substances les plus usuellement employées en Chirurgie, le chloroforme, qui immobilise les bactéries comme il anesthésie passagèrement les cellules nerveuses des centres sensibles, mais ne les tue en aucune manière ; le bichromate de potasse, employé pour durcir les préparations histologiques ; le gaz ammoniac, d'un usage fort restreint ; l'azotate de cobalt, l'acide thymique, beaucoup plus antiseptique que l'acide phénique universellement appliqué à la désinfection des appartements et des plaies depuis les recherches des Drs Demaux, Lemaire et de Lister ; le permanganate de potasse, étudié par Condy et Demarquay ; le sulfate de nickel, enfin l'azotate de plomb, l'alun ordinaire et le tannin, recherchés par l'industrie des tanneurs.

Le groupe des substances modérément antiseptiques compte encore quelques corps chimiques usités en Médecine : on y voit figurer en première ligne un sel très soluble de quinine, le bromhydrate ; c'est vraisemblablement par erreur qu'on a contesté le pouvoir antiseptique de la quinine et de ses sels ; puis l'acide arsénieux, également fébrifuge ; le poison tétanique par excellence, le sulfate de strychnine ; l'acide borique, employé en chirurgie ophtalmologique, mais deux fois moins puissant que l'acide phénique ; l'arsénite de soude, l'hydrate de chloral, trois fois moins aseptique que le phénol cristallisé, quelquefois mis en usage aux risques et périls du malade dans les cas qui exigent une désinfection prompte et complète ; le salicylate de soude, dont l'efficacité dans le traitement du rhumatisme aigu est au-dessus de toute contestation depuis les travaux d'un de nos cliniciens les plus distingués, le professeur G. Sée ; le sulfate de protoxyde de fer, et enfin la soude caustique faiblement parasiticide, ce qui paraît dû à son passage à l'état de carbonate alcalin sous l'influence de l'acide carbonique de l'air ; en effet, c'est habituellement au bout de quinze jours à un mois que se manifeste la présence des microbes dans les solutions nutritives, chargées de soude caustique, abandonnées au contact de l'air atmosphérique.

Parmi les substances faiblement antiseptiques, on compte le chlorure de calcium, si peu coûteux et si efficace pour arrêter le développement des bactéries ; le borate de soude, vanté bien à

tort par plusieurs auteurs, comme un agent prophylactique précieux des maladies infectieuses; le chlorhydrate de morphine,
fort peu microbicide; les chlorures des métaux alcalino-terreux
et l'alcool absolu, qui agit seulement comme antiseptique dans
le bouillon qui en renferme environ $\frac{1}{10}$, mais dont on se sert
généralement pour les pansements dans un état de concentra-
tion plus élevé, pur ou additionné de camphre.

Je ne dirai rien des substances très faiblement antiseptiques :
elles doivent, suivant moi, disparaître très rapidement de la
thérapeutique chirurgicale; la glycérine vantée par Demarquay,
l'hyposulfite de soude, si en honneur chez les médecins italiens,
ne méritent pas réellement la réputation qu'on a voulu leur
faire.

S'il est très facile de déterminer, après un tâtonnement de
courte durée et une vingtaine d'expériences soigneusement
dirigées, le point assez précis où un liquide, comme le bouillon
de bœuf, cesse d'être apte à rajeunir les microbes, par conséquent à entrer en putréfaction, il est beaucoup plus long de
mesurer le degré d'asepticité produit dans une liqueur par
l'addition d'un poids donné d'un antiseptique. Pour y arriver
on suit la marche indiquée plus haut (page 193), pour calculer la courbe de sensibilité du bouillon de bœuf additionné
de quantités progressivement croissantes de sel marin; en
opérant de même avec les autres substances, on obtient des
courbes semblables à celles que reproduit le diagramme (*fig*. 86)
et où l'on peut constater que l'altérabilité d'un liquide ne décroît pas proportionnellement au poids du corps parasiticide
ajouté. L'action de l'antiseptique, d'abord très efficace, se fait
plus faiblement sentir au delà d'une certaine limite jusqu'au
point où le liquide encore incomplètement désinfecté devient
absolument inaltérable.

Cette diminution d'altérabilité ou de sensibilité du bouillon
aux germes atmosphériques diffère profondément avec la nature des substances antiseptiques considérées; l'acide arsénieux, par exemple (*fig*. 86), agit tout d'abord plus énergiquement que l'acide phénique, puis son action s'affaiblit lentement

jusqu'à la dose limite 6 pour 1000, tandis que l'acide phénique, moins désinfectant dès le principe, à poids égal, que l'acide arsénieux, rend le bouillon absolument imputrescible à la dose deux fois plus faible de 3,2 pour 1000 ; les courbes ont alors un point d'intersection bien visible sur le diagramme suivant.

Fig. 86

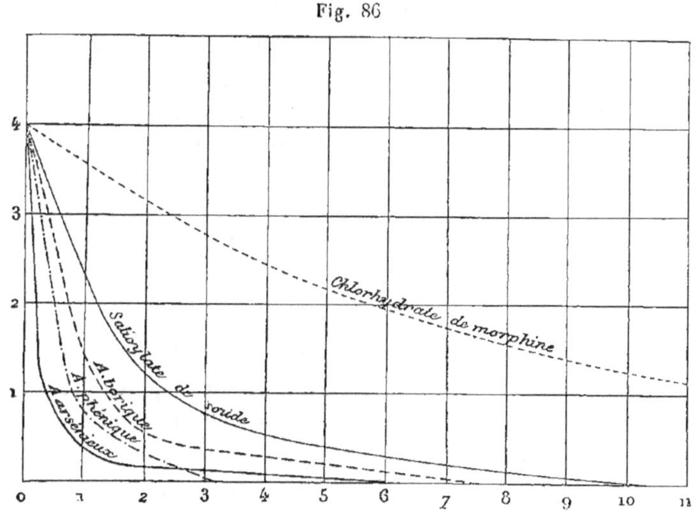

De l'action de quelques antiseptiques sur le bouillon de bœuf.

Je n'ai pas terminé avec ces études si intéressantes et je remets à plus tard l'exposé de données encore incomplètes sur la puissance et le mode d'action des agents paralysateurs des germes et des bactéries adultes ; je dois ajouter que les nombres publiés plus haut (page 292) s'appliquent uniquement aux spores des bactéries et cessent d'être exacts pour les spores des moisissures. En général, pour immobiliser une semence de mucédinée, il faut doubler toutes ces doses, et cela est vrai pour l'eau oxygénée, le bichlorure de mercure, l'iode, le brome, les chlorures de platine et d'or, le sulfate de cuivre, qui ont la faculté curieuse de favoriser, sous un très faible poids, le développement de cette classe de microphytes, comme le zinc, signalé par M. Raulin, favorise l'accroissement de l'*Aspergillus niger* et comme la plupart des métaux, le fer, l'alumine, le manganèse, les sels de chaux et les sels alcalins semblent fertiliser les terrains envahis par les moisissures. Ici la dose toxique pour les moisissures est dix et vingt fois plus élevée que la dose capable de suspendre le développement de la bactérie. Au contraire, je ne connais qu'un faible nombre de composés chimiques capables d'arrêter la multiplication des mucédinées avant d'étendre leur pouvoir destructeur sur les schizophytes. L'ammoniaque, la soude et les corps fortement alcalins, les sels d'argent et d'uranium, jouissent de cette faculté; en revanche, les moisissures font très rapidement leur domaine des milieux acides, fait connu depuis très longtemps.

S'il est en la puissance de l'expérimentateur de détruire aisément les bactéries contenues dans les infusions, par le secours de la chaleur et des substances corrosives, il est infiniment plus difficile à l'hygiéniste d'anéantir, je ne dirai pas les poussières organisées de l'atmosphère, ce qui est impossible, mais les germes mêlés aux poussières des appartements, des hôpitaux, en un mot des lieux habités où l'on a de bonnes raisons pour y supposer l'existence de germes morbides.

En plaçant des poussières sur des supports de verre, suspendus par des fils de platine au centre de grandes bonbonnes en verre vert, j'ai essayé sur elles l'action de divers gaz et de diverses vapeurs : peu d'entre eux ont le pouvoir de tuer rapidement tous les microbes.

Après quinze à vingt jours d'action à la température de 20°, les composés suivants se sont montrés absolument incapables de détruire la vitalité des bactéries :

> Vapeurs de chloroforme.
>   " d'acide phénique cristallisé.
>   " de chlorure de chaux industriel.
>   " de camphre.
>   " d'éther azoteux.
>   " de sulfure de carbone.
>   " d'acide cyanhydrique.
> Gaz acide sulfureux.
> Gaz ammoniac.

Les vapeurs d'iode, de brome, de chlore, d'acide chlorhydrique et d'acide hypoazotique, préconisé avec juste raison par MM. Ch. Girard et Pabst, ont, au contraire, détruit irrévocablement tous les germes au bout d'un espace de temps variant de quelques heures à dix jours.

Le chlore, quand il est bien sec, agit avec la plus grande difficulté· et j'ai trouvé des germes encore vivants dans des poussières qui étaient restées soumises pendant huit jours à son action corrosive ; le brome, l'acide chlorhydrique et le gaz nitreux, sont plus violemment destructeurs des germes. D'après mes expériences, une atmosphère chargée par mètre cube de 5^{gr} de l'un de ces trois corps a le pouvoir d'enlever toute fécondité aux semences des schizophytes qui sont restées pendant deux jours à son contact. Les vapeurs d'iode agissent plus lentement : leur action microbicide n'est complète qu'au bout de huit à dix jours. Telle est la courte liste des substances redoutables auxquelles il faut avoir recours pour anéantir les germes répandus dans une salle où l'application d'une température sèche de 150° n'est pas possible.

D'après quelques expériences préliminaires, l'ozone serait loin de jouir, à cet égard, de la réputation que plusieurs savants lui ont faite : j'engage vivement les hygiénistes à ne pas compter sur la destruction des germes par cet agent normalement répandu dans l'air, plutôt porté de préférence à oxyder quelques émanations gazeuses qu'à s'attaquer aux spores charriées par la masse atmosphérique.

CONCLUSION.

La Micrographie atmosphérique est une science toute nouvelle, créée à peine depuis trente à quarante ans, par les médecins et les savants désireux de pénétrer le mystère du contage des maladies dites infectieuses ; elle a, depuis cette époque, fait de grands progrès sous l'impulsion d'un homme de génie, auquel l'humanité est redevable des plus belles et des plus utiles découvertes. D'abord cantonnée dans l'étude des phénomènes chimico-physiologiques appelés *fermentations,* les recherches sur les microbes s'étendirent bientôt aux maladies si curieuses du vin, de la bière, des œufs, des vers à soie et des animaux domestiques. Plus tard, guidés par les beaux travaux de Davaine, beaucoup d'auteurs firent de nombreuses tentatives en vue de découvrir les zymases pathologiques : Hallier, d'Iéna, Coze et Feltz, Obermeier et plusieurs autres savants ne tardèrent pas à distinguer dans le sang des malades de nombreuses bactéries auxquelles on attribua l'origine des maladies. Mais il faut l'avouer en toute sincérité, les méthodes d'investigation faisaient alors défaut, les procédés mis en usage pour isoler, récolter et cultiver les espèces microscopiques étaient entachés d'erreurs graves, difficiles à soupçonner. C'est à M. Pasteur que revient le mérite de nous avoir éclairés sur ce point, en nous faisant part de ses expériences si habilement conduites et livrées par lui à la critique des savants du monde entier depuis un quart de siècle. Dès l'année 1860, l'importance de l'étude des germes atmosphériques n'avait pas échappé à l'esprit pénétrant de M. Pasteur. « En résumé, disait-il (¹) à cette époque, si l'on rapproche tous les résultats auxquels je suis arrivé jusqu'à présent, on peut affirmer, ce me semble, que les poussières en suspension dans l'air sont l'origine exclusive, la condition première et nécessaire de la vie dans les infusions, dans tous les corps putrescibles et dans toutes les liqueurs capables de fermenter.

» D'autre part, j'ai montré qu'il est facile de recueillir et d'observer au microscope ces poussières de l'air, et que l'on voit toujours au milieu de débris amorphes très divisés un nombre de corpuscules organiques que le plus habile naturaliste ne saurait distinguer des germes des organismes inférieurs.....

» Je n'ai pas fini cependant avec toutes ces études ; ce qu'il y aurait de désirable, ce serait de les conduire assez loin pour préparer la voie à une recherche sérieuse de l'origine des diverses maladies. »

Cette voie est aujourd'hui préparée et, grâce aux efforts continus de ce savant si distingué, grâce à ses magnifiques découvertes, l'auteur le plus modeste peut nourrir l'espoir de trouver la cause de l'une des nombreuses affections qui désolent l'espèce humaine et, cela fait, de pouvoir y opposer une thérapeutique triomphante. La majorité des médecins voient en M. Pasteur un grand bienfaiteur auquel ils apportent de grand cœur leur tribut de reconnaissance. D'autres, en fort petit nombre, se sont faits depuis peu les détracteurs de ses travaux. Je fais ici allusion à quelques savants d'outre-Rhin aux allures bruyantes, qui ont profité comme nous tous des immortelles recherches de M. Pasteur et qui, se croyant aujourd'hui capables de voler de leurs propres ailes, remplissent les recueils scientifiques d'attaques injustes envers celui qui est encore et sera pendant longtemps leur maître dans les études si délicates sur les infiniment petits. On interpréterait cependant bien mal ma pensée si l'on supposait un instant que je range au nombre des jeunes savants alle-

---

(¹) Pasteur, *Comptes rendus des séances de l'Académie des Sciences,* t. LI, p. 675.

mands qui prétendent avoir seuls le monopole de bien expéri-
menter sur les microbes les hommes illustres et respectables qui
portent les noms de Nægeli, de Brefeld, de Cohn, de Pettenkof-
fer, etc...

Les véritables progrès de la science des infiniment petits,
autrement appelés *microbes* par M. Sédillot, datent du jour où
M. Pasteur, renversant à tout jamais les théories surannées de
Liebig sur la décomposition des substances organiques, nous
apprit à déceler dans les poussières aériennes les germes des ferments, à les isoler, à les cultiver, à les suivre dans leur développement et à en mesurer les actions puissantes. Ce travail
immense est malheureusement encore loin d'être terminé.

Dans les pages qui précèdent, je me suis efforcé d'esquisser un
programme de recherches sur les microbes encore peu connus
de l'atmosphère, de faire ressortir l'intérêt et l'utilité qui s'atta-
chent à la connaissance parfaite de ces organismes errants, répandus partout en abondance, mais plus particulièrement à l'intérieur de Paris, des hôpitaux, en un mot dans les lieux où les
maladies sont plus meurtrières et plus nombreuses. On aura beau
s'élever contre les faits publiés dans ce Livre, prétendre que ces
coïncidences ne prouvent rien, il restera à tous cette arrière-
pensée que les chiffres bruts inscrits plus haut sont un commencement de preuve des tristes effets du nombre des microbes
sur la santé de l'homme.

« L'air impur, a dit Pringle, est plus meurtrier que le glaive »;
les médecins le savent si bien qu'ils se hâtent de diriger loin
des villes très peuplées les personnes faibles et débilitées par
un séjour trop prolongé dans les vastes agglomérations urbaines; les hygiénistes ne l'ignorent pas non plus quand ils
conseillent aux municipalités d'ouvrir, au prix des plus grands
sacrifices, de larges voies, d'aérer les quartiers malsains et
humides, d'assurer le parfait fonctionnement des égouts, de
multiplier l'arrosage des rues dans les saisons où le vent peut soulever des nuages de poussières, etc... Les chirurgiens surtout
peuvent apprécier l'influence néfaste qu'exerce sur le succès de
leurs opérations l'air impur des salles des malades et l'atmo-

sphère même d'une ville où, comme à Paris, l'opération césa-
rienne a une issue presque toujours fatale. D'où viennent ces
émanations malignes et malfaisantes? Sont-elles dues à un peu
d'acide carbonique venu des foyers en combustion, à quelques traces de gaz délétères répandus en quantité infinitésimale
dans les atmosphères des villes, à un phlogistique insaisissable
et innommé? En vérité, le triste honneur de produire des typhus,
des fièvres éruptives, des infections septicémiques n'appartient
pas sûrement à quelques bulles d'hydrogène sulfuré ou de gaz
ammoniac, aux miasmes odorants très dilués dont l'action toxique
est fort limitée, sinon à peine appréciable, sur l'espèce humaine;
de semblables théories sont aujourd'hui vieilles et insoutena-
bles. Au contraire, de nombreuses recherches, effectuées par les
savants les plus éminents, prouvent : 1° qu'il existe des ferments figurés dont l'action est des plus redoutables; 2° qu'on
rencontre dans l'organisme des malades atteints des affections
dites spécifiques plusieurs variétés d'algues inférieures dont la
présence dans le sang et les tissus est au moins singulière, sinon
suspecte; d'autre part, l'examen microscopique montre à profusion dans l'air des algues pourvues de caractères morphologiques
identiques, et l'on mettrait l'esprit à la torture pour trouver ailleurs les causes des maladies infectieuses, quand l'analyse démontre avec une rigueur mathématique que la mortalité est plus
grande là où ces cellules abondent que là où elles sont plus
rares. Pour ne pas être ébranlé par cet ensemble de faits pro-
bants, il faut se refuser à voir.

Examinons maintenant quelle est la conduite tenue par les
chirurgiens à l'égard des blessés et des opérés jadis si souvent
vent voués à une mort certaine avant la découverte des pansements antiseptiques et énumérons quelques-unes des substances
dont l'application est suivie de si heureux résultats. Compte-t-on
parmi elles l'oxygène, qui a pour rôle de brûler et de transformer
les gaz éminemment fétides en composés inodores? Au contraire,
on se hâte d'occlure les lésions traumatiques profondes et de
peu d'étendue. Y voit-on figurer les acides énergiques qui peuvent
neutraliser l'ammoniaque et une foule de bases volatiles nau-

séabondes en s'y combinant rapidement? Non, cette pratique
donne de fort mauvais résultats : on a recours au phénol, au
thymol, au bichlorure de mercure, à l'iode, enfin à une foule de
corps chimiques dont le pouvoir désinfectant est à peu près nul
envers les produits résultant du phénomène de la putréfaction,
mais, en revanche, dont l'action est toute-puissante sur les microbes, dont ils suspendent la multiplication et qu'ils ramènent
avec leurs germes à l'état de molécules inertes. Tout à l'heure
l'air où les microbes étaient fort rares se montrait le plus sain ;
maintenant c'est en purgeant les plaies de ces mêmes organismes qu'on parvient à ramener à la vie des milliers de blessés
et d'opérés : tout cela est bien singulier si un rôle pathogénique important n'est pas dévolu à ces êtres inférieurs.

Mieux que personne, je sais combien il est difficile de se débarrasser des assiégeants infiniment petits qui nous entourent,
et combien les microbes se font un jeu de franchir les barrières
que la prophylaxie cherche à leur opposer ; cependant la Médecine n'est pas sans exemple de résultats satisfaisants obtenus
dans cette voie au prix de précautions constantes. J'en citerai
un seul, parce qu'il est des plus remarquables.

Dans un hôpital placé dans l'intérieur de Paris, je veux parler de la Maternité, où l'on a pu voir la mortalité s'élever, en
1864, à 20 pour 100 du nombre des femmes entrantes, M. Tarnier, chirurgien en chef de cet asile, bien connu par ses savants
travaux en obstétrique et ses idées arrêtées, depuis vingt-cinq ans,
sur la contagion de l'infection puerpérale (¹), a su, par les amé-
liorations introduites dans le traitement des nouvelles accouchées, abaisser considérablement la mortalité observée dans cet
asile édifié par l'assistance publique. Après l'adoption de la
méthode antiseptique et la création d'une infirmerie spéciale
pour les femmes atteintes, à la suite de leur accouchement, de
complications morbides, le nombre des décès, qui était, à la
Maternité de Paris, de l'année 1858 à l'année 1869, égal à
9,31 pour 100 des accouchées, est descendu, dans la période

(¹) TARNIER, *De la fièvre puerpérale* (Thèse inaugurale. Paris, 1857).

duodécennale suivante, de 1870 à 1881, à 2,32 pour 100, et enfin à 0,5 pour 100 dans le pavillon, dit Tarnier, construit dans les jardins du même hôpital, disposé de façon à éviter tout contact de malades entre eux, toute contamination de personne venue de l'infirmerie et, enfin, toute accumulation de germes dans les petites chambres habitées par les nouvelles accouchées. C'est donc par milliers que l'habile chirurgien de la Maternité de Paris a su préserver de complications fatales les femmes confiées à ses soins. Ces brillants succès plaident assez éloquemment en faveur de la théorie des ferments figurés morbides dans le phénomène de l'apport à distance des maladies, pour qu'il soit encore utile d'insister sur ce point.

Pour se débarrasser des microbes des hôpitaux, on doit avoir recours, selon les cas, à deux agents, l'eau et la chaleur : l'eau, en devenant le véhicule des germes, s'oppose à leur diffusion dans l'air et permet de les conduire sûrement dans les égouts, puis loin des quartiers peuplés, sans les disperser d'abord dans l'intérieur des salles et ensuite dans les rues voisines des hôpitaux. Toutes les salles des malades devraient donc être construites de façon à pouvoir être lavées sur toutes leurs faces ; on substituerait aux parquets des planchers bitumés ou dallés de pierres, parfaitement rejointées ; les rideaux des fenêtres et des lits, véritables nids à poussière, seraient supprimés ; les salles des malades, beaucoup moins vastes, seraient pourvues de lits et sommiers métalliques qu'on porterait périodiquement vers 180° dans des étuves spéciales ; la literie et le linge seraient lessivés dans des autoclaves chauffés à 110° ; cette température humide étant beaucoup plus efficace pour détruire les microbes que la chaleur sèche de 130° et de 140°, qui altère d'ailleurs profondément les fibres textiles. Mieux vaudrait, évidemment, supprimer les hôpitaux placés dans l'intérieur des villes, et les reconstruire en pleine campagne sur un vaste terrain, en adoptant le système des pavillons isolés, qui a déjà rendu de si grands services en permettant de circonscrire le contage dans un lieu déterminé.

Les mesures prophylactiques à imposer aux habitants d'une

grande ville seront d'une surveillance plus difficile; mais il est des mesures d'intérêt général dont les administrations publiques peuvent parfaitement réclamer l'exécution : 1° suppression de toute usine insalubre, principalement de celles où l'on manipule des substances putréfiées ou putrescibles (dépotoirs, tanneries, etc.), à plusieurs lieues à la ronde des vastes agglomérations urbaines; 2° rejet hors ville des vastes écuries de chevaux, des vacheries, etc.; 3° réduction de la hauteur des maisons; 4° élargissement considérable des voies publiques, suppression des pavés et leur remplacement par des couches d'asphalte, pouvant être lavées plusieurs fois par jour pendant la sécheresse; 5° démolition de toute habitation reconnue insalubre, agrandissement des cours des maisons, lavage périodique, deux à trois fois l'année, de la façade des habitations; 6° création de vastes parcs et de vastes jardins dans l'intérieur des villes : telle est l'énumération de quelques mesures dont l'effet immédiat serait de diminuer le nombre des germes peuplant l'air des vastes agglomérations d'habitants.

Je crois fort peu à l'efficacité des désinfectants gazeux pour détruire les poussières organisées des appartements; des lotions superficielles phéniquées, boriquées ou boratées; les lavages, l'aération largement pratiqués, l'application de la chaleur là où cela est possible, me paraissent mille fois préférables. Mais je crois bien davantage à l'action souverainement bienfaisante des antiseptiques appliqués à l'art de guérir, où on les voit tous les jours accomplir des cures merveilleuses.

J'ai fini, et je croirai avoir rempli une tache utile si j'ai pu, par cet écrit, faire pénétrer dans l'esprit de quelques lecteurs cette simple proposition : qu'il est d'un grand intérêt pour l'humanité d'étudier avec le plus grand soin le nombre et la qualité des êtres microscopiques qui nous entourent, de faire marcher de pair l'étude particulière des microbes pathologiques et l'étude générale des bactéries; si la première peut nous édifier sur l'étiologie des maladies, la seconde nous montre, par ses statistiques précises, les lieux où les microbes abondent, les atmosphères empestées qu'on doit fuir, redouter ou purifier; elle nous apprend l'influence qu'exerce sur la pureté de l'air le voisinage des foyers bactérogènes; elle nous enseigne à détruire en bloc les microbes soupçonnés dangereux, nous suggère des mesures préventives efficaces, en un mot, nous apprend à maîtriser les émanations figurées dont la nocivité n'a pu être encore appréciée; c'est ainsi, d'ailleurs, que se félicite d'avoir procédé la Chirurgie, c'est ainsi que procède actuellement la Médecine et que doit procéder l'Hygiène.

FIN.

TABLE DES MATIÈRES.

8125   PARIS. — IMPRIMERIE GAUTHIER-VILLARS, QUAI DES AUGUSTINS, 55.

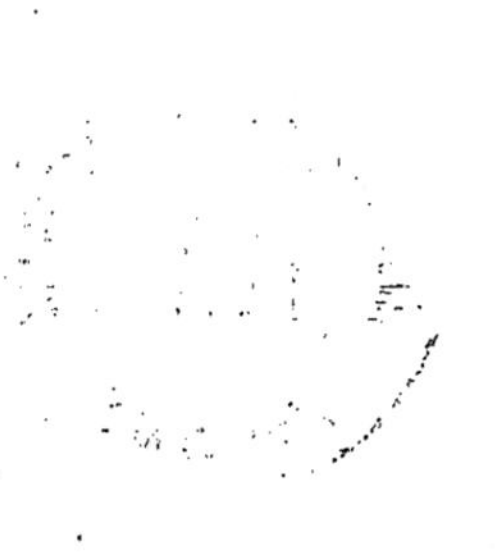

9 782019 297282